Gesetzestexte
für den allgemeinbildenden Unterricht

Zusammengestellt und aktualisiert von Andreas Pfammatter

Zentrum für Ausbildung
im Gesundheitswesen
Kanton Zürich

Turbinenstrasse 5
CH-8400 Winterthur
www.zag.zh.ch

Ausgabe 2011/12

Gesetzestexte
für den allgemeinbildenden Unterricht
Zusammengestellt und aktualisiert von Andreas Pfammatter
ISBN 978-3-03905-656-9

Umschlag: Atelier Kurt Bläuer, Bern

Bibliografische Information der Deutschen Nationalbibliothek:
Die Deutsche Nationalbibliothek verzeichnet diese Publikation
in der Deutschen Nationalbibliografie; detaillierte bibliografische
Daten sind im Internet über http://dnb.d-nb.de abrufbar.

10. Auflage 2011
Alle Rechte vorbehalten
© 2011 hep verlag ag, Bern

hep verlag ag
Brunngasse 36
CH-3011 Bern

www.hep-verlag.ch

Inhaltsverzeichnis

Rubrik / Abk.	SR –Nr.		Seite
BV	101	Bundesverfassung der Schweizerischen Eidgenossenschaft	4
ZGB	210	Schweizerisches Zivilgesetzbuch	16
OR	220	Obligationenrecht	33
AHVG	831.10	Bundesgesetz über die Alters- und Hinterlassenenversicherung	64
ArG	822.11	Bundesgesetz über die Arbeit in Industrie, Gewerbe und Handel	66
ArGV 1	822.111	Verordnung 1 zum Arbeitsgesetz	69
ArGV 5		Jugendarbeitsschutzverordnung	70
ATSG	830.1	Bundesgesetz über den Allgemeinen Teil des Sozialversicherungsrechts	72
AVIG	837.0	Bundesgesetz über die obligatorische Arbeitslosenversicherung und die Insolvenzentschädigung	73
BBG	412.10	Bundesgesetz über die Berufsbildung	76
BBV	412.101	Verordnung über die Berufsbildung	79
BetmG	812.121	Betäubungsmittelgesetz	82
BVG	831.40	Bundesgesetz über die berufliche Alters-, Hinterlassenen- und Invalidenvorsorge	83
EOG	834.1	Bundesgesetz über den Erwerbsersatz für Dienstleistende und bei Mutterschaft	85
IVG	221.214.1	Bundesgesetz über die Invalidenversicherung	87
KKG	221.214.1	Bundesgesetz über den Konsumkredit	89
KVG	221.214.1	Bundesgesetz über die Krankenversicherung	92
PartG	211.231	Bundesgesetz über die eingetragene Partnerschaft gleichgeschlechtlicher Paare	95
StGB	311.0	Schweizerisches Strafgesetzbuch	96
JStG	311.1	Bundesgesetz über das Jugendstrafrecht	101
SVG	741.01	Strassenverkehrsgesetz	103
OBG	741.03	Ordnungsbussengesetz	107
OBV	741.031	Ordnungsbussenverordnung	107
VRV	741.11	Verkehrsregelnverordnung	108
	741.13	Verordnung (…) über Blutalkoholgrenzwerte im Strassenverkehr	108
UVG	832.20	Bundesgesetz über die Unfallversicherung	109
UVV	832.202	Verordnung über die Unfallversicherung	111
Stichwortverzeichnis			113

Lücken im Text sind, soweit nicht aus Nummerierung von Artikeln und Absätzen ersichtlich, durch **(…)** gekennzeichnet.

Eine vollständige Übersicht über das Bundesrecht bietet die «**Systematische Rechtssammlung**» (SR). Diese kann im Internet unter www.admin.ch in der Rubrik «Bundesgesetze» kostenlos eingesehen werden. Nach dem Öffnen der Seite steht wahlweise ein alphabetisches Sachregister oder ein Suchfeld zur Verfügung. Empfehlenswert ist die **Suche** mit der (korrekten) Abkürzung oder mit der SR-Nummer.

Das **Stichwortverzeichnis** nennt Artikelnummern und Rechtsquelle (BV, Gesetz, Verordnung). Dabei werden die oben stehenden Abkürzungen für die einzelnen Gesetze oder Verordnungen verwendet. Die Bezeichnung «**53 f.**» bedeutet Artikel 53 und (ein) folgender, «**53 ff.**» steht für Artikel 53 und fortfolgende, also Art. 53 und mindestens zwei weitere Artikel.

Ihre Vorschläge zur Auswahl oder Gestaltung etc. der Gesetzestexte nimmt der Verlag gerne entgegen.

BV

Bundesverfassung der Schweizerischen Eidgenossenschaft SR 101

vom 18. April 1999

Übersicht / Gliederung

Titel	Kapitel	Abschnitte	ab Art.
1. Allgemeine Bestimmungen			1
2. Grundrechte, Bürgerrechte und Sozialziele	1. Grundrechte		7
	2. Bürgerrecht und politische Rechte		37
	3. Sozialziele		41
3. Bund, Kantone und Gemeinden	1. Verhältnis von Bund und Kantonen	1. Aufgaben von Bund und Kantonen	42
		2. Zusammenwirken von Bund und Kantonen	44
		3. Gemeinden	50
		4. Bundesgarantien	51
	2. Zuständigkeiten	1. Beziehungen zum Ausland	54
		2. Sicherheit, Landesverteidigung, Zivilschutz	57
		3. Bildung, Forschung und Kultur	61a
		4. Umwelt und Raumplanung	73
		5. Öffentliche Werke und Verkehr	81
		6. Energie und Kommunikation	89
		7. Wirtschaft	94
		8. Wohnen, Arbeit, soziale Sicherheit und Gesundheit	108
		9. Aufenthalt und Niederlassung von Ausländerinnen und Ausländern	121
		10. Zivilrecht, Strafrecht, Messwesen	122
	3. Finanzordnung		126
4. Volk und Stände	1. Allgemeine Bestimmungen		136
	2. Initiative und Referendum		138
5. Bundesbehörden	1. Allgemeine Bestimmungen		143
	2. Bundesversammlung	1. Organisation	148
		2. Verfahren	156
		3. Zuständigkeiten	163
	3. Bundesrat und Bundesverwaltung	1. Organisation und Verfahren	174
		2. Zuständigkeiten	180
	4. Bundesgericht		188
6. Revision der Bundesverfassung und Übergangsbestimmungen	1. Revision		192
	2. Übergangsbestimmungen		196

Bundesverfassung der Schweizerischen Eidgenossenschaft   SR 101

vom 18. April 1999

Präambel

Im Namen Gottes des Allmächtigen!

Das Schweizervolk und die Kantone,

in der Verantwortung gegenüber der Schöpfung,

im Bestreben, den Bund zu erneuern, um Freiheit und Demokratie, Unabhängigkeit und Frieden in Solidarität und Offenheit gegenüber der Welt zu stärken,

im Willen, in gegenseitiger Rücksichtnahme und Achtung ihre Vielfalt in der Einheit zu leben,

im Bewusstsein der gemeinsamen Errungenschaften und der Verantwortung gegenüber den künftigen Generationen,

gewiss, dass frei nur ist, wer seine Freiheit gebraucht, und dass die Stärke des Volkes sich misst am Wohl der Schwachen,

geben sich folgende Verfassung:

Allgemeine Bestimmungen

Art. 1 Schweizerische Eidgenossenschaft

Das Schweizervolk und die Kantone Zürich, Bern, Luzern, Uri, Schwyz, Obwalden und Nidwalden, Glarus, Zug, Freiburg, Solothurn, Basel-Stadt und Basel-Landschaft, Schaffhausen, Appenzell Ausserrhoden und Appenzell Innerrhoden, St. Gallen, Graubünden, Aargau, Thurgau, Tessin, Waadt, Wallis, Neuenburg, Genf und Jura bilden die Schweizerische Eidgenossenschaft.

Art. 2 Zweck

^{1} Die Schweizerische Eidgenossenschaft schützt die Freiheit und die Rechte des Volkes und wahrt die Unabhängigkeit und die Sicherheit des Landes.

^{2} Sie fördert die gemeinsame Wohlfahrt, die nachhaltige Entwicklung, den inneren Zusammenhalt und die kulturelle Vielfalt des Landes.

^{3} Sie sorgt für eine möglichst grosse Chancengleichheit unter den Bürgerinnen und Bürgern.

^{4} Sie setzt sich ein für die dauerhafte Erhaltung der natürlichen Lebensgrundlagen und für eine friedliche und gerechte internationale Ordnung.

Art. 3 Kantone

Die Kantone sind souverän, soweit ihre Souveränität nicht durch die Bundesverfassung beschränkt ist; sie üben alle Rechte aus, die nicht dem Bund übertragen sind.

Art. 4 Landessprachen

Die Landessprachen sind Deutsch, Französisch, Italienisch und Rätoromanisch.

Art. 5 Grundsätze rechtsstaatlichen Handelns

^{1} Grundlage und Schranke staatlichen Handelns ist das Recht.

^{2} Staatliches Handeln muss im öffentlichen Interesse liegen und verhältnismässig sein.

^{3} Staatliche Organe und Private handeln nach Treu und Glauben.

^{4} Bund und Kantone beachten das Völkerrecht.

Art. 5a Subsidiarität

Bei der Zuweisung und Erfüllung staatlicher Aufgaben ist der Grundsatz der Subsidiarität zu beachten.

Art. 6 Individuelle und gesellschaftliche Verantwortung

Jede Person nimmt Verantwortung für sich selber wahr und trägt nach ihren Kräften zur Bewältigung der Aufgaben in Staat und Gesellschaft bei.

Grundrechte, Bürgerrechte und Sozialziele

Grundrechte

Art. 7 Menschenwürde

Die Würde des Menschen ist zu achten und zu schützen.

Art. 8 Rechtsgleichheit

^{1} Alle Menschen sind vor dem Gesetz gleich.

^{2} Niemand darf diskriminiert werden, namentlich nicht wegen der Herkunft, der Rasse, des Geschlechts, des Alters, der Sprache, der sozialen Stellung, der Lebensform, der religiösen, weltanschaulichen oder politischen Überzeugung oder wegen einer körperlichen, geistigen oder psychischen Behinderung.

^{3} Mann und Frau sind gleichberechtigt. Das Gesetz sorgt für ihre rechtliche und tatsächliche Gleichstellung, vor allem in Familie, Ausbildung und Arbeit. Mann und Frau haben Anspruch auf gleichen Lohn für gleichwertige Arbeit.

^{4} Das Gesetz sieht Massnahmen zur Beseitigung von Benachteiligungen der Behinderten vor.

Art. 9 Schutz vor Willkür und Wahrung von Treu und Glauben

Jede Person hat Anspruch darauf, von den staatlichen Organen ohne Willkür und nach Treu und Glauben behandelt zu werden.

Art. 10 Recht auf Leben und auf persönliche Freiheit

^{1} Jeder Mensch hat das Recht auf Leben. Die Todesstrafe ist verboten.

^{2} Jeder Mensch hat das Recht auf persönliche Freiheit, insbesondere auf körperliche und geistige Unversehrtheit und auf Bewegungsfreiheit.

³ Folter und jede andere Art grausamer, unmenschlicher oder erniedrigender Behandlung oder Bestrafung sind verboten.

Art. 11 Schutz der Kinder und Jugendlichen
¹ Kinder und Jugendliche haben Anspruch auf besonderen Schutz ihrer Unversehrtheit und auf Förderung ihrer Entwicklung.
² Sie üben ihre Rechte im Rahmen ihrer Urteilsfähigkeit aus.

Art. 12 Recht auf Hilfe in Notlagen
Wer in Not gerät und nicht in der Lage ist, für sich zu sorgen, hat Anspruch auf Hilfe und Betreuung und auf die Mittel, die für ein menschenwürdiges Dasein unerlässlich sind.

Art. 13 Schutz der Privatsphäre
¹ Jede Person hat Anspruch auf Achtung ihres Privat- und Familienlebens, ihrer Wohnung sowie ihres Brief-, Post- und Fernmeldeverkehrs.
² Jede Person hat Anspruch auf Schutz vor Missbrauch ihrer persönlichen Daten.

Art. 14 Recht auf Ehe und Familie
Das Recht auf Ehe und Familie ist gewährleistet.

Art. 15 Glaubens- und Gewissensfreiheit
¹ Die Glaubens- und Gewissensfreiheit ist gewährleistet.
² Jede Person hat das Recht, ihre Religion und ihre weltanschauliche Überzeugung frei zu wählen und allein oder in Gemeinschaft mit anderen zu bekennen.
³ Jede Person hat das Recht, einer Religionsgemeinschaft beizutreten oder anzugehören und religiösem Unterricht zu folgen.
⁴ Niemand darf gezwungen werden, einer Religionsgemeinschaft beizutreten oder anzugehören, eine religiöse Handlung vorzunehmen oder religiösem Unterricht zu folgen.

Art. 16 Meinungs- und Informationsfreiheit
¹ Die Meinungs- und Informationsfreiheit ist gewährleistet.
² Jede Person hat das Recht, ihre Meinung frei zu bilden und sie ungehindert zu äussern und zu verbreiten.
³ Jede Person hat das Recht, Informationen frei zu empfangen, aus allgemein zugänglichen Quellen zu beschaffen und zu verbreiten.

Art. 17 Medienfreiheit
¹ Die Freiheit von Presse, Radio und Fernsehen sowie anderer Formen der öffentlichen fernmeldetechnischen Verbreitung von Darbietungen und Informationen ist gewährleistet.
² Zensur ist verboten.
³ Das Redaktionsgeheimnis ist gewährleistet.

Art. 18 Sprachenfreiheit
Die Sprachenfreiheit ist gewährleistet.

Art. 19 Anspruch auf Grundschulunterricht
Der Anspruch auf ausreichenden und unentgeltlichen Grundschulunterricht ist gewährleistet.

Art. 20 Wissenschaftsfreiheit
Die Freiheit der wissenschaftlichen Lehre und Forschung ist gewährleistet.

Art. 21 Kunstfreiheit
Die Freiheit der Kunst ist gewährleistet.

Art. 22 Versammlungsfreiheit
¹ Die Versammlungsfreiheit ist gewährleistet.
² Jede Person hat das Recht, Versammlungen zu organisieren, an Versammlungen teilzunehmen oder Versammlungen fernzubleiben.

Art. 23 Vereinigungsfreiheit
¹ Die Vereinigungsfreiheit ist gewährleistet.
² Jede Person hat das Recht, Vereinigungen zu bilden, Vereinigungen beizutreten oder anzugehören und sich an den Tätigkeiten von Vereinigungen zu beteiligen.
³ Niemand darf gezwungen werden, einer Vereinigung beizutreten oder anzugehören.

Art. 24 Niederlassungsfreiheit
¹ Schweizerinnen und Schweizer haben das Recht, sich an jedem Ort des Landes niederzulassen.
² Sie haben das Recht, die Schweiz zu verlassen oder in die Schweiz einzureisen.

Art. 25 Schutz vor Ausweisung, Auslieferung und Ausschaffung
¹ Schweizerinnen und Schweizer dürfen nicht aus der Schweiz ausgewiesen werden; sie dürfen nur mit ihrem Einverständnis an eine ausländische Behörde ausgeliefert werden.
² Flüchtlinge dürfen nicht in einen Staat ausgeschafft oder ausgeliefert werden, in dem sie verfolgt werden.
³ Niemand darf in einen Staat ausgeschafft werden, in dem ihm Folter oder eine andere Art grausamer und unmenschlicher Behandlung oder Bestrafung droht.

Art. 26 Eigentumsgarantie
¹ Das Eigentum ist gewährleistet.
² Enteignungen und Eigentumsbeschränkungen, die einer Enteignung gleichkommen, werden voll entschädigt.

Art. 27 Wirtschaftsfreiheit
¹ Die Wirtschaftsfreiheit ist gewährleistet.
² Sie umfasst insbesondere die freie Wahl des Berufes sowie den freien Zugang zu einer privatwirtschaftlichen Erwerbstätigkeit und deren freie Ausübung.

Art. 28 Koalitionsfreiheit
¹ Die Arbeitnehmerinnen und Arbeitnehmer, die Arbeitgeberinnen und Arbeitgeber sowie ihre Organisationen haben das Recht, sich zum Schutz ihrer Interessen zusammenzuschliessen, Vereinigungen zu bilden und solchen beizutreten oder fernzubleiben.
² Streitigkeiten sind nach Möglichkeit durch Verhandlung oder Vermittlung beizulegen.
³ Streik und Aussperrung sind zulässig, wenn sie Arbeitsbeziehungen betreffen und wenn keine Verpflichtungen entgegenstehen, den Arbeitsfrieden zu wahren oder Schlichtungsverhandlungen zu führen.
⁴ Das Gesetz kann bestimmten Kategorien von Personen den Streik verbieten.

Art. 29 Allgemeine Verfahrensgarantien
¹ Jede Person hat in Verfahren vor Gerichts- und Verwaltungsinstanzen Anspruch auf gleiche und gerechte Behandlung sowie auf Beurteilung innert angemessener Frist.
² Die Parteien haben Anspruch auf rechtliches Gehör.
³ Jede Person, die nicht über die erforderlichen Mittel verfügt, hat Anspruch auf unentgeltliche Rechtspflege, wenn ihr Rechtsbegehren nicht aussichtslos erscheint.

Soweit es zur Wahrung ihrer Rechte notwendig ist, hat sie ausserdem Anspruch auf unentgeltlichen Rechtsbeistand.

Art. 29a Rechtsweggarantie
Jede Person hat bei Rechtsstreitigkeiten Anspruch auf Beurteilung durch eine richterliche Behörde. Bund und Kantone können durch Gesetz die richterliche Beurteilung in Ausnahmefällen ausschliessen.

Art. 30 Gerichtliche Verfahren
[1] Jede Person, deren Sache in einem gerichtlichen Verfahren beurteilt werden muss, hat Anspruch auf ein durch Gesetz geschaffenes, zuständiges, unabhängiges und unparteiisches Gericht. Ausnahmegerichte sind untersagt.
[2] Jede Person, gegen die eine Zivilklage erhoben wird, hat Anspruch darauf, dass die Sache vom Gericht des Wohnsitzes beurteilt wird. Das Gesetz kann einen anderen Gerichtsstand vorsehen.
[3] Gerichtsverhandlung und Urteilsverkündung sind öffentlich. Das Gesetz kann Ausnahmen vorsehen.

Art. 31 Freiheitsentzug
[1] Die Freiheit darf einer Person nur in den vom Gesetz selbst vorgesehenen Fällen und nur auf die im Gesetz vorgeschriebene Weise entzogen werden.
[2] Jede Person, der die Freiheit entzogen wird, hat Anspruch darauf, unverzüglich und in einer ihr verständlichen Sprache über die Gründe des Freiheitsentzugs und über ihre Rechte unterrichtet zu werden. Sie muss die Möglichkeit haben, ihre Rechte geltend zu machen. Sie hat insbesondere das Recht, ihre nächsten Angehörigen benachrichtigen zu lassen.
[3] Jede Person, die in Untersuchungshaft genommen wird, hat Anspruch darauf, unverzüglich einer Richterin oder einem Richter vorgeführt zu werden; die Richterin oder der Richter entscheidet, ob die Person weiterhin in Haft gehalten oder freigelassen wird. Jede Person in Untersuchungshaft hat Anspruch auf ein Urteil innert angemessener Frist.
[4] Jede Person, der die Freiheit nicht von einem Gericht entzogen wird, hat das Recht, jederzeit ein Gericht anzurufen. Dieses entscheidet so rasch wie möglich über die Rechtmässigkeit des Freiheitsentzugs.

Art. 32 Strafverfahren
[1] Jede Person gilt bis zur rechtskräftigen Verurteilung als unschuldig.
[2] Jede angeklagte Person hat Anspruch darauf, möglichst rasch und umfassend über die gegen sie erhobenen Beschuldigungen unterrichtet zu werden. Sie muss die Möglichkeit haben, die ihr zustehenden Verteidigungsrechte geltend zu machen.
[3] Jede verurteilte Person hat das Recht, das Urteil von einem höheren Gericht überprüfen zu lassen. Ausgenommen sind die Fälle, in denen das Bundesgericht als einzige Instanz urteilt.

Art. 33 Petitionsrecht
[1] Jede Person hat das Recht, Petitionen an Behörden zu richten; es dürfen ihr daraus keine Nachteile erwachsen.
[2] Die Behörden haben von Petitionen Kenntnis zu nehmen.

Art. 34 Politische Rechte
[1] Die politischen Rechte sind gewährleistet.
[2] Die Garantie der politischen Rechte schützt die freie Willensbildung und die unverfälschte Stimmabgabe.

Art. 35 Verwirklichung der Grundrechte
[1] Die Grundrechte müssen in der ganzen Rechtsordnung zur Geltung kommen.
[2] Wer staatliche Aufgaben wahrnimmt, ist an die Grundrechte gebunden und verpflichtet, zu ihrer Verwirklichung beizutragen.
[3] Die Behörden sorgen dafür, dass die Grundrechte, soweit sie sich dazu eignen, auch unter Privaten wirksam werden.

Art. 36 Einschränkungen von Grundrechten
[1] Einschränkungen von Grundrechten bedürfen einer gesetzlichen Grundlage. Schwerwiegende Einschränkungen müssen im Gesetz selbst vorgesehen sein. Ausgenommen sind Fälle ernster, unmittelbarer und nicht anders abwendbarer Gefahr.
[2] Einschränkungen von Grundrechten müssen durch ein öffentliches Interesse oder durch den Schutz von Grundrechten Dritter gerechtfertigt sein.
[3] Einschränkungen von Grundrechten müssen verhältnismässig sein.
[4] Der Kerngehalt der Grundrechte ist unantastbar.

Bürgerrecht und politische Rechte

Art. 37 Bürgerrechte
[1] Schweizerbürgerin oder Schweizerbürger ist, wer das Bürgerrecht einer Gemeinde und das Bürgerrecht des Kantons besitzt.
[2] Niemand darf wegen seiner Bürgerrechte bevorzugt oder benachteiligt werden. Ausgenommen sind Vorschriften über die politischen Rechte in Bürgergemeinden und Korporationen sowie über die Beteiligung an deren Vermögen, es sei denn, die kantonale Gesetzgebung sehe etwas anderes vor.

Art. 38 Erwerb und Verlust der Bürgerrechte
[1] Der Bund regelt Erwerb und Verlust der Bürgerrechte durch Abstammung, Heirat und Adoption. Er regelt zudem den Verlust des Schweizer Bürgerrechts aus anderen Gründen sowie die Wiedereinbürgerung.
[2] Er erlässt Mindestvorschriften über die Einbürgerung von Ausländerinnen und Ausländern durch die Kantone und erteilt die Einbürgerungsbewilligung.
[3] Er erleichtert die Einbürgerung staatenloser Kinder.

Art. 39 Ausübung der politischen Rechte
[1] Der Bund regelt die Ausübung der politischen Rechte in eidgenössischen, die Kantone regeln sie in kantonalen und kommunalen Angelegenheiten.
[2] Die politischen Rechte werden am Wohnsitz ausgeübt. Bund und Kantone können Ausnahmen vorsehen.
[3] Niemand darf die politischen Rechte in mehr als einem Kanton ausüben.
[4] Die Kantone können vorsehen, dass Neuzugezogene das Stimmrecht in kantonalen und kommunalen Angelegenheiten erst nach einer Wartefrist von höchstens drei Monaten nach der Niederlassung ausüben dürfen.

Art. 40 Auslandschweizerinnen und Auslandschweizer
¹ Der Bund fördert die Beziehungen der Auslandschweizerinnen und Auslandschweizer untereinander und zur Schweiz. Er kann Organisationen unterstützen, die dieses Ziel verfolgen. (....)

Sozialziele
Art. 41
¹ Bund und Kantone setzen sich in Ergänzung zu persönlicher Verantwortung und privater Initiative dafür ein, dass:
a. jede Person an der sozialen Sicherheit teilhat;
b. jede Person die für ihre Gesundheit notwendige Pflege erhält;
c. Familien als Gemeinschaften von Erwachsenen und Kindern geschützt und gefördert werden;
d. Erwerbsfähige ihren Lebensunterhalt durch Arbeit zu angemessenen Bedingungen bestreiten können;
e. Wohnungssuchende für sich und ihre Familie eine angemessene Wohnung zu tragbaren Bedingungen finden können;
f. Kinder und Jugendliche sowie Personen im erwerbsfähigen Alter sich nach ihren Fähigkeiten bilden, aus- und weiterbilden können;
g. Kinder und Jugendliche in ihrer Entwicklung zu selbstständigen und sozial verantwortlichen Personen gefördert und in ihrer sozialen, kulturellen und politischen Integration unterstützt werden.

² Bund und Kantone setzen sich dafür ein, dass jede Person gegen die wirtschaftlichen Folgen von Alter, Invalidität, Krankheit, Unfall, Arbeitslosigkeit, Mutterschaft, Verwaisung und Verwitwung gesichert ist.
³ Sie streben die Sozialziele im Rahmen ihrer verfassungsmässigen Zuständigkeiten und ihrer verfügbaren Mittel an.
⁴ Aus den Sozialzielen können keine unmittelbaren Ansprüche auf staatliche Leistungen abgeleitet werden.

Bund, Kantone und Gemeinden

Verhältnis von Bund und Kantonen

Art. 42 Aufgaben des Bundes
¹ Der Bund erfüllt die Aufgaben, die ihm die Bundesverfassung zuweist.
² *aufgehoben*

Art. 43 Aufgaben der Kantone
Die Kantone bestimmen, welche Aufgaben sie im Rahmen ihrer Zuständigkeiten erfüllen.

Art. 43a Grundsätze für die Zuweisung und Erfüllung staatlicher Aufgaben
¹ Der Bund übernimmt nur die Aufgaben, welche die Kraft der Kantone übersteigen oder einer einheitlichen Regelung durch den Bund bedürfen.
² Das Gemeinwesen, in dem der Nutzen einer staatlichen Leistung anfällt, trägt deren Kosten.
³ Das Gemeinwesen, das die Kosten einer staatlichen Leistung trägt, kann über diese Leistung bestimmen.
⁴ Leistungen der Grundversorgung müssen allen Personen in vergleichbarer Weise offen stehen.

⁵ Staatliche Aufgaben müssen bedarfsgerecht und wirtschaftlich erfüllt werden.

Art. 44 Zusammenwirken von Bund und Kantonen Grundsätze
¹ Bund und Kantone unterstützen einander in der Erfüllung ihrer Aufgaben und arbeiten zusammen.
² Sie schulden einander Rücksicht und Beistand. Sie leisten einander Amts- und Rechtshilfe.
³ Streitigkeiten zwischen Kantonen oder zwischen Kantonen und dem Bund werden nach Möglichkeit durch Verhandlung und Vermittlung beigelegt.

Art. 45 Mitwirkung an der Willensbildung des Bundes
¹ Die Kantone wirken nach Massgabe der Bundesverfassung an der Willensbildung
des Bundes mit, insbesondere an der Rechtsetzung.
² Der Bund informiert die Kantone rechtzeitig und umfassend über seine Vorhaben; er holt ihre Stellungnahmen ein, wenn ihre Interessen betroffen sind.

Art. 46 Umsetzung des Bundesrechts
¹ Die Kantone setzen das Bundesrecht nach Massgabe von Verfassung und Gesetz um. (…)

Art. 47 Eigenständigkeit der Kantone
¹ Der Bund wahrt die Eigenständigkeit der Kantone.
² Er belässt den Kantonen ausreichend eigene Aufgaben und beachtet ihre Organisationsautonomie. Er belässt den Kantonen ausreichende Finanzierungsquellen und trägt dazu bei, dass sie über die notwendigen finanziellen Mittel zur Erfüllung ihrer Aufgaben verfügen.

Art. 49 Vorrang und Einhaltung des Bundesrechts
¹ Bundesrecht geht entgegenstehendem kantonalem Recht vor.
² Der Bund wacht über die Einhaltung des Bundesrechts durch die Kantone.

Gemeinden
Art. 50
¹ Die Gemeindeautonomie ist nach Massgabe des kantonalen Rechts gewährleistet.
² Der Bund beachtet bei seinem Handeln die möglichen Auswirkungen auf die Gemeinden.
³ Er nimmt dabei Rücksicht auf die besondere Situation der Städte und der Agglomerationen sowie der Berggebiete.

Zuständigkeiten

Art. 54 Auswärtige Angelegenheiten
¹ Die auswärtigen Angelegenheiten sind Sache des Bundes.
² Der Bund setzt sich ein für die Wahrung der Unabhängigkeit der Schweiz und für ihre Wohlfahrt; er trägt namentlich bei zur Linderung von Not und Armut in der Welt, zur Achtung der Menschenrechte und zur Förderung der Demokratie, zu einem friedlichen Zusammenleben der Völker sowie zur Erhaltung der natürlichen Lebensgrundlagen. (....)

Art. 57 Sicherheit
¹ Bund und Kantone sorgen im Rahmen ihrer Zuständigkeiten für die Sicherheit des Landes und den Schutz der Bevölkerung.
² Sie koordinieren ihre Anstrengungen im Bereich der inneren Sicherheit.

Art. 58 Armee
¹ Die Schweiz hat eine Armee. Diese ist grundsätzlich nach dem Milizprinzip organisiert.
² Die Armee dient der Kriegsverhinderung und trägt bei zur Erhaltung des Friedens; sie verteidigt das Land und seine Bevölkerung. Sie unterstützt die zivilen Behörden bei der Abwehr schwerwiegender Bedrohungen der inneren Sicherheit und bei der Bewältigung anderer ausserordentlicher Lagen. Das Gesetz kann weitere Aufgaben vorsehen. (…)
³ Der Einsatz der Armee ist Sache des Bundes.

Art. 59 Militär- und Ersatzdienst
¹ Jeder Schweizer ist verpflichtet, Militärdienst zu leisten. Das Gesetz sieht einen zivilen Ersatzdienst vor.
² Für Schweizerinnen ist der Militärdienst freiwillig.
³ Schweizer, die weder Militär- noch Ersatzdienst leisten, schulden eine Abgabe.. (…)

Art. 61a Bildungsraum Schweiz
¹ Bund und Kantone sorgen gemeinsam im Rahmen ihrer Zuständigkeiten für eine hohe Qualität und Durchlässigkeit des Bildungsraumes Schweiz.
² Sie koordinieren ihre Anstrengungen und stellen ihre Zusammenarbeit durch gemeinsame Organe und andere Vorkehren sicher.
³ Sie setzen sich bei der Erfüllung ihrer Aufgaben dafür ein, dass allgemein bildende und berufsbezogene Bildungswege eine gleichwertige gesellschaftliche Anerkennung finden.

Art. 62 Schulwesen
¹ Für das Schulwesen sind die Kantone zuständig.
² Sie sorgen für einen ausreichenden Grundschulunterricht, der allen Kindern offen steht. Der Grundschulunterricht ist obligatorisch und untersteht staatlicher Leitung oder Aufsicht. An öffentlichen Schulen ist er unentgeltlich. (…)
⁵ Der Bund regelt den Beginn des Schuljahres. (…)

Art. 63 Berufsbildung
¹ Der Bund erlässt Vorschriften über die Berufsbildung.
² Er fördert ein breites und durchlässiges Angebot im Bereich der Berufsbildung.

Art. 64 Forschung
¹ Der Bund fördert die wissenschaftliche Forschung und die Innovation.
² Er kann die Förderung insbesondere davon abhängig machen, dass die Qualitätssicherung und die Koordination sichergestellt sind. (…)

Art. 64a Weiterbildung
¹ Der Bund legt Grundsätze über die Weiterbildung fest.
² Er kann die Weiterbildung fördern. (…)

Art. 66 Ausbildungsbeiträge
¹ Der Bund kann den Kantonen Beiträge an ihre Aufwendungen für Ausbildungsbeiträge an Studierende von Hochschulen und anderen höheren Bildungsanstalten gewähren. Er kann die interkantonale Harmonisierung der Ausbildungsbeihilfen fördern und Grundsätze für die Unterstützung festlegen.
² Er kann zudem in Ergänzung zu den kantonalen Massnahmen und unter Wahrung der kantonalen Schulhoheit eigene Massnahmen zur Förderung der Ausbildung ergreifen.

Art. 67 Förderung von Kindern und Jugendlichen
¹ Bund und Kantone tragen bei der Erfüllung ihrer Aufgaben den besonderen Förderungs- und Schutzbedürfnissen von Kindern und Jugendlichen Rechnung.
² Der Bund kann in Ergänzung zu kantonalen Massnahmen die ausserschulische Arbeit mit Kindern und Jugendlichen unterstützen.

Art. 68 Sport
¹ Der Bund fördert den Sport, insbesondere die Ausbildung.
² Er betreibt eine Sportschule.
³ Er kann Vorschriften über den Jugendsport erlassen und den Sportunterricht an Schulen obligatorisch erklären.

Art. 69 Kultur
¹ Für den Bereich der Kultur sind die Kantone zuständig.
² Der Bund kann kulturelle Bestrebungen von gesamtschweizerischem Interesse unterstützen sowie Kunst und Musik, insbesondere im Bereich der Ausbildung, fördern.
³ Er nimmt bei der Erfüllung seiner Aufgaben Rücksicht auf die kulturelle und die sprachliche Vielfalt des Landes.

Art. 70 Sprachen
¹ Die Amtssprachen des Bundes sind Deutsch, Französisch und Italienisch. Im Verkehr mit Personen rätoromanischer Sprache ist auch das Rätoromanische Amtssprache des Bundes.
² Die Kantone bestimmen ihre Amtssprachen. Um das Einvernehmen zwischen den Sprachgemeinschaften zu wahren, achten sie auf die herkömmliche sprachliche Zusammensetzung der Gebiete und nehmen Rücksicht auf die angestammten sprachlichen Minderheiten.
³ Bund und Kantone fördern die Verständigung und den Austausch zwischen den Sprachgemeinschaften.
⁴ Der Bund unterstützt die mehrsprachigen Kantone bei der Erfüllung ihrer besonderen Aufgaben.
⁵ Der Bund unterstützt Massnahmen der Kantone Graubünden und Tessin zur Erhaltung und Förderung der rätoromanischen und der italienischen Sprache.

Art. 72 Kirche und Staat
¹ Für die Regelung des Verhältnisses zwischen Kirche und Staat sind die Kantone zuständig.
² Bund und Kantone können im Rahmen ihrer Zuständigkeit Massnahmen treffen zur Wahrung des öffentlichen Friedens zwischen den Angehörigen der verschiedenen Religionsgemeinschaften.
³ Der Bau von Minaretten ist verboten.

Art. 73 Nachhaltigkeit
Bund und Kantone streben ein auf Dauer ausgewogenes Verhältnis zwischen der Natur und ihrer Erneue-

rungsfähigkeit einerseits und ihrer Beanspruchung durch den Menschen anderseits an.

Art. 74 Umweltschutz
[1] Der Bund erlässt Vorschriften über den Schutz des Menschen und seiner natürlichen Umwelt vor schädlichen oder lästigen Einwirkungen.
[2] Er sorgt dafür, dass solche Einwirkungen vermieden werden. Die Kosten der Vermeidung und Beseitigung tragen die Verursacher.
[3] Für den Vollzug der Vorschriften sind die Kantone zuständig, soweit das Gesetz ihn nicht dem Bund vorbehält.

Art. 89 Energiepolitik
[1] Bund und Kantone setzen sich im Rahmen ihrer Zuständigkeiten ein für eine ausreichende, breit gefächerte, sichere, wirtschaftliche und umweltverträgliche Energieversorgung sowie für einen sparsamen und rationellen Energieverbrauch.
[2] Der Bund legt Grundsätze fest über die Nutzung einheimischer und erneuerbarer Energien und über den sparsamen und rationellen Energieverbrauch.
[3] Der Bund erlässt Vorschriften über den Energieverbrauch von Anlagen, Fahrzeugen und Geräten. Er fördert die Entwicklung von Energietechniken, insbesondere in den Bereichen des Energiesparens und der erneuerbaren Energien.
[4] Für Massnahmen, die den Verbrauch von Energie in Gebäuden betreffen, sind vor allem die Kantone zuständig.
[5] Der Bund trägt in seiner Energiepolitik den Anstrengungen der Kantone und Gemeinden sowie der Wirtschaft Rechnung; er berücksichtigt die Verhältnisse in den einzelnen Landesgegenden und die wirtschaftliche Tragbarkeit.

Art. 93 Radio und Fernsehen
[1] Die Gesetzgebung über Radio und Fernsehen sowie über andere Formen der öffentlichen fernmeldetechnischen Verbreitung von Darbietungen und Informationen ist Sache des Bundes.
[2] Radio und Fernsehen tragen zur Bildung und kulturellen Entfaltung, zur freien Meinungsbildung und zur Unterhaltung bei. Sie berücksichtigen die Besonderheiten des Landes und die Bedürfnisse der Kantone. Sie stellen die Ereignisse sachgerecht dar und bringen die Vielfalt der Ansichten angemessen zum Ausdruck.
[3] Die Unabhängigkeit von Radio und Fernsehen sowie die Autonomie in der Programmgestaltung sind gewährleistet.
[4] Auf die Stellung und die Aufgabe anderer Medien, vor allem der Presse, ist Rücksicht zu nehmen. (...)

Art. 94 Grundsätze der Wirtschaftsordnung
[1] Bund und Kantone halten sich an den Grundsatz der Wirtschaftsfreiheit.
[2] Sie wahren die Interessen der schweizerischen Gesamtwirtschaft und tragen mit der privaten Wirtschaft zur Wohlfahrt und zur wirtschaftlichen Sicherheit der Bevölkerung bei.
[3] Sie sorgen im Rahmen ihrer Zuständigkeiten für günstige Rahmenbedingungen für die private Wirtschaft.

[4] Abweichungen vom Grundsatz der Wirtschaftsfreiheit, insbesondere auch Massnahmen, die sich gegen den Wettbewerb richten, sind nur zulässig, wenn sie in der Bundesverfassung vorgesehen oder durch kantonale Regalrechte begründet sind.

Art. 97 Schutz der Konsumentinnen und Konsumenten
[1] Der Bund trifft Massnahmen zum Schutz der Konsumentinnen und Konsumenten.
[2] Er erlässt Vorschriften über die Rechtsmittel, welche die Konsumentenorganisationen ergreifen können. Diesen Organisationen stehen im Bereich der Bundesgesetzgebung über den unlauteren Wettbewerb die gleichen Rechte zu wie den Berufs- und Wirtschaftsverbänden.
[3] Die Kantone sehen für Streitigkeiten bis zu einem bestimmten Streitwert ein Schlichtungsverfahren oder ein einfaches und rasches Gerichtsverfahren vor. Der Bundesrat legt die Streitwertgrenze fest.

Art. 99 Geld- und Währungspolitik
[1] Das Geld- und Währungswesen ist Sache des Bundes; diesem allein steht das Recht zur Ausgabe von Münzen und Banknoten zu.
[2] Die Schweizerische Nationalbank führt als unabhängige Zentralbank eine Geld- und Währungspolitik, die dem Gesamtinteresse des Landes dient; sie wird unter Mitwirkung und Aufsicht des Bundes verwaltet. (...)
[4] Der Reingewinn der Schweizerischen Nationalbank geht zu mindestens zwei Dritteln an die Kantone.

Art. 101 Aussenwirtschaftspolitik
[1] Der Bund wahrt die Interessen der schweizerischen Wirtschaft im Ausland.
[2] In besonderen Fällen kann er Massnahmen treffen zum Schutz der inländischen Wirtschaft. Er kann nötigenfalls vom Grundsatz der Wirtschaftsfreiheit abweichen.

Art. 102 Landesversorgung
[1] Der Bund stellt die Versorgung des Landes mit lebenswichtigen Gütern und Dienstleistungen sicher für den Fall machtpolitischer oder kriegerischer Bedrohungen sowie in schweren Mangellagen, denen die Wirtschaft nicht selbst zu begegnen vermag. Er trifft vorsorgliche Massnahmen.
[2] Er kann nötigenfalls vom Grundsatz der Wirtschaftsfreiheit abweichen.

Art. 104 Landwirtschaft
[1] Der Bund sorgt dafür, dass die Landwirtschaft durch eine nachhaltige und auf den Markt ausgerichtete Produktion einen wesentlichen Beitrag leistet zur:
a. sicheren Versorgung der Bevölkerung;
b. Erhaltung der natürlichen Lebensgrundlagen und zur Pflege der Kulturlandschaft;
c. dezentralen Besiedlung des Landes.
[2] Ergänzend zur zumutbaren Selbsthilfe der Landwirtschaft und nötigenfalls abweichend vom Grundsatz der Wirtschaftsfreiheit fördert der Bund die bodenbewirtschaftenden bäuerlichen Betriebe. (...)

Art. 110 Arbeit
[1] Der Bund kann Vorschriften erlassen über:
a. den Schutz der Arbeitnehmerinnen und Arbeitnehmer;

b. das Verhältnis zwischen Arbeitgeber- und Arbeitnehmerseite, insbesondere über die gemeinsame Regelung betrieblicher und beruflicher Angelegenheiten;
c. die Arbeitsvermittlung;
d. die Allgemeinverbindlicherklärung von Gesamtarbeitsverträgen.

² Gesamtarbeitsverträge dürfen nur allgemeinverbindlich erklärt werden, wenn sie begründeten Minderheitsinteressen und regionalen Verschiedenheiten angemessen Rechnung tragen und die Rechtsgleichheit sowie die Koalitionsfreiheit nicht beeinträchtigen.

³ Der 1. August ist Bundesfeiertag. Er ist arbeitsrechtlich den Sonntagen gleichgestellt und bezahlt.

Art. 111 Alters-, Hinterlassenen- und Invalidenvorsorge

¹ Der Bund trifft Massnahmen für eine ausreichende Alters-, Hinterlassenen- und Invalidenvorsorge. Diese beruht auf drei Säulen, nämlich der eidgenössischen Alters-, Hinterlassenen- und Invalidenversicherung, der beruflichen Vorsorge und der Selbstvorsorge.

² Der Bund sorgt dafür, dass die eidgenössische Alters-, Hinterlassenen- und Invalidenversicherung sowie die berufliche Vorsorge ihren Zweck dauernd erfüllen können. (...)

⁴ Er fördert in Zusammenarbeit mit den Kantonen die Selbstvorsorge namentlich durch Massnahmen der Steuer- und Eigentumspolitik.

Art. 112 Alters-, Hinterlassenen- und Invalidenversicherung

¹ Der Bund erlässt Vorschriften über die Alters-, Hinterlassenen- und Invalidenversicherung.

² Er beachtet dabei folgende Grundsätze:
a. Die Versicherung ist obligatorisch.
abis. Sie gewährt Geld- und Sachleistungen.
b. Die Renten haben den Existenzbedarf angemessen zu decken.
c. Die Höchstrente beträgt maximal das Doppelte der Mindestrente.
d. Die Renten werden mindestens der Preisentwicklung angepasst.

³ Die Versicherung wird finanziert:
a. durch Beiträge der Versicherten, wobei die Arbeitgeberinnen und Arbeitgeber für ihre Arbeitnehmerinnen und Arbeitnehmer die Hälfte der Beiträge bezahlen;
b. durch Leistungen des Bundes.

⁴ Die Leistungen des Bundes betragen höchstens die Hälfte der Ausgaben.

⁵ Die Leistungen des Bundes werden in erster Linie aus dem Reinertrag der Tabaksteuer, der Steuer auf gebrannten Wassern und der Abgabe aus dem Betrieb von Spielbanken gedeckt.

Art. 116 Familienzulagen und Mutterschaftsversicherung

¹ Der Bund berücksichtigt bei der Erfüllung seiner Aufgaben die Bedürfnisse der Familie. Er kann Massnahmen zum Schutz der Familie unterstützen.

² Er kann Vorschriften über die Familienzulagen erlassen und eine eidgenössische Familienausgleichskasse führen.

³ Er richtet eine Mutterschaftsversicherung ein. Er kann auch Personen zu Beiträgen verpflichten, die nicht in den Genuss der Versicherungsleistungen gelangen können.

⁴ Der Bund kann den Beitritt zu einer Familienausgleichskasse und die Mutterschaftsversicherung allgemein oder für einzelne Bevölkerungsgruppen obligatorisch erklären (...) und seine Leistungen von angemessenen Leistungen der Kantone abhängig machen.

Art. 118 Schutz der Gesundheit

¹ Der Bund trifft im Rahmen seiner Zuständigkeiten Massnahmen zum Schutz der Gesundheit.

² Er erlässt Vorschriften über:
a. den Umgang mit Lebensmitteln sowie mit Heilmitteln, Betäubungsmitteln, Organismen, Chemikalien und Gegenständen, welche die Gesundheit gefährden können;
b. die Bekämpfung übertragbarer, stark verbreiteter oder bösartiger Krankheiten von Menschen und Tieren;
c. den Schutz vor ionisierenden Strahlen.

Art. 119 Fortpflanzungsmedizin und Gentechnologie im Humanbereich

¹ Der Mensch ist vor Missbräuchen der Fortpflanzungsmedizin und der Gentechnologie geschützt.

² Der Bund erlässt Vorschriften über den Umgang mit menschlichem Keim- und Erbgut. Er sorgt dabei für den Schutz der Menschenwürde, der Persönlichkeit und der Familie und beachtet insbesondere folgende Grundsätze:
a. Alle Arten des Klonens und Eingriffe in das Erbgut menschlicher Keimzellen und Embryonen sind unzulässig.
b. Nichtmenschliches Keim- und Erbgut darf nicht in menschliches Keimgut eingebracht oder mit ihm verschmolzen werden.
c. Die Verfahren der medizinisch unterstützten Fortpflanzung dürfen nur angewendet werden, wenn die Unfruchtbarkeit oder die Gefahr der Übertragung einer schweren Krankheit nicht anders behoben werden kann, nicht aber um beim Kind bestimmte Eigenschaften herbeizuführen oder um Forschung zu betreiben; die Befruchtung menschlicher Eizellen ausserhalb des Körpers der Frau ist nur unter den vom Gesetz festgelegten Bedingungen erlaubt; es dürfen nur so viele menschliche Eizellen ausserhalb des Körpers der Frau zu Embryonen entwickelt werden, als ihr sofort eingepflanzt werden können.
d. Die Embryonenspende und alle Arten von Leihmutterschaft sind unzulässig.
e. Mit menschlichem Keimgut und mit Erzeugnissen aus Embryonen darf kein Handel getrieben werden.
f. Das Erbgut einer Person darf nur untersucht, registriert oder offenbart werden, wenn die betroffene Person zustimmt oder das Gesetz es vorschreibt.
g. Jede Person hat Zugang zu den Daten über ihre Abstammung.

Art. 119a Transplantationsmedizin

¹ Der Bund erlässt Vorschriften auf dem Gebiet der Transplantation von Organen, Geweben und Zellen. Er sorgt dabei für den Schutz der Menschenwürde, der Persönlichkeit und der Gesundheit.

² Er legt insbesondere Kriterien für eine gerechte Zuteilung von Organen fest.
³ Die Spende von menschlichen Organen, Geweben und Zellen ist unentgeltlich. Der Handel mit menschlichen Organen ist verboten.

Art. 120 Gentechnologie im Ausserhumanbereich*⁾
¹ Der Mensch und seine Umwelt sind vor Missbräuchen der Gentechnologie geschützt.
² Der Bund erlässt Vorschriften über den Umgang mit Keim- und Erbgut von Tieren, Pflanzen und anderen Organismen. Er trägt dabei der Würde der Kreatur sowie der Sicherheit von Mensch, Tier und Umwelt Rechnung und schützt die genetische Vielfalt der Tier- und Pflanzenarten.

*⁾ Vgl. Übergangsbestimmungen in Art. 197.

Art. 121 Aufenthalt und Niederlassung von Ausländerinnen und Ausländern
¹ Die Gesetzgebung über die Ein- und Ausreise, den Aufenthalt und die Niederlassung von Ausländerinnen und Ausländern sowie über die Gewährung von Asyl ist Sache des Bundes.
² Ausländerinnen und Ausländer können aus der Schweiz ausgewiesen werden, wenn sie die Sicherheit des Landes gefährden.
³ Sie verlieren unabhängig von ihrem ausländerrechtlichen Status ihr Aufenthaltsrecht sowie alle Rechtsansprüche auf Aufenthalt in der Schweiz, wenn sie:
a. wegen eines vorsätzlichen Tötungsdelikts, wegen einer Vergewaltigung oder eines anderen schweren Sexualdelikts, wegen eines anderen Gewaltdelikts wie Raub, wegen Menschenhandels, Drogenhandels oder eines Einbruchsdelikts rechtskräftig verurteilt worden sind; oder
b. missbräuchlich Leistungen der Sozialversicherungen oder der Sozialhilfe bezogen haben.
⁴ Der Gesetzgeber umschreibt die Tatbestände nach Absatz 3 näher. Er kann sie um weitere Tatbestände ergänzen.
⁵ Ausländerinnen und Ausländer, die nach den Absätzen 3 und 4 ihr Aufenthaltsrecht sowie alle Rechtsansprüche auf Aufenthalt in der Schweiz verlieren, sind von der zuständigen Behörde aus der Schweiz auszuweisen und mit einem Einreiseverbot von 5–15 Jahren zu belegen. Im Wiederholungsfall ist das Einreiseverbot auf 20 Jahre anzusetzen.
⁶ Wer das Einreiseverbot missachtet oder sonstwie illegal in die Schweiz einreist, macht sich strafbar. Der Gesetzgeber erlässt die entsprechenden Bestimmungen.

Volk und Stände
Allgemeine Bestimmungen
Art. 136 Politische Rechte
¹ Die politischen Rechte in Bundessachen stehen allen Schweizerinnen und Schweizern zu, die das 18. Altersjahr zurückgelegt haben und die nicht wegen Geisteskrankheit oder Geistesschwäche entmündigt sind. Alle haben die gleichen politischen Rechte und Pflichten.

² Sie können an den Nationalratswahlen und an den Abstimmungen des Bundes teilnehmen sowie Volksinitiativen und Referenden in Bundesangelegenheiten ergreifen und unterzeichnen.

Art. 137 Politische Parteien
Die politischen Parteien wirken an der Meinungs- und Willensbildung des Volkes mit.

Initiative und Referendum
Art. 138 Volksinitiative auf Totalrevision der Bundesverfassung
¹ 100 000 Stimmberechtigte können innert 18 Monaten seit der amtlichen Veröffentlichung ihrer Initiative eine Totalrevision der Bundesverfassung vorschlagen.
² Dieses Begehren ist dem Volk zur Abstimmung zu unterbreiten.

Art. 139 Volksinitiative auf Teilrevision der Bundesverfassung
¹ 100 000 Stimmberechtigte können innert 18 Monaten seit der amtlichen Veröffentlichung ihrer Initiative eine Teilrevision der Bundesverfassung verlangen.
² Die Volksinitiative auf Teilrevision der Bundesverfassung kann die Form der allgemeinen Anregung oder des ausgearbeiteten Entwurfs haben.
³ Verletzt die Initiative die Einheit der Form, die Einheit der Materie oder zwingende Bestimmungen des Völkerrechts, so erklärt die Bundesversammlung sie für ganz oder teilweise ungültig.
⁴ Ist die Bundesversammlung mit einer Initiative in der Form der allgemeinen Anregung einverstanden, so arbeitet sie die Teilrevision im Sinn der Initiative aus und unterbreitet sie Volk und Ständen zur Abstimmung. Lehnt sie die Initiative ab, so unterbreitet sie diese dem Volk zur Abstimmung; das Volk entscheidet, ob der Initiative Folge zu geben ist. Stimmt es zu, so arbeitet die Bundesversammlung eine entsprechende Vorlage aus.
⁵ Eine Initiative in der Form des ausgearbeiteten Entwurfs wird Volk und Ständen zur Abstimmung unterbreitet. Die Bundesversammlung empfiehlt die Initiative zur Annahme oder zur Ablehnung. Sie kann der Initiative einen Gegenentwurf gegenüberstellen.

Art. 139b Verfahren bei Initiative und Gegenentwurf
¹ Die Stimmberechtigten stimmen gleichzeitig über die Initiative und den Gegenentwurf ab.
² Sie können beiden Vorlagen zustimmen. In der Stichfrage können sie angeben, welcher Vorlage sie den Vorrang geben, falls beide angenommen werden.
³ Erzielt bei angenommenen Verfassungsänderungen in der Stichfrage die eine Vorlage mehr Volks- und die andere mehr Standesstimmen, so tritt die Vorlage in Kraft, bei welcher der prozentuale Anteil der Volksstimmen und der prozentuale Anteil der Standesstimmen in der Stichfrage die grössere Summe ergeben.

Art. 140 Obligatorisches Referendum
¹ Volk und Ständen werden zur Abstimmung unterbreitet:
a. die Änderungen der Bundesverfassung;
b. der Beitritt zu Organisationen für kollektive Sicherheit oder zu supranationalen Gemeinschaften;
c. die dringlich erklärten Bundesgesetze, die keine Verfassungsgrundlage haben und deren Geltungsdauer ein Jahr übersteigt; diese Bundesgesetze müssen in-

nerhalb eines Jahres nach Annahme durch die Bundesversammlung zur Abstimmung unterbreitet werden.
² Dem Volk werden zur Abstimmung unterbreitet:
a. die Volksinitiativen auf Totalrevision der Bundesverfassung;
b. die Volksinitiativen auf Teilrevision der Bundesverfassung in der Form der allgemeinen Anregung, die von der Bundesversammlung abgelehnt worden sind;
c. die Frage, ob eine Totalrevision der Bundesverfassung durchzuführen ist, bei Uneinigkeit der beiden Räte.

Art. 141 Fakultatives Referendum
¹ Verlangen es 50 000 Stimmberechtigte oder acht Kantone innerhalb von 100 Tagen seit der amtlichen Veröffentlichung des Erlasses, so werden dem Volk zur Abstimmung vorgelegt:
a. Bundesgesetze;
b. dringlich erklärte Bundesgesetze, deren Geltungsdauer ein Jahr übersteigt;
c. Bundesbeschlüsse, soweit Verfassung oder Gesetz dies vorsehen;
d. völkerrechtliche Verträge, die:
   1. unbefristet und unkündbar sind;
   2. den Beitritt zu einer internationalen Organisation vorsehen;
   3. wichtige rechtsetzende Bestimmungen enthalten oder deren Umsetzung den Erlass von Bundesgesetzen erfordert.
² (aufgehoben)

Art. 141a Umsetzung von völkerrechtlichen Verträgen
¹ Untersteht der Genehmigungsbeschluss eines völkerrechtlichen Vertrags dem obligatorischen Referendum, so kann die Bundesversammlung die Verfassungsänderungen, die der Umsetzung des Vertrages dienen, in den Genehmigungsbeschluss aufnehmen.
² Untersteht der Genehmigungsbeschluss eines völkerrechtlichen Vertrags dem fakultativen Referendum, so kann die Bundesversammlung die Gesetzesänderungen, die der Umsetzung des Vertrages dienen, in den Genehmigungsbeschluss aufnehmen.

Art. 142 Erforderliche Mehrheiten
¹ Die Vorlagen, die dem Volk zur Abstimmung unterbreitet werden, sind angenommen, wenn die Mehrheit der Stimmenden sich dafür ausspricht.
² Die Vorlagen, die Volk und Ständen zur Abstimmung unterbreitet werden, sind angenommen, wenn die Mehrheit der Stimmenden und die Mehrheit der Stände sich dafür aussprechen.
³ Das Ergebnis der Volksabstimmung im Kanton gilt als dessen Standesstimme.
⁴ Die Kantone Obwalden, Nidwalden, Basel-Stadt, Basel-Landschaft, Appenzell Ausserrhoden und Appenzell Innerrhoden haben je eine halbe Standesstimme.

Bundesbehörden

Allgemeine Bestimmungen

Art. 143 Wählbarkeit
In den Nationalrat, in den Bundesrat und in das Bundesgericht sind alle Stimmberechtigten wählbar.

Art. 144 Unvereinbarkeiten
1 Die Mitglieder des Nationalrates, des Ständerates, des Bundesrates sowie die Richterinnen und Richter des Bundesgerichts können nicht gleichzeitig einer anderen dieser Behörden angehören.
2 Die Mitglieder des Bundesrates und die vollamtlichen Richterinnen und Richter des Bundesgerichts dürfen kein anderes Amt des Bundes oder eines Kantons bekleiden und keine andere Erwerbstätigkeit ausüben.
3 Das Gesetz kann weitere Unvereinbarkeiten vorsehen.

Art. 145 Amtsdauer
Die Mitglieder des Nationalrates und des Bundesrates sowie die Bundeskanzlerin oder der Bundeskanzler werden auf die Dauer von vier Jahren gewählt. Für die Richterinnen und Richter des Bundesgerichts beträgt die Amtsdauer sechs Jahre.

Art. 147 Vernehmlassungsverfahren
Die Kantone, die politischen Parteien und die interessierten Kreise werden bei der Vorbereitung wichtiger Erlasse und anderer Vorhaben von grosser Tragweite sowie bei wichtigen völkerrechtlichen Verträgen zur Stellungnahme eingeladen.

Bundesversammlung

Art. 148 Stellung
¹ Die Bundesversammlung übt unter Vorbehalt der Rechte von Volk und Ständen die oberste Gewalt im Bund aus.
² Die Bundesversammlung besteht aus zwei Kammern, dem Nationalrat und dem Ständerat; beide Kammern sind einander gleichgestellt.

Art. 149 Zusammensetzung und Wahl des Nationalrates
¹ Der Nationalrat besteht aus 200 Abgeordneten des Volkes.
² Die Abgeordneten werden vom Volk in direkter Wahl nach dem Grundsatz des Proporzes bestimmt. Alle vier Jahre findet eine Gesamterneuerung statt.
³ Jeder Kanton bildet einen Wahlkreis.
⁴ Die Sitze werden nach der Bevölkerungszahl auf die Kantone verteilt. Jeder Kanton hat mindestens einen Sitz.

Art. 150 Zusammensetzung und Wahl des Ständerates
¹ Der Ständerat besteht aus 46 Abgeordneten der Kantone.
² Die Kantone Obwalden, Nidwalden, Basel-Stadt, Basel-Landschaft, Appenzell Ausserrhoden und Appenzell Innerrhoden wählen je eine Abgeordnete oder einen Abgeordneten; die übrigen Kantone wählen je zwei Abgeordnete.
³ Die Wahl in den Ständerat wird vom Kanton geregelt.

Art. 151 Sessionen
¹ Die Räte versammeln sich regelmässig zu Sessionen. Das Gesetz regelt die Einberufung.
² Ein Viertel der Mitglieder eines Rates oder der Bundesrat können die Einberufung der Räte zu einer ausserordentlichen Session verlangen.

Art. 152 Vorsitz
Jeder Rat wählt aus seiner Mitte für die Dauer eines Jahres eine Präsidentin oder einen Präsidenten sowie die erste Vizepräsidentin oder den ersten Vizepräsidenten und die zweite Vizepräsidentin oder den zweiten Vizepräsidenten. Die Wiederwahl für das folgende Jahr ist ausgeschlossen.

Art. 156 Getrennte Verhandlung
^{1} Nationalrat und Ständerat verhandeln getrennt.
^{2} Für Beschlüsse der Bundesversammlung ist die Übereinstimmung beider Räte erforderlich. (...)

Art. 157 Gemeinsame Verhandlung
^{1} Nationalrat und Ständerat verhandeln gemeinsam als Vereinigte Bundesversammlung unter dem Vorsitz der Nationalratspräsidentin oder des Nationalratspräsidenten, um:
a. Wahlen vorzunehmen;
b. Zuständigkeitskonflikte zwischen den obersten Bundesbehörden zu entscheiden;
c. Begnadigungen auszusprechen.
^{2} Die Vereinigte Bundesversammlung versammelt sich ausserdem bei besonderen Anlässen und zur Entgegennahme von Erklärungen des Bundesrates.

Art. 163 Form der Erlasse der Bundesversammlung
^{1} Die Bundesversammlung erlässt rechtsetzende Bestimmungen in der Form des Bundesgesetzes oder der Verordnung.
^{2} Die übrigen Erlasse ergehen in der Form des Bundesbeschlusses; ein Bundesbeschluss, der dem Referendum nicht untersteht, wird als einfacher Bundesbeschluss bezeichnet.

Art. 165 Gesetzgebung bei Dringlichkeit
^{1} Ein Bundesgesetz, dessen Inkrafttreten keinen Aufschub duldet, kann von der Mehrheit der Mitglieder jedes Rates dringlich erklärt und sofort in Kraft gesetzt werden. Es ist zu befristen.
^{2} Wird zu einem dringlich erklärten Bundesgesetz die Volksabstimmung verlangt, so tritt dieses ein Jahr nach Annahme durch die Bundesversammlung ausser Kraft, wenn es nicht innerhalb dieser Frist vom Volk angenommen wird.
^{3} Ein dringlich erklärtes Bundesgesetz, das keine Verfassungsgrundlage hat, tritt ein Jahr nach Annahme durch die Bundesversammlung ausser Kraft, wenn es nicht innerhalb dieser Frist von Volk und Ständen angenommen wird. Es ist zu befristen.
^{4} Ein dringlich erklärtes Bundesgesetz, das in der Abstimmung nicht angenommen wird, kann nicht erneuert werden.

Art. 167 Finanzen
Die Bundesversammlung beschliesst die Ausgaben des Bundes, setzt den Voranschlag fest und nimmt die Staatsrechnung ab.

Art. 168 Wahlen
^{1} Die Bundesversammlung wählt die Mitglieder des Bundesrates, die Bundeskanzlerin oder den Bundeskanzler, die Richterinnen und Richter des Bundesgerichts sowie den General.
^{2} Das Gesetz kann die Bundesversammlung ermächtigen, weitere Wahlen vorzunehmen oder zu bestätigen.

Art. 169 Oberaufsicht
^{1} Die Bundesversammlung übt die Oberaufsicht aus über den Bundesrat und die Bundesverwaltung, die eidgenössischen Gerichte und die anderen Träger von Aufgaben des Bundes. (...)
^{2} Den vom Gesetz vorgesehenen besonderen Delegationen von Aufsichtskommissionen können keine Geheimhaltungspflichten entgegengehalten werden.

Bundesrat und Bundesverwaltung

Art. 174 Bundesrat
Der Bundesrat ist die oberste leitende und vollziehende Behörde des Bundes.

Art. 175 Zusammensetzung und Wahl
^{1} Der Bundesrat besteht aus sieben Mitgliedern.
^{2} Die Mitglieder des Bundesrates werden von der Bundesversammlung nach jeder Gesamterneuerung des Nationalrates gewählt.
^{3} Sie werden aus allen Schweizerbürgerinnen und Schweizerbürgern, welche als Mitglieder des Nationalrates wählbar sind, auf die Dauer von vier Jahren gewählt.
^{4} Dabei ist darauf Rücksicht zu nehmen, dass die Landesgegenden und Sprachregionen angemessen vertreten sind.

Art. 176 Vorsitz
^{1} Die Bundespräsidentin oder der Bundespräsident führt den Vorsitz im Bundesrat.
^{2} Die Bundespräsidentin oder der Bundespräsident und die Vizepräsidentin oder der Vizepräsident des Bundesrates werden von der Bundesversammlung aus den Mitgliedern des Bundesrates auf die Dauer eines Jahres gewählt.
^{3} Die Wiederwahl für das folgende Jahr ist ausgeschlossen. (...).

Art. 177 Kollegial- und Departementalprinzip
^{1} Der Bundesrat entscheidet als Kollegium.
^{2} Für die Vorbereitung und den Vollzug werden die Geschäfte des Bundesrates nach Departementen auf die einzelnen Mitglieder verteilt. (...)

Art. 178 Bundesverwaltung
^{1} Der Bundesrat leitet die Bundesverwaltung. Er sorgt für ihre zweckmässige Organisation und eine zielgerichtete Erfüllung der Aufgaben.
^{2} Die Bundesverwaltung wird in Departemente gegliedert; jedem Departement steht ein Mitglied des Bundesrates vor. (...)

Art. 179 Bundeskanzlei
Die Bundeskanzlei ist die allgemeine Stabsstelle des Bundesrates. Sie wird von einer Bundeskanzlerin oder einem Bundeskanzler geleitet.

Art. 180 Regierungspolitik
^{1} Der Bundesrat bestimmt die Ziele und die Mittel seiner Regierungspolitik. Er plant und koordiniert die staatlichen Tätigkeiten.
^{2} Er informiert die Öffentlichkeit rechtzeitig und umfassend über seine Tätigkeit, soweit nicht überwiegende öffentliche oder private Interessen entgegenstehen.

Art. 181 Initiativrecht
Der Bundesrat unterbreitet der Bundesversammlung Entwürfe zu ihren Erlassen.

Art. 182 Rechtsetzung und Vollzug
¹ Der Bundesrat erlässt rechtsetzende Bestimmungen in der Form der Verordnung, soweit er durch Verfassung oder Gesetz dazu ermächtigt ist.
² Er sorgt für den Vollzug der Gesetzgebung, der Beschlüsse der Bundesversammlung und der Urteile richterlicher Behörden des Bundes.

Art. 183 Finanzen
¹ Der Bundesrat erarbeitet den Finanzplan, entwirft den Voranschlag und erstellt die Staatsrechnung.
² Er sorgt für eine ordnungsgemässe Haushaltführung.

Art. 184 Beziehungen zum Ausland
¹ Der Bundesrat besorgt die auswärtigen Angelegenheiten unter Wahrung der Mitwirkungsrechte der Bundesversammlung; er vertritt die Schweiz nach aussen.
² Er unterzeichnet die Verträge und ratifiziert sie. Er unterbreitet sie der Bundesversammlung zur Genehmigung. (...)

Art. 185 Äussere und innere Sicherheit
¹ Der Bundesrat trifft Massnahmen zur Wahrung der äusseren Sicherheit, der Unabhängigkeit und der Neutralität der Schweiz.
² Er trifft Massnahmen zur Wahrung der inneren Sicherheit.
³ Er kann, unmittelbar gestützt auf diesen Artikel, Verordnungen und Verfügungen erlassen, um eingetretenen oder unmittelbar drohenden schweren Störungen der öffentlichen Ordnung oder der inneren oder äusseren Sicherheit zu begegnen. Solche Verordnungen sind zu befristen.
⁴ In dringlichen Fällen kann er Truppen aufbieten. Bietet er mehr als 4000 Angehörige der Armee für den Aktivdienst auf oder dauert dieser Einsatz voraussichtlich länger als drei Wochen, so ist unverzüglich die Bundesversammlung einzuberufen.

Bundesgericht

Art. 188 Stellung
¹ Das Bundesgericht ist die oberste rechtsprechende Behörde des Bundes. (...)

Art. 189 Zuständigkeiten des Bundesgerichts
1 Das Bundesgericht beurteilt Streitigkeiten wegen Verletzung:
a. von Bundesrecht;
b. von Völkerrecht;
c. von interkantonalem Recht;
d. von kantonalen verfassungsmässigen Rechten;
e. der Gemeindeautonomie und anderer Garantien der Kantone zu Gunsten von öffentlich-rechtlichen Körperschaften;
f. von eidgenössischen und kantonalen Bestimmungen über die politischen Rechte.
2 Es beurteilt Streitigkeiten zwischen Bund und Kantonen oder zwischen Kantonen.
3 Das Gesetz kann weitere Zuständigkeiten des Bundesgerichts begründen.
⁴ Akte der Bundesversammlung und des Bundesrates können beim Bundesgericht nicht angefochten werden. Ausnahmen bestimmt das Gesetz.

Art. 190 Massgebendes Recht
Bundesgesetze und Völkerrecht sind für das Bundesgericht und die anderen rechtsanwendenden Behörden massgebend.

Revision der Bundesverfassung

Art. 192 Grundsatz
¹ Die Bundesverfassung kann jederzeit ganz oder teilweise revidiert werden.
² Wo die Bundesverfassung und die auf ihr beruhende Gesetzgebung nichts anderes bestimmen, erfolgt die Revision auf dem Weg der Gesetzgebung.

Art. 193 Totalrevision
¹ Eine Totalrevision der Bundesverfassung kann vom Volk oder von einem der beiden Räte vorgeschlagen oder von der Bundesversammlung beschlossen werden.
² Geht die Initiative vom Volk aus oder sind sich die beiden Räte uneinig, so entscheidet das Volk über die Durchführung der Totalrevision.
³ Stimmt das Volk der Totalrevision zu, so werden die beiden Räte neu gewählt.
⁴ Die zwingenden Bestimmungen des Völkerrechts dürfen nicht verletzt werden.

Art. 194 Teilrevision
¹ Eine Teilrevision der Bundesverfassung kann vom Volk verlangt oder von der Bundesversammlung beschlossen werden.
² Die Teilrevision muss die Einheit der Materie wahren und darf die zwingenden Bestimmungen des Völkerrechts nicht verletzen.
³ Die Volksinitiative auf Teilrevision muss zudem die Einheit der Form wahren.

Art. 195 Inkrafttreten
Die ganz oder teilweise revidierte Bundesverfassung tritt in Kraft, wenn sie von Volk und Ständen angenommen ist.

Übergangsbestimmungen

Art. 197 Übergangsbestimmungen nach Annahme der Bundesverfassung vom 18. April 1999
7. (Gentechnologie im Ausserhumanbereich) *⁾
Die schweizerische Landwirtschaft bleibt für die Dauer von fünf Jahren nach Annahme dieser Verfassungsbestimmung gentechnikfrei. Insbesondere dürfen weder eingeführt noch in Verkehr gebracht werden:
a. gentechnisch veränderte vermehrungsfähige Pflanzen, Pflanzenteile und Saatgut, welche für die landwirtschaftliche, gartenbauliche oder forstwirtschaftliche Anwendung in der Umwelt bestimmt sind;
b. gentechnisch veränderte Tiere, welche für die Produktion von Lebensmitteln und anderen landwirtschaftlichen Erzeugnissen bestimmt sind.
*⁾*Angenommen in der Volksabstimmung vom 27. Nov. 2005.*
Durch Art. 37a Gentechnikgesetz ist die «Übergangsfrist für das Inverkehrbringen gentechnisch veränderter Organismen» bis 27.Nov. 2013 verlängert worden.

Schweizerisches Zivilgesetzbuch (ZGB) SR 210

Übersicht / Gliederung

Teile / Abteilungen	Titel	ab Art.
Einleitung		1
Erster Teil: Das Personenrecht	1. Die natürlichen Personen	11
	2. Die juristischen Personen	52
Zweiter Teil: Das Familienrecht		
Erste Abteilung: Das Familienrecht	3. Die Eheschliessung	90
	4. Die Ehescheidung und die Ehetrennung	111
	5. Die Wirkungen der Ehe im Allgemeinen	159
	6. Das Güterrecht der Ehegatten	181
Zweite Abteilung: Die Verwandtschaft	7. Die Entstehung des Kindesverhältnisses	252
	8. Die Wirkungen des Kindesverhältnisses	270
	9. Die Familiengemeinschaft	328
Dritte Abteilung: Die Vormundschaft	10. Die allgemeine Ordnung der Vormundschaft	360
	11. Die Führung der Vormundschaft	398
	12. Das Ende der Vormundschaft	431
Dritter Teil: Das Erbrecht		
Erste Abteilung: Die Erben	13. Die gesetzlichen Erben	457
	14. Die Verfügungen von Todes wegen	467
Zweite Abteilung: Der Erbgang	15. Die Eröffnung des Erbganges	537
	16. Die Wirkung des Erbganges	551
	17. Die Teilung der Erbschaft	602
Vierter Teil: Das Sachenrecht		
Erste Abteilung: Das Eigentum	18. Allgemeine Bestimmungen	641
	19. Das Grundeigentum	655
	20. Das Fahrniseigentum	713
Zweite Abteilung: Die beschränkten dinglichen Rechte	21. Die Dienstbarkeiten und Grundlasten	730
	22. Das Grundpfand	793
	23. Das Fahrnispfand	884
Dritte Abteilung: Besitz und Grundbuch	24. Der Besitz	919
	25. Das Grundbuch	942
Schlusstitel	Anwendungs- und Einführungsbestimmungen	

Schweizerisches Zivilgesetzbuch (ZGB) SR 210

Einleitung

Art. 1　Anwendung des Rechts
¹ Das Gesetz findet auf alle Rechtsfragen Anwendung, für die es nach Wortlaut oder Auslegung eine Bestimmung enthält.
² Kann dem Gesetze keine Vorschrift entnommen werden, so soll das Gericht nach Gewohnheitsrecht und, wo auch ein solches fehlt, nach der Regel entscheiden, die es als Gesetzgeber aufstellen würde.
³ Es folgt dabei bewährter Lehre und Überlieferung.

Art. 2　Handeln nach Treu und Glauben
¹ Jedermann hat in der Ausübung seiner Rechte und in der Erfüllung seiner Pflichten nach Treu und Glauben zu handeln.
² Der offenbare Missbrauch eines Rechtes findet keinen Rechtsschutz.

Art. 3　Guter Glaube
¹ Wo das Gesetz eine Rechtswirkung an den guten Glauben einer Person geknüpft hat, ist dessen Dasein zu vermuten.
² Wer bei der Aufmerksamkeit, wie sie nach den Umständen von ihm verlangt werden darf, nicht gutgläubig sein konnte, ist nicht berechtigt, sich auf den guten Glauben zu berufen.

Art. 4　Gerichtliches Ermessen
Wo das Gesetz das Gericht auf sein Ermessen oder auf die Würdigung der Umstände oder auf wichtige Gründe verweist, hat es seine Entscheidung nach Recht und Billigkeit zu treffen.

Art. 8　Beweislast
Wo das Gesetz es nicht anders bestimmt, hat derjenige das Vorhandensein einer behaupteten Tatsache zu beweisen, der aus ihr Rechte ableitet.

Art. 9　Beweis mit öffentlicher Urkunde
¹ Öffentliche Register und öffentliche Urkunden erbringen für die durch sie bezeugten Tatsachen vollen Beweis, solange nicht die Unrichtigkeit ihres Inhaltes nachgewiesen ist.
² Dieser Nachweis ist an keine besondere Form gebunden.

Personenrecht

Die natürlichen Personen

Persönlichkeit im Allgemeinen

Rechtsfähigkeit

Art. 11
¹ Rechtsfähig ist jedermann.
² Für alle Menschen besteht demgemäss in den Schranken der Rechtsordnung die gleiche Fähigkeit, Rechte und Pflichten zu haben.

Handlungsfähigkeit

Art. 12　Inhalt
Wer handlungsfähig ist, hat die Fähigkeit, durch seine Handlungen Rechte und Pflichten zu begründen.

Art. 13　Voraussetzungen
Die Handlungsfähigkeit besitzt, wer mündig und urteilsfähig ist.

Art. 14　Mündigkeit
Mündig ist, wer das 18. Lebensjahr vollendet hat.

Art. 16　Urteilsfähigkeit
Urteilsfähig im Sinne dieses Gesetzes ist ein jeder, dem nicht wegen seines Kindesalters oder infolge von Geisteskrankheit, Geistesschwäche, Trunkenheit oder ähnlichen Zuständen die Fähigkeit mangelt, vernunftgemäss zu handeln.

Handlungsunfähigkeit

Art. 17　im Allgemeinen
Handlungsunfähig sind die Personen, die nicht urteilsfähig, oder die unmündig oder entmündigt sind.

Art. 18　Fehlen der Urteilsfähigkeit
Wer nicht urteilsfähig ist, vermag unter Vorbehalt der gesetzlichen Ausnahmen durch seine Handlungen keine rechtliche Wirkung herbeizuführen.

Art. 19　Urteilsfähige Unmündige oder Entmündigte
¹ Urteilsfähige unmündige oder entmündigte Personen können sich nur mit Zustimmung ihrer gesetzlichen Vertreter durch ihre Handlungen verpflichten.
² Ohne diese Zustimmung vermögen sie Vorteile zu erlangen, die unentgeltlich sind, und Rechte auszuüben, die ihnen um ihrer Persönlichkeit willen zustehen.
³ Sie werden aus unerlaubten Handlungen schadenersatzpflichtig.

Schutz der Persönlichkeit

Art. 27　vor übermässiger Bindung
¹ Auf die Rechts- und Handlungsfähigkeit kann niemand ganz oder zum Teil verzichten.
² Niemand kann sich seiner Freiheit entäussern oder sich in ihrem Gebrauch in einem das Recht oder die Sittlichkeit verletzenden Grade beschränken.

Art. 28　gegen Verletzungen Grundsatz
¹ Wer in seiner Persönlichkeit widerrechtlich verletzt wird, kann zu seinem Schutz gegen jeden, der an der Verletzung mitwirkt, das Gericht anrufen.
² Eine Verletzung ist widerrechtlich, wenn sie nicht durch Einwilligung des Verletzten, durch ein überwiegendes privates oder öffentliches Interesse oder durch Gesetz gerechtfertigt ist.

Art. 28a　Klage Im Allgemeinen
¹ Der Kläger kann dem Gericht beantragen:
　1. eine drohende Verletzung zu verbieten;

2. eine bestehende Verletzung zu beseitigen;
3. die Widerrechtlichkeit einer Verletzung festzustellen, wenn sich diese weiterhin störend auswirkt.

² Er kann insbesondere verlangen, dass eine Berichtigung oder das Urteil Dritten mitgeteilt oder veröffentlicht wird. (...)

Art. 29 Recht auf Namen
Namensschutz

¹ Wird jemandem die Führung seines Namens bestritten, so kann er auf Feststellung seines Rechtes klagen.

² Wird jemand dadurch beeinträchtigt, dass ein anderer sich seinen Namen anmasst, so kann er auf Unterlassung dieser Anmassung sowie bei Verschulden auf Schadenersatz und, wo die Art der Beeinträchtigung es rechtfertigt, auf Leistung einer Geldsumme als Genugtuung klagen.

Art. 30 Namensänderung

¹ Die Regierung des Wohnsitzkantons kann einer Person die Änderung des Namens bewilligen, wenn wichtige Gründe vorliegen.1

² Das Gesuch der Brautleute, von der Trauung an den Namen der Ehefrau als Familiennamen zu führen, ist zu bewilligen, wenn achtenswerte Gründe vorliegen.

³ Wer durch Namensänderung verletzt wird, kann sie binnen Jahresfrist, nachdem er von ihr Kenntnis erlangt hat, gerichtlich anfechten.

Anfang und Ende der Persönlichkeit

Art. 31 Geburt und Tod

¹ Die Persönlichkeit beginnt mit dem Leben nach der vollendeten Geburt und endet mit dem Tode.

² Vor der Geburt ist das Kind unter dem Vorbehalt rechtsfähig, dass es lebendig geboren wird.

Die juristischen Personen

Allgemeine Bestimmungen

Art. 52 Persönlichkeit

¹ Die körperschaftlich organisierten Personenverbindungen und die einem besondern Zwecke gewidmeten und selbständigen Anstalten erlangen das Recht der Persönlichkeit durch die Eintragung in das Handelsregister.

² Keiner Eintragung bedürfen die öffentlich-rechtlichen Körperschaften und Anstalten, die Vereine, die nicht wirtschaftliche Zwecke verfolgen, die kirchlichen Stiftungen und die Familienstiftungen.

³ Personenverbindungen und Anstalten zu unsittlichen oder widerrechtlichen Zwecken können das Recht der Persönlichkeit nicht erlangen.

Art. 53 Rechtsfähigkeit

Die juristischen Personen sind aller Rechte und Pflichten fähig, die nicht die natürlichen Eigenschaften des Menschen, wie das Geschlecht, das Alter oder die Verwandtschaft zur notwendigen Voraussetzung haben.

Art. 54 Handlungsfähigkeit

Die juristischen Personen sind handlungsfähig, sobald die nach Gesetz und Statuten hiefür unentbehrlichen Organe bestellt sind.

Art. 55 Organe

¹ Die Organe sind berufen, dem Willen der juristischen Person Ausdruck zu geben.

² Sie verpflichten die juristische Person sowohl durch den Abschluss von Rechtsgeschäften als durch ihr sonstiges Verhalten.

³ Für ihr Verschulden sind die handelnden Personen ausserdem persönlich verantwortlich.

Art. 56 Wohnsitz

Der Sitz der juristischen Personen befindet sich, wenn ihre Statuten es nicht anders bestimmen, an dem Orte, wo ihre Verwaltung geführt wird.

Vereine

Gründung

Art. 60 Körperschaftliche Personenverbindungen

¹ Vereine, die sich einer politischen, religiösen, wissenschaftlichen, künstlerischen, wohltätigen, geselligen oder andern nicht wirtschaftlichen Aufgabe widmen, erlangen die Persönlichkeit, sobald der Wille, als Körperschaft zu bestehen, aus den Statuten ersichtlich ist.

² Die Statuten müssen in schriftlicher Form errichtet sein und über den Zweck des Vereins, seine Mittel und seine Organisation Aufschluss geben.

Art. 63 Verhältnis der Statuen zum Gesetz

¹ Soweit die Statuten über die Organisation und über das Verhältnis des Vereins zu seinen Mitgliedern keine Vorschriften aufstellen, finden die nachstehenden Bestimmungen Anwendung.

² Bestimmungen, deren Anwendung von Gesetzes wegen vorgeschrieben ist, können durch die Statuten nicht abgeändert werden.

Organisation

Art. 64 Vereinsversammlung
Bedeutung und Einberufung

¹ Die Versammlung der Mitglieder bildet das oberste Organ des Vereins.

² Sie wird vom Vorstand einberufen.

³ Die Einberufung erfolgt nach Vorschrift der Statuten und überdies von Gesetzes wegen, wenn ein Fünftel der Mitglieder die Einberufung verlangt.

Art. 65 Zuständigkeit

¹ Die Vereinsversammlung beschliesst über die Aufnahme und den Ausschluss von Mitgliedern, wählt den Vorstand und entscheidet in allen Angelegenheiten, die nicht andern Organen des Vereins übertragen sind.

² Sie hat die Aufsicht über die Tätigkeit der Organe und kann sie jederzeit abberufen, unbeschadet der Ansprüche, die den Abberufenen aus bestehenden Verträgen zustehen.

³ Das Recht der Abberufung besteht, wenn ein wichtiger Grund sie rechtfertigt, von Gesetzes wegen.

Art. 66 Vereinsbeschluss: Beschlussfassung

¹ Vereinsbeschlüsse werden von der Vereinsversammlung gefasst.

² Die schriftliche Zustimmung aller Mitglieder zu einem Antrag ist einem Beschlusse der Vereinsversammlung gleichgestellt.

Art. 67 Stimmrecht und Mehrheit
¹ Alle Mitglieder haben in der Vereinsversammlung das gleiche Stimmrecht.
² Die Vereinsbeschlüsse werden mit Mehrheit der Stimmen der anwesenden Mitglieder gefasst.
³ Über Gegenstände, die nicht gehörig angekündigt Sind, darf ein Beschluss nur dann gefasst werden, wenn die Statuten es ausdrücklich gestatten.

Art. 69 Vorstand
Rechte und Pflichten im Allgemeinen
Der Vorstand hat das Recht und die Pflicht, nach den Befugnissen, die die Statuten ihm einräumen, die Angelegenheiten des Vereins zu besorgen und den Verein zu vertreten.

Mitgliedschaft

Art. 70 Ein- und Austritt
¹ Der Eintritt von Mitgliedern kann jederzeit erfolgen.
² Der Austritt ist von Gesetzes wegen zulässig, wenn er mit Beobachtung einer halbjährigen Frist auf das Ende des Kalenderjahres oder, wenn eine Verwaltungsperiode vorgesehen ist, auf deren Ende angesagt wird.
³ Die Mitgliedschaft ist weder veräusserlich noch vererblich.

Art. 71 Beitragspflicht
Beiträge können von den Mitgliedern verlangt werden, sofern die Statuten dies vorsehen.

Art. 72 Ausschliessung
¹ Die Statuten können die Gründe bestimmen, aus denen ein Mitglied ausgeschlossen werden darf, sie können aber auch die Ausschliessung ohne Angabe der Gründe gestatten. (...)

Art. 75a Haftung
Für die Verbindlichkeiten des Vereins haftet das Vereinsvermögen. Es haftet ausschliesslich, sofern die Statuten nichts anderes bestimmen.

Auflösung

Art. 76 Auflösungsarten : durch Vereinsbeschluss
Die Auflösung des Vereins kann jederzeit durch Vereinsbeschluss herbeigeführt werden.

Art. 77 von Gesetzes wegen
Die Auflösung erfolgt von Gesetzes wegen, wenn der Verein zahlungsunfähig ist, sowie wenn der Vorstand nicht mehr statutengemäss bestellt werden kann.

Art. 78 Urteil
Die Auflösung erfolgt durch das Gericht auf Klage der zuständigen Behörde oder eines Beteiligten, wenn der Zweck des Vereins widerrechtlich oder unsittlich ist.

Art. 79 Löschung des Registereintrages
Ist der Verein im Handelsregister eingetragen, so hat der Vorstand oder das Gericht dem Registerführer die Auflösung behufs Löschung des Eintrages mitzuteilen.

Das Familienrecht
Die Eheschliessung
Das Verlöbnis

Art. 90 Verlobung
¹ Das Verlöbnis wird durch das Eheversprechen begründet.
² Unmündige oder Entmündigte werden ohne Zustimmung des gesetzlichen Vertreters durch ihre Verlobung nicht verpflichtet.
³ Aus dem Verlöbnis entsteht kein klagbarer Anspruch auf Eingehung der Ehe.

Auflösung des Verlöbnisses

Art. 91 Geschenke
¹ Mit Ausnahme der gewöhnlichen Gelegenheitsgeschenke können die Verlobten Geschenke, die sie einander gemacht haben, bei Auflösung des Verlöbnisses zurückfordern, es sei denn, das Verlöbnis sei durch Tod aufgelöst worden.
² Sind die Geschenke nicht mehr vorhanden, so richtet sich die Rückerstattung nach den Bestimmungen über die ungerechtfertigte Bereicherung.

Art. 92 Beitragspflicht
Hat einer der Verlobten im Hinblick auf die Eheschliessung in guten Treuen Veranstaltungen getroffen, so kann er bei Auflösung des Verlöbnisses vom andern einen angemessenen Beitrag verlangen, sofern dies nach den gesamten Umständen nicht als unbillig erscheint.

Art. 93 Verjährung
Die Ansprüche aus dem Verlöbnis verjähren mit Ablauf eines Jahres nach der Auflösung.

Die Ehevoraussetzungen

Art. 94 Ehefähigkeit
¹ Um die Ehe eingehen zu können, müssen die Brautleute das 18. Altersjahr zurückgelegt haben und urteilsfähig sein.
² Die entmündigte Person braucht die Zustimmung des gesetzlichen Vertreters. Sie kann gegen die Verweigerung dieser Zustimmung das Gericht anrufen.

Art. 95 Ehehindernisse: Verwandtschaft
¹ Die Eheschliessung ist zwischen Verwandten in gerader Linie sowie zwischen Geschwistern oder Halbgeschwistern, gleichgültig ob sie miteinander durch Abstammung oder durch Adoption verwandt sind, verboten.
² Die Adoption hebt das Ehehindernis der Verwandtschaft zwischen dem Adoptivkind und seinen Nachkommen einerseits und seiner angestammten Familie anderseits nicht auf.

Art. 96 frühere Ehe
Wer eine neue Ehe eingehen will, hat den Nachweis zu erbringen, dass die frühere Ehe für ungültig erklärt oder aufgelöst worden ist.

Vorbereitung der Eheschliessung und Trauung

Art. 97 Grundsätze
¹ Die Ehe wird nach dem Vorbereitungsverfahren vor der Zivilstandsbeamtin oder dem Zivilstandsbeamten geschlossen.
² Die Verlobten können sich im Zivilstandskreis ihrer Wahl trauen lassen.
³ Eine religiöse Eheschliessung darf vor der Ziviltrauung nicht durchgeführt werden.

Art. 97a Umgehung des Ausländerrechts
¹ Die Zivilstandsbeamtin oder der Zivilstandsbeamte tritt auf das Gesuch nicht ein, wenn die Braut oder der Bräutigam offensichtlich keine Lebensgemeinschaft begründen, sondern die Bestimmungen über Zulassung und Aufenthalt von Ausländerinnen und Ausländern umgehen will.
² Die Zivilstandsbeamtin oder der Zivilstandsbeamte hört die Brautleute an und kann bei anderen Behörden oder bei Drittpersonen Auskünfte einholen.

Art. 98 Vorbereitungsverfahren : Gesuch
¹ Die Verlobten stellen das Gesuch um Durchführung des Vorbereitungsverfahrens beim Zivilstandsamt des Wohnortes der Braut oder des Bräutigams.
² Sie müssen persönlich erscheinen. Falls sie nachweisen, dass dies für sie offensichtlich unzumutbar ist, wird die schriftliche Durchführung des Vorbereitungsverfahrens bewilligt.
³ Sie haben ihre Personalien mittels Dokumenten zu belegen und beim Zivilstandsamt persönlich zu erklären, dass sie die Ehevoraussetzungen erfüllen; sie legen die nötigen Zustimmungen vor.
⁴ Verlobte, die nicht Schweizerbürgerinnen oder Schweizerbürger sind, müssen während des Vorbereitungsverfahrens ihren rechtmässigen Aufenthalt in der Schweiz nachweisen.

Art. 101 Trauung Ort
¹ Die Trauung findet im Trauungslokal des Zivilstandskreises statt, den die Verlobten gewählt haben.
² Ist das Vorbereitungsverfahren in einem andern Zivilstandskreis durchgeführt worden, so müssen die Verlobten eine Trauungsermächtigung vorlegen.
³ Weisen die Verlobten nach, dass es für sie offensichtlich unzumutbar ist, sich in das Trauungslokal zu begeben, so kann die Trauung an einem andern Ort stattfinden.

Art. 102 Trauung : Form
¹ Die Trauung ist öffentlich und findet in Anwesenheit von zwei mündigen und urteilsfähigen Zeuginnen oder Zeugen statt.
² Die Zivilstandsbeamtin oder der Zivilstandsbeamte richtet an die Braut und an den Bräutigam einzeln die Frage, ob sie miteinander die Ehe eingehen wollen.
³ Bejahen die Verlobten die Frage, wird die Ehe durch ihre beidseitige Zustimmung als geschlossen erklärt.

Eheungültigkeit

Art. 104 Grundsatz
Die vor der Zivilstandsbeamtin oder dem Zivilstandsbeamten geschlossene Ehe kann nur aus einem in diesem Abschnitt vorgesehenen Grund für ungültig erklärt werden.

Art. 105 Unbefristete Ungültigkeit: Gründe
Ein Ungültigkeitsgrund liegt vor, wenn:
1. zur Zeit der Eheschliessung einer der Ehegatten bereits verheiratet ist und die frühere Ehe nicht durch Scheidung oder Tod des Partners aufgelöst worden ist;
2. zur Zeit der Eheschliessung einer der Ehegatten nicht urteilsfähig ist und seither nicht wieder urteilsfähig geworden ist;
3. die Eheschliessung infolge Verwandtschaft unter den Ehegatten verboten ist.
4. einer der Ehegatten nicht eine Lebensgemeinschaft begründen, sondern die Bestimmungen über Zulassung und Aufenthalt von Ausländerinnen und Ausländern umgehen will.

Art. 106 Klage
¹ Die Klage ist von der zuständigen kantonalen Behörde am Wohnsitz der Ehegatten von Amtes wegen zu erheben; überdies kann jedermann klagen, der ein Interesse hat.
² Nach Auflösung der Ehe wird deren Ungültigkeit nicht mehr von Amtes wegen verfolgt; es kann aber jedermann, der ein Interesse hat, die Ungültigerklärung verlangen.
³ Die Klage kann jederzeit eingereicht werden.

Die Ehescheidung und die Ehetrennung

Die Scheidungsvoraussetzungen

Art. 111 Scheidung auf gemeinsames Begehren
Umfassende Einigung
¹ Verlangen die Ehegatten gemeinsam die Scheidung und reichen sie eine vollständige Vereinbarung über die Scheidungsfolgen mit den nötigen Belegen und mit gemeinsamen Anträgen hinsichtlich der Kinder ein, so hört das Gericht sie getrennt und zusammen an. Die Anhörung kann aus mehreren Sitzungen bestehen.
² Hat sich das Gericht davon überzeugt, dass das Scheidungsbegehren und die Vereinbarung auf freiem Willen und reiflicher Überlegung beruhen und die Vereinbarung mit den Anträgen hinsichtlich der Kinder genehmigt werden kann, so spricht das Gericht die Scheidung aus.

Art. 112 Teileinigung
¹ Die Ehegatten können gemeinsam die Scheidung verlangen und erklären, dass das Gericht die Scheidungsfolgen beurteilen soll, über die sie sich nicht einig sind.
² Das Gericht hört sie wie bei der umfassenden Einigung zum Scheidungsbegehren, zu den Scheidungsfolgen, über die sie sich geeinigt haben, sowie zur Erklärung, dass die übrigen Folgen gerichtlich zu beurteilen sind, an.

Art. 114 Scheidung auf Klage eines Ehegatten
Nach Getrenntleben
Ein Ehegatte kann die Scheidung verlangen, wenn die Ehegatten bei Eintritt der Rechtshängigkeit der Klage oder bei Wechsel zur Scheidung auf Klage mindestens zwei Jahre getrennt gelebt haben.

Art. 115 Unzumutbarkeit
Vor Ablauf der zweijährigen Frist kann ein Ehegatte die Scheidung verlangen, wenn ihm die Fortsetzung der Ehe aus schwerwiegenden Gründen, die ihm nicht zuzurechnen sind, nicht zugemutet werden kann.

Die Ehetrennung

Art. 117 Voraussetzungen und Verfahren
¹ Die Ehegatten können die Trennung unter den gleichen Voraussetzungen wie bei der Scheidung verlangen. (...)

Die Scheidungsfolgen

Art. 119 Stellung geschiedener Ehegatten
¹ Der Ehegatte, der seinen Namen geändert hat, behält den bei der Heirat erworbenen Familiennamen, sofern er nicht binnen einem Jahr, nachdem das Urteil rechtskräftig geworden ist, gegenüber der Zivilstandsbeamtin oder dem Zivilstandsbeamten erklärt, dass er den angestammten Namen oder den Namen, den er vor der Heirat trug, wieder führen will.

² Das Kantons- und Gemeindebürgerrecht wird von der Scheidung nicht berührt.

Art. 120 Güterrecht und Erbrecht
¹ Für die güterrechtliche Auseinandersetzung gelten die Bestimmungen über das Güterrecht.

² Geschiedene Ehegatten haben zueinander kein gesetzliches Erbrecht und können aus Verfügungen von Todes wegen, die sie vor der Rechtshängigkeit des Scheidungsverfahrens errichtet haben, keine Ansprüche erheben.

Art. 121 Wohnung der Familie
¹ Ist ein Ehegatte wegen der Kinder oder aus anderen wichtigen Gründen auf die Wohnung der Familie angewiesen, so kann das Gericht ihm die Rechte und Pflichten aus dem Mietvertrag allein übertragen, sofern dies dem anderen billigerweise zugemutet werden kann. (...)

Art. 125 Nachehelicher Unterhalt: Voraussetzungen
¹ Ist einem Ehegatten nicht zuzumuten, dass er für den ihm gebührenden Unterhalt unter Einschluss einer angemessenen Altersvorsorge selbst aufkommt, so hat ihm der andere einen angemessenen Beitrag zu leisten.

³ Ein Beitrag kann ausnahmsweise versagt oder gekürzt werden, wenn er offensichtlich unbillig wäre, insbesondere weil die berechtigte Person:
1. ihre Pflicht, zum Unterhalt der Familie beizutragen, grob verletzt hat;
2. ihre Bedürftigkeit mutwillig herbeigeführt hat;
3. gegen die verpflichtete Person oder eine dieser nahe verbundenen Person eine schwere Straftat begangen hat.

Art. 133 Kinder: Elternrechte und -pflichten
¹ Das Gericht teilt die elterliche Sorge einem Elternteil zu und regelt nach den Bestimmungen über die Wirkungen des Kindesverhältnisses den Anspruch auf persönlichen Verkehr und den Unterhaltsbeitrag des andern Elternteils. Der Unterhaltsbeitrag kann über die Mündigkeit hinaus festgelegt werden.

² Für die Zuteilung der elterlichen Sorge und die Regelung des persönlichen Verkehrs sind alle für das Kindeswohl wichtigen Umstände massgebend; auf einen gemeinsamen Antrag der Eltern und, soweit tunlich, auf die Meinung des Kindes ist Rücksicht zu nehmen.

³ Haben die Eltern sich in einer genehmigungsfähigen Vereinbarung über ihre Anteile an der Betreuung des Kindes und die Verteilung der Unterhaltskosten verständigt, so belässt das Gericht auf gemeinsamen Antrag beiden Eltern die elterliche Sorge, sofern dies mit dem Kindeswohl vereinbar ist.

Wirkungen der Ehe im Allgemeinen

Art. 159 Eheliche Gemeinschaft; Rechte und Pflichten der Ehegatten
¹ Durch die Trauung werden die Ehegatten zur ehelichen Gemeinschaft verbunden.

² Sie verpflichten sich gegenseitig, das Wohl der Gemeinschaft in einträchtigem Zusammenwirken zu wahren und für die Kinder gemeinsam zu sorgen.

³ Sie schulden einander Treue und Beistand.

Art. 160 Familienname
¹ Der Name des Ehemannes ist der Familienname der Ehegatten.

² Die Braut kann jedoch gegenüber dem Zivilstandsbeamten erklären, sie wolle ihren bisherigen Namen dem Familiennamen voranstellen.

³ Trägt sie bereits einen solchen Doppelnamen, so kann sie lediglich den ersten Namen voranstellen.

Art. 161 Bürgerrecht
Die Ehefrau erhält das Kantons- und Gemeindebürgerrecht des Ehemannes, ohne das Kantons- und Gemeindebürgerrecht zu verlieren, das sie als ledig hatte.

Art. 162 Eheliche Wohnung
Die Ehegatten bestimmen gemeinsam die eheliche Wohnung.

Art. 163 Unterhalt der Familie : im Allgemeinen
¹ Die Ehegatten sorgen gemeinsam, ein jeder nach seinen Kräften, für den gebührenden Unterhalt der Familie.

² Sie verständigen sich über den Beitrag, den jeder von ihnen leistet, namentlich durch Geldzahlungen, Besorgen des Haushaltes, Betreuen der Kinder oder durch Mithilfe im Beruf oder Gewerbe des andern.

³ Dabei berücksichtigen sie die Bedürfnisse der ehelichen Gemeinschaft und ihre persönlichen Umstände.

Art. 164 Betrag zur freien Verfügung
¹ Der Ehegatte, der den Haushalt besorgt, die Kinder betreut oder dem andern im Beruf oder Gewerbe hilft, hat Anspruch darauf, dass der andere ihm regelmässig einen angemessenen Betrag zur freien Verfügung ausrichtet.

² Bei der Festsetzung des Betrages sind eigene Einkünfte des berechtigten Ehegatten und eine verantwortungsbewusste Vorsorge für Familie, Beruf oder Gewerbe zu berücksichtigen.

Art. 165 Ausserordentliche Beiträge eines Ehegatten
¹ Hat ein Ehegatte im Beruf oder Gewerbe des andern erheblich mehr mitgearbeitet, als sein Beitrag an den Unterhalt der Familie verlangt, so hat er dafür Anspruch auf angemessene Entschädigung.

² Dies gilt auch, wenn ein Ehegatte aus seinem Einkommen oder Vermögen an den Unterhalt der Familie bedeutend mehr beigetragen hat, als er verpflichtet war.

³ Ein Ehegatte kann aber keine Entschädigung fordern, wenn er seinen ausserordentlichen Beitrag aufgrund eines Arbeits-, Darlehens- oder Gesellschaftsvertrages oder eines andern Rechtsverhältnisses geleistet hat.

Art. 166 Vertretung der ehelichen Gemeinschaft
¹ Jeder Ehegatte vertritt während des Zusammenlebens die eheliche Gemeinschaft für die laufenden Bedürfnisse der Familie.
² Für die übrigen Bedürfnisse der Familie kann ein Ehegatte die eheliche Gemeinschaft nur vertreten:
1. wenn er vom andern oder vom Gericht dazu ermächtigt worden ist;
2. wenn das Interesse der ehelichen Gemeinschaft keinen Aufschub des Geschäftes duldet und der andere Ehegatte wegen Krankheit, Abwesenheit oder ähnlichen Gründen nicht zustimmen kann.

³ Jeder Ehegatte verpflichtet sich durch seine Handlungen persönlich und, soweit diese nicht für Dritte erkennbar über die Vertretungsbefugnis hinausgehen, solidarisch auch den andern Ehegatten.

Art. 167 Beruf und Gewerbe der Ehegatten
Bei der Wahl und Ausübung seines Berufes oder Gewerbes nimmt jeder Ehegatte auf den andern und das Wohl der ehelichen Gemeinschaft Rücksicht.

Art. 168 Rechtsgeschäfte der Ehegatten
im Allgemeinen
Jeder Ehegatte kann mit dem andern oder mit Dritten Rechtsgeschäfte abschliessen, sofern das Gesetz nichts anderes bestimmt.

Art. 169 Wohnung der Familie
¹ Ein Ehegatte kann nur mit der ausdrücklichen Zustimmung des andern einen Mietvertrag kündigen, das Haus oder die Wohnung der Familie veräussern oder durch andere Rechtsgeschäfte die Rechte an den Wohnräumen der Familie beschränken.
² Kann der Ehegatte diese Zustimmung nicht einholen oder wird sie ihm ohne triftigen Grund verweigert, so kann er das Gericht anrufen.

Art. 170 Auskunftspflicht
¹ Jeder Ehegatte kann vom andern Auskunft über dessen Einkommen, Vermögen und Schulden verlangen.
² Auf sein Begehren kann das Gericht den andern Ehegatten oder Dritte verpflichten, die erforderlichen Auskünfte zu erteilen und die notwendigen Urkunden vorzulegen.
³ Vorbehalten bleibt das Berufsgeheimnis der Rechtsanwälte, Notare, Ärzte, Geistlichen und ihrer Hilfspersonen.

Art. 171 Schutz der ehelichen Gemeinschaft
Die Kantone sorgen dafür, dass sich die Ehegatten bei Eheschwierigkeiten gemeinsam oder einzeln an Ehe- oder Familienberatungsstellen wenden können.

Art. 172 Gerichtliche Massnahmen
¹ Erfüllt ein Ehegatte seine Pflichten gegenüber der Familie nicht oder sind die Ehegatten in einer für die eheliche Gemeinschaft wichtigen Angelegenheit uneinig, so können sie gemeinsam oder einzeln das Gericht um Vermittlung anrufen.
² Das Gericht mahnt die Ehegatten an ihre Pflichten und versucht, sie zu versöhnen; es kann mit ihrem Einverständnis Sachverständige beiziehen oder sie an eine Ehe- oder Familienberatungsstelle weisen.

³ Wenn nötig, trifft das Gericht auf Begehren eines Ehegatten die vom Gesetz vorgesehenen Massnahmen. Die Bestimmung über den Schutz der Persönlichkeit gegen Gewalt, Drohungen oder Nachstellungen ist sinngemäss anwendbar

Das Güterrecht der Ehegatten
Allgemeine Vorschriften
Art. 181 Ordentlicher Güterstand
Die Ehegatten unterstehen den Vorschriften über die Errungenschaftsbeteiligung, sofern sie nicht durch Ehevertrag etwas anderes vereinbaren oder der ausserordentliche Güterstand eingetreten ist.

Ehevertrag
Art. 182 Inhalt des Vertrages
¹ Ein Ehevertrag kann vor oder nach der Heirat geschlossen werden.
² Die Brautleute oder Ehegatten können ihren Güterstand nur innerhalb der gesetzlichen Schranken wählen, aufheben oder ändern.

Art. 183 Vertragsfähigkeit
¹ Wer einen Ehevertrag schliessen will, muss urteilsfähig sein.
² Unmündige oder Entmündigte brauchen die Zustimmung ihres gesetzlichen Vertreters.

Art. 184 Form des Vertrages
Der Ehevertrag muss öffentlich beurkundet und von den vertragschliessenden Personen sowie gegebenenfalls vom gesetzlichen Vertreter unterzeichnet werden.

Ausserordentlicher Güterstand
Art. 185 Auf Begehren eines Ehegatten
¹ Die Gütertrennung wird auf Begehren eines Ehegatten vom Gericht angeordnet, wenn ein wichtiger Grund dafür vorliegt.
² Ein wichtiger Grund liegt namentlich vor:
1. wenn der andere Ehegatte überschuldet ist oder sein Anteil am Gesamtgut gepfändet wird;
2. wenn der andere Ehegatte die Interessen des Gesuchstellers oder der Gemeinschaft gefährdet; (…)

Der ordentliche Güterstand der Errungenschaftsbeteiligung
Eigentumsverhältnisse
Art. 196 Zusammensetzung
Der Güterstand der Errungenschaftsbeteiligung umfasst die Errungenschaft und das Eigengut jedes Ehegatten.

Art. 197 Errungenschaft
¹ Errungenschaft sind die Vermögenswerte, die ein Ehegatte während der Dauer des Güterstandes entgeltlich erwirbt.
² Die Errungenschaft eines Ehegatten umfasst insbesondere:
1. seinen Arbeitserwerb;
2. die Leistungen von Personalfürsorgeeinrichtungen, Sozialversicherungen und Sozialfürsorgeeinrichtungen;
3. die Entschädigungen wegen Arbeitsunfähigkeit;
4. die Erträge seines Eigengutes;
5. Ersatzanschaffungen für Errungenschaft.

Art. 198 Eigengut nach Gesetz
Eigengut sind von Gesetzes wegen:
1. die Gegenstände, die einem Ehegatten ausschliesslich zum persönlichen Gebrauch dienen;
2. die Vermögenswerte, die einem Ehegatten zu Beginn des Güterstandes gehören oder ihm später durch Erbgang oder sonstwie unentgeltlich zufallen;
3. Genugtuungsansprüche;
4. Ersatzanschaffungen für Eigengut.

Art. 199 Nach Ehevertrag
¹ Die Ehegatten können durch Ehevertrag Vermögenswerte der Errungenschaft, die für die Ausübung eines Berufes oder den Betrieb eines Gewerbes bestimmt sind, zu Eigengut erklären.
² Überdies können die Ehegatten durch Ehevertrag vereinbaren, dass Erträge aus dem Eigengut nicht in die Errungenschaft fallen.

Art. 200 Beweis
¹ Wer behauptet, ein bestimmter Vermögenswert sei Eigentum des einen oder andern Ehegatten, muss dies beweisen.
² Kann dieser Beweis nicht erbracht werden, so wird Miteigentum beider Ehegatten angenommen.
³ Alles Vermögen eines Ehegatten gilt bis zum Beweis des Gegenteils als Errungenschaft.

Art. 201 Verwaltung, Nutzung, Verfügung
¹ Innerhalb der gesetzlichen Schranken verwaltet und nutzt jeder Ehegatte seine Errungenschaft und sein Eigengut und verfügt darüber.
² Steht ein Vermögenswert im Miteigentum beider Ehegatten, so kann kein Ehegatte ohne Zustimmung des andern über seinen Anteil verfügen, sofern nichts anderes vereinbart ist.

Art. 202 Haftung gegenüber Dritten
Jeder Ehegatte haftet für seine Schulden mit seinem gesamten Vermögen.

Art. 203 Schulden zwischen Ehegatten
¹ Der Güterstand hat keinen Einfluss auf die Fälligkeit von Schulden zwischen Ehegatten. (....)

Auflösung des Güterstandes und Auseinandersetzung

Art. 204 Zeitpunkt der Auflösung
¹ Der Güterstand wird mit dem Tod eines Ehegatten oder mit der Vereinbarung eines andern Güterstandes aufgelöst.
² Bei Scheidung, Trennung, Ungültigerklärung der Ehe oder gerichtlicher Anordnung der Gütertrennung wird die Auflösung des Güterstandes auf den Tag zurückbezogen, an dem das Begehren eingereicht worden ist.

Art. 205 Rücknahme von Vermögenswerten und Regelung der Schulden
Im Allgemeinen
¹ Jeder Ehegatte nimmt seine Vermögenswerte zurück, die sich im Besitz des andern Ehegatten befinden.
² Steht ein Vermögenswert im Miteigentum und weist ein Ehegatte ein überwiegendes Interesse nach, so kann er neben den übrigen gesetzlichen Massnahmen verlangen, dass ihm dieser Vermögenswert gegen Entschädigung des andern Ehegatten ungeteilt zugewiesen wird.
³ Die Ehegatten regeln ihre gegenseitigen Schulden.

Art. 206 Mehrwertanteil des Ehegatten
¹ Hat ein Ehegatte zum Erwerb, zur Verbesserung oder zur Erhaltung von Vermögensgegenständen des andern ohne entsprechende Gegenleistung beigetragen und besteht im Zeitpunkt der Auseinandersetzung ein Mehrwert, so entspricht seine Forderung dem Anteil seines Beitrages und wird nach dem gegenwärtigen Wert der Vermögensgegenstände berechnet; ist dagegen ein Minderwert eingetreten, so entspricht die Forderung dem ursprünglichen Beitrag.
³ Die Ehegatten können durch schriftliche Vereinbarung den Mehrwertanteil ausschliessen oder ändern.

Art. 215 Beteiligung am Vorschlag
Nach Gesetz
¹ Jedem Ehegatten oder seinen Erben steht die Hälfte des Vorschlages des andern zu.
² Die Forderungen werden verrechnet.

Art. 216 Nach Vertrag
¹ Durch Ehevertrag kann eine andere Beteiligung am Vorschlag vereinbart werden.
² Solche Vereinbarungen dürfen die Pflichtteilsansprüche der nichtgemeinsamen Kinder und deren Nachkommen nicht beeinträchtigen.

Art. 217 Bei Scheidung, Trennung, Ungültigerklärung der Ehe oder gerichtl. Gütertrennung
Bei Scheidung, Trennung, Ungültigerklärung der Ehe oder gerichtlicher Anordnung der Gütertrennung gelten Vereinbarungen über die Änderung der gesetzlichen Beteiligung am Vorschlag nur, wenn der Ehevertrag dies ausdrücklich vorsieht.

Art. 218 Bezahlung der Beteiligungsforderung und des Mehrwertanteils
Zahlungsaufschub
¹ Bringt die sofortige Bezahlung der Beteiligungsforderung und des Mehrwertanteils den verpflichteten Ehegatten in ernstliche Schwierigkeiten, so kann er verlangen, dass ihm Zahlungsfristen eingeräumt werden. (…)

Art. 219 Wohnung und Hausrat
¹ Damit der überlebende Ehegatte seine bisherige Lebensweise beibehalten kann, wird ihm auf sein Verlangen am Haus oder an der Wohnung, worin die Ehegatten gelebt haben und die dem verstorbenen Ehegatten gehört hat, die Nutzniessung oder ein Wohnrecht auf Anrechnung zugeteilt; vorbehalten bleibt eine andere ehevertragliche Regelung.
² Unter den gleichen Voraussetzungen kann er die Zuteilung des Eigentums am Hausrat verlangen. (…)

Die Gütergemeinschaft

Eigentumsverhältnisse

Art. 221 Zusammensetzung
Der Güterstand der Gütergemeinschaft umfasst das Gesamtgut und das Eigengut jedes Ehegatten.

Art. 222 Gesamtgut : Allgemeine Gütergemeinschaft
¹ Die allgemeine Gütergemeinschaft vereinigt das Vermögen und die Einkünfte der Ehegatten zu einem

ZGB

Gesamtgut, mit Ausnahme der Gegenstände, die von Gesetzes wegen Eigengut sind.
² Das Gesamtgut gehört beiden Ehegatten ungeteilt.
³ Kein Ehegatte kann über seinen Anteil am Gesamtgut verfügen.

Art. 223 Errungenschaftsgemeinschaft
¹ Die Ehegatten können durch Ehevertrag die Gemeinschaft auf die Errungenschaft beschränken.
² Die Erträge des Eigengutes fallen in das Gesamtgut.

Art. 224 Andere Gütergemeinschaften
¹ Die Ehegatten können durch Ehevertrag bestimmte Vermögenswerte oder Arten von Vermögenswerten, wie Grundstücke, den Arbeitserwerb eines Ehegatten oder Vermögenswerte, mit denen dieser einen Beruf ausübt oder ein Gewerbe betreibt, von der Gemeinschaft ausschliessen.
² Sofern nichts anderes vereinbart ist, fallen die Erträge dieser Vermögenswerte nicht in das Gesamtgut.

Art. 225 Eigengut
¹ Eigengut entsteht durch Ehevertrag, durch Zuwendung Dritter oder von Gesetzes wegen.
² Von Gesetzes wegen umfasst das Eigengut jedes Ehegatten die Gegenstände, die ihm ausschliesslich zum persönlichen Gebrauch dienen, sowie die Genugtuungsansprüche.
³ Was ein Ehegatte als Pflichtteil zu beanspruchen hat, kann ihm von seinen Verwandten nicht als Eigengut zugewendet werden, sofern der Ehevertrag vorsieht, dass diese Vermögenswerte Gesamtgut sind.

Auflösung des Güterstandes und Auseinandersetzung

Art. 241 Teilung : Bei Tod oder Vereinbarung eines anderen Güterstandes
¹ Wird die Gütergemeinschaft durch Tod eines Ehegatten oder durch Vereinbarung eines andern Güterstandes aufgelöst, so steht jedem Ehegatten oder seinen Erben die Hälfte des Gesamtgutes zu.
² Durch Ehevertrag kann eine andere Teilung vereinbart werden.
³ Solche Vereinbarungen dürfen die Pflichtteilsansprüche der Nachkommen nicht beeinträchtigen.

Art. 242 In den übrigen Fällen
¹ Bei Scheidung, Trennung, Ungültigerklärung der Ehe oder Eintritt der gesetzlichen oder gerichtlichen Gütertrennung nimmt jeder Ehegatte vom Gesamtgut zurück, was unter der Errungenschaftsbeteiligung sein Eigengut wäre.
² Das übrige Gesamtgut fällt den Ehegatten je zur Hälfte zu.
³ Vereinbarungen über die Änderung der gesetzlichen Teilung gelten nur, wenn der Ehevertrag dies ausdrücklich vorsieht.

Die Gütertrennung

Art. 247 Verwaltung, Nutzung, Verfügung
Im Allgemeinen
Innerhalb der gesetzlichen Schranken verwaltet und nutzt jeder Ehegatte sein Vermögen und verfügt darüber.

Art. 248 Beweis
¹ Wer behauptet, ein bestimmter Vermögenswert sei Eigentum des einen oder andern Ehegatten, muss dies beweisen.
² Kann dieser Beweis nicht erbracht werden, so wird Miteigentum beider Ehegatten angenommen.

Art. 251 Zuweisung bei Miteigentum
Steht ein Vermögenswert im Miteigentum und weist ein Ehegatte ein überwiegendes Interesse nach, so kann er bei Auflösung des Güterstandes neben den übrigen gesetzlichen Massnahmen verlangen, dass ihm dieser Vermögenswert gegen Entschädigung des andern Ehegatten ungeteilt zugewiesen wird.

Die Verwandtschaft

Entstehung des Kindesverhältnisses

Art. 252 Entstehung des Kindesverhältnisses
¹ Das Kindesverhältnis entsteht zwischen dem Kind und der Mutter mit der Geburt.
² Zwischen dem Kind und dem Vater wird es kraft der Ehe der Mutter begründet oder durch Anerkennung oder durch das Gericht festgestellt.
³ Ausserdem entsteht das Kindesverhältnis durch Adoption.

Art. 255 Vaterschaft des Ehemannes: Vermutung
¹ Ist ein Kind während der Ehe geboren, so gilt der Ehemann als Vater. (…)

Art. 260 Anerkennung
¹ Besteht das Kindesverhältnis nur zur Mutter, so kann der Vater das Kind anerkennen.
² Ist der Anerkennende unmündig oder entmündigt, so ist die Zustimmung seiner Eltern oder seines Vormundes notwendig.
³ Die Anerkennung erfolgt durch Erklärung vor dem Zivilstandsbeamten oder durch letztwillige Verfügung oder, wenn eine Klage auf Feststellung der Vaterschaft hängig ist, vor dem Gericht.

Art. 261 Vaterschaftsklage
¹ Sowohl die Mutter als das Kind können auf Feststellung des Kindesverhältnisses zwischen dem Kind und dem Vater klagen.
² Die Klage richtet sich gegen den Vater oder, wenn er gestorben ist, nacheinander gegen seine Nachkommen, Eltern oder Geschwister oder, wenn solche fehlen, gegen die zuständige Behörde seines letzten Wohnsitzes.
³ Ist der Vater gestorben, so wird seiner Ehefrau zur Wahrung ihrer Interessen die Einreichung der Klage vom Gericht mitgeteilt.

Gemeinschaft der Eltern und Kinder

Art. 270 Familienname
¹ Sind die Eltern miteinander verheiratet, so erhält das Kind ihren Familiennamen.
² Sind sie nicht miteinander verheiratet, so erhält das Kind den Namen der Mutter, oder, wenn diese infolge früherer Eheschliessung einen Doppelnamen führt, den ersten Namen.

Art. 271 Heimat
¹ Sind die Eltern miteinander verheiratet, so erhält das Kind das Kantons- und Gemeindebürgerrecht des Vaters.

² Sind sie nicht miteinander verheiratet, so erhält das Kind das Kantons- und Gemeindebürgerrecht der Mutter.

³ Erwirbt das Kind unverheirateter Eltern durch Namensänderung den Familiennamen des Vaters, weil es unter seiner elterlichen Sorge aufwächst, so erhält es das Kantons- und Gemeindebürgerrecht des Vaters.

Art. 272 Beistand und Gemeinschaft

Eltern und Kinder sind einander allen Beistand, alle Rücksicht und Achtung schuldig, die das Wohl der Gemeinschaft erfordert.

Unterhaltspflicht der Eltern

Art. 276 Gegenstand und Umfang

¹ Die Eltern haben für den Unterhalt des Kindes aufzukommen, inbegriffen die Kosten von Erziehung, Ausbildung und Kindesschutzmassnahmen.

² Der Unterhalt wird durch Pflege und Erziehung oder, wenn das Kind nicht unter der Obhut der Eltern steht, durch Geldzahlung geleistet.

³ Die Eltern sind von der Unterhaltspflicht in dem Mass befreit, als dem Kinde zugemutet werden kann, den Unterhalt aus seinem Arbeitserwerb oder andern Mitteln zu bestreiten.

Art. 277 Dauer

¹ Die Unterhaltspflicht der Eltern dauert bis zur Mündigkeit des Kindes.

² Hat es dann noch keine angemessene Ausbildung, so haben die Eltern, soweit es ihnen nach den gesamten Umständen zugemutet werden darf, für seinen Unterhalt aufzukommen, bis eine entsprechende Ausbildung ordentlicherweise abgeschlossen werden kann.

Die elterliche Sorge

Voraussetzungen

Art. 296 Im Allgemeinen

¹ Die Kinder stehen, solange sie unmündig sind, unter elterlicher Sorge.

² Unmündigen und Entmündigten steht keine elterliche Sorge zu.

Art. 297 Verheiratete Eltern

¹ Während der Ehe üben die Eltern die elterliche Sorge gemeinsam aus.

² Wird der gemeinsame Haushalt aufgehoben oder die Ehe getrennt, so kann das Gericht die elterliche Sorge einem Ehegatten allein zuteilen.

³ Nach dem Tode eines Ehegatten steht die elterliche Sorge dem überlebenden Ehegatten zu; bei Scheidung entscheidet das Gericht nach den Bestimmungen über die Ehescheidung.

Art. 298 Unverheiratete Eltern

¹ Sind die Eltern nicht verheiratet, so steht die elterliche Sorge der Mutter zu.

² Ist die Mutter unmündig, entmündigt oder gestorben oder ist ihr die elterliche Sorge entzogen, so überträgt die Vormundschaftsbehörde die elterliche Sorge dem Vater oder bestellt dem Kind einen Vormund, je nachdem, was das Wohl des Kindes erfordert.

Art. 298a Vereinbarung

¹ Haben die Eltern sich in einer genehmigungsfähigen Vereinbarung über ihre Anteile an der Betreuung des Kindes und die Verteilung der Unterhaltskosten verständigt, so überträgt ihnen die Vormundschaftsbehörde auf gemeinsamen Antrag die elterliche Sorge, sofern dies mit dem Kindeswohl vereinbar ist.

² Auf Begehren eines Elternteils, des Kindes oder der Vormundschaftsbehörde ist die Zuteilung der elterlichen Sorge durch die vormundschaftliche Aufsichtsbehörde neu zu regeln, wenn dies wegen wesentlicher Veränderung der Verhältnisse zum Wohl des Kindes geboten ist.

Inhalt

Art. 301 Im Allgemeinen

¹ Die Eltern leiten im Blick auf das Wohl des Kindes seine Pflege und Erziehung und treffen unter Vorbehalt seiner eigenen Handlungsfähigkeit die nötigen Entscheidungen.

² Das Kind schuldet den Eltern Gehorsam; die Eltern gewähren dem Kind die seiner Reife entsprechende Freiheit der Lebensgestaltung und nehmen in wichtigen Angelegenheiten, soweit tunlich, auf seine Meinung Rücksicht.

³ Das Kind darf ohne Einwilligung der Eltern die häusliche Gemeinschaft nicht verlassen; es darf ihnen auch nicht widerrechtlich entzogen werden.

⁴ Die Eltern geben dem Kind den Vornamen.

Art. 302 Erziehung

¹ Die Eltern haben das Kind ihren Verhältnissen entsprechend zu erziehen und seine körperliche, geistige und sittliche Entfaltung zu fördern und zu schützen.

² Sie haben dem Kind, insbesondere auch dem körperlich oder geistig gebrechlichen, eine angemessene, seinen Fähigkeiten und Neigungen soweit möglich entsprechende allgemeine und berufliche Ausbildung zu verschaffen.

³ Zu diesem Zweck sollen sie in geeigneter Weise mit der Schule und, wo es die Umstände erfordern, mit der öffentlichen und gemeinnützigen Jugendhilfe zusammenarbeiten.

Art. 303 Religiöse Erziehung

¹ Über die religiöse Erziehung verfügen die Eltern.

² Ein Vertrag, der diese Befugnis beschränkt, ist ungültig.

³ Hat ein Kind das 16. Altersjahr zurückgelegt, so entscheidet es selbständig über sein religiöses Bekenntnis.

Art. 304 Vertretung
Im Allgemeinen

¹ Die Eltern haben von Gesetzes wegen die Vertretung des Kindes gegenüber Drittpersonen im Umfang der ihnen zustehenden elterlichen Sorge.

² Sind beide Eltern Inhaber der elterlichen Sorge, so dürfen gutgläubige Drittpersonen voraussetzen, dass jeder Elternteil im Einvernehmen mit dem andern handelt.

³ Die Bestimmungen über die Vertretung des Bevormundeten finden entsprechende Anwendung mit Ausschluss der Vorschriften über die Mitwirkung der vormundschaftlichen Behörden.

ZGB

Art. 305 Handlungsfähigkeit des Kindes
¹ Das Kind hat unter der elterlichen Sorge die gleiche beschränkte Handlungsfähigkeit wie eine bevormundete Person.
² Für Verpflichtungen des Kindes haftet sein Vermögen ohne Rücksicht auf die elterlichen Vermögensrechte.

Kindesschutz

Art. 307 Geeignete Massnahmen
¹ Ist das Wohl des Kindes gefährdet und sorgen die Eltern nicht von sich aus für Abhilfe oder sind sie dazu ausserstande, so trifft die Vormundschaftsbehörde die geeigneten Massnahmen zum Schutz des Kindes.
² Die Vormundschaftsbehörde ist dazu auch gegenüber Kindern verpflichtet, die bei Pflegeeltern untergebracht sind oder sonst ausserhalb der häuslichen Gemeinschaft der Eltern leben.
³ Sie kann insbesondere die Eltern, die Pflegeeltern oder das Kind ermahnen, ihnen bestimmte Weisungen für die Pflege, Erziehung oder Ausbildung erteilen und eine geeignete Person oder Stelle bestimmen, der Einblick und Auskunft zu geben ist.

Art. 308 Beistandschaft
¹ Erfordern es die Verhältnisse, so ernennt die Vormundschaftsbehörde dem Kind einen Beistand, der die Eltern in ihrer Sorge um das Kind mit Rat und Tat unterstützt.
² Sie kann dem Beistand besondere Befugnisse übertragen, namentlich die Vertretung des Kindes bei der Wahrung seines Unterhaltsanspruches und anderer Rechte und die Überwachung des persönlichen Verkehrs.
³ Die elterliche Sorge kann entsprechend beschränkt werden.

Kindesvermögen

Art. 318 Verwaltung
¹ Die Eltern haben, solange ihnen die elterliche Sorge zusteht, das Recht und die Pflicht, das Kindesvermögen zu verwalten.
² Steht die elterliche Sorge nur einem Elternteil zu, so hat dieser der Vormundschaftsbehörde ein Inventar über das Kindesvermögen einzureichen.
³ Erachtet es die Vormundschaftsbehörde nach Art und Grösse des Kindesvermögens und nach den persönlichen Verhältnissen der Eltern für angezeigt, so ordnet sie die periodische Rechnungsstellung und Berichterstattung an.

Art. 319 Verwendung der Erträge
¹ Die Eltern dürfen die Erträge des Kindesvermögens für Unterhalt, Erziehung und Ausbildung des Kindes und, soweit es der Billigkeit entspricht, auch für die Bedürfnisse des Haushaltes verwenden.
² Ein Überschuss fällt ins Kindesvermögen.

Art. 320 Anzehrung des Kindesvermögens
¹ Abfindungen, Schadenersatz und ähnliche Leistungen dürfen in Teilbeträgen entsprechend den laufenden Bedürfnissen für den Unterhalt des Kindes verbraucht werden.
² Erweist es sich für die Bestreitung der Kosten des Unterhalts, der Erziehung oder der Ausbildung als notwendig, so kann die Vormundschaftsbehörde den Eltern gestatten, auch das übrige Kindesvermögen in bestimmten Beträgen anzugreifen.

Art. 321 Freies Kindesvermögen
 Zuwendungen
¹ Die Eltern dürfen Erträge des Kindesvermögens nicht verbrauchen, wenn es dem Kind mit dieser ausdrücklichen Auflage oder unter der Bestimmung zinstragender Anlage oder als Spargeld zugewendet worden ist.
² Die Verwaltung durch die Eltern ist nur dann ausgeschlossen, wenn dies bei der Zuwendung ausdrücklich bestimmt wird.

Art. 323 Arbeitserwerb,
 Berufs- und Gewerbevermögen
¹ Was das Kind durch eigene Arbeit erwirbt und was es von den Eltern aus seinem Vermögen zur Ausübung eines Berufes oder eines eigenen Gewerbes herausbekommt, steht unter seiner Verwaltung und Nutzung.
² Lebt das Kind mit den Eltern in häuslicher Gemeinschaft, so können sie verlangen, dass es einen angemessenen Beitrag an seinen Unterhalt leistet.

Art. 326 Ende der Verwaltung: Rückerstattung
Endet die elterliche Sorge oder Verwaltung, so haben die Eltern das Kindesvermögen aufgrund einer Abrechnung an das mündige Kind oder an den Vormund oder Beistand des Kindes herauszugeben.

Die Familiengemeinschaft

Art. 328 Unterstützungspflichtige
¹ Wer in günstigen Verhältnissen lebt, ist verpflichtet, Verwandte in auf- und absteigender Linie zu unterstützen, die ohne diesen Beistand in Not geraten würden.
² Die Unterhaltspflicht der Eltern und des Ehegatten, der eingetragenen Partnerin oder des eingetragenen Partners bleibt vorbehalten.

Art. 333 Verantwortlichkeit
¹ Verursacht ein unmündiger oder entmündigter, ein geistesschwacher oder geisteskranker Hausgenosse einen Schaden, so ist das Familienhaupt dafür haftbar, insofern es nicht darzutun vermag, dass es das übliche und durch die Umstände gebotene Mass von Sorgfalt in der Beaufsichtigung beobachtet hat.
² Das Familienhaupt ist verpflichtet, dafür zu sorgen, dass aus dem Zustande eines geisteskranken oder geistesschwachen Hausgenossen weder für diesen selbst noch für andere Gefahr oder Schaden erwächst. (...)

Die Vormundschaft

Die vormundschaftlichen Organe

Art. 360 Im Allgemeinen
Vormundschaftliche Organe sind: die vormundschaftlichen Behörden, der Vormund und der Beistand.

Art. 367 Vormund und Beistand
¹ Der Vormund hat die gesamten persönlichen und vermögensrechtlichen Interessen des unmündigen oder entmündigten Bevormundeten zu wahren und ist dessen Vertreter.
² Der Beistand ist für einzelne Geschäfte eingesetzt oder mit Vermögensverwaltung betraut.
³ Für den Beistand gelten, soweit keine besonderen Vorschriften aufgestellt sind, die Bestimmungen dieses Gesetzes über den Vormund.

Die Bevormundungsfälle
Unmündigkeit
Art. 368
¹ Unter Vormundschaft gehört jede unmündige Person, die sich nicht unter der elterlichen Sorge befindet.
² Die Zivilstandsbeamten, Verwaltungsbehörden und Gerichte haben der zuständigen Behörde Anzeige zu machen, sobald sie in ihrer Amtstätigkeit von dem Eintritt eines solchen Bevormundungsfalles Kenntnis erhalten.

Unfähigkeit Mündiger
Art. 369   Geisteskrankheit und Geistesschwäche
¹ Unter Vormundschaft gehört jede mündige Person, die infolge von Geisteskrankheit oder Geistesschwäche ihre Angelegenheiten nicht zu besorgen vermag, zu ihrem Schutze dauernd des Beistandes und der Fürsorge bedarf oder die Sicherheit anderer gefährdet.
² Die Verwaltungsbehörden und Gerichte haben der zuständigen Behörde Anzeige zu machen, sobald sie in ihrer Amtstätigkeit von dem Eintritt eines solchen Bevormundungsfalles Kenntnis erhalten.

Art. 370   Verschwendung, Trunksucht
Unter Vormundschaft gehört jede mündige Person, die durch Verschwendung, Trunksucht, lasterhaften Lebenswandel oder durch die Art und Weise ihrer Vermögensverwaltung sich oder ihre Familie der Gefahr eines Notstandes oder der Verarmung aussetzt, zu ihrem Schutze dauernd des Beistandes und der Fürsorge bedarf oder die Sicherheit anderer gefährdet.

Art. 371   Freiheitsstrafe
¹ Unter Vormundschaft gehört jede mündige Person, die zu einer Freiheitsstrafe von einem Jahr oder darüber verurteilt worden ist.
² Die Strafvollzugsbehörde hat, sobald ein solcher Verurteilter seine Strafe antritt, der zuständigen Behörde Mitteilung zu machen.

Art. 372   Eigenes Begehren
Einer mündigen Person kann auf ihr Begehren ein Vormund gegeben werden, wenn sie dartut, dass sie infolge von Altersschwäche oder andern Gebrechen oder von Unerfahrenheit ihre Angelegenheiten nicht gehörig zu besorgen vermag.

Verfahren
Art. 375   Veröffentlichung
¹ Ist ein Mündiger bevormundet, so muss die Bevormundung, sobald sie rechtskräftig geworden ist, wenigstens einmal in einem amtlichen Blatte seines Wohnsitzes und seiner Heimat veröffentlicht werden.
² Mit Zustimmung der Aufsichtsbehörde kann auf eine Veröffentlichung verzichtet werden, wenn die Handlungsunfähigkeit für Dritte offenkundig ist oder der Geisteskranke, Geistesschwache oder Trunksüchtige in einer Anstalt untergebracht ist; die Bevormundung ist aber dem Betreibungsamt mitzuteilen.
³ Vor der Veröffentlichung kann die Bevormundung gutgläubigen Dritten nicht entgegengehalten werden.

Die Beistandschaft
Art. 392   Fälle der Beistandschaft
Auf Ansuchen eines Beteiligten oder von Amtes wegen ernennt die Vormundschaftsbehörde einen Beistand da, wo das Gesetz es besonders vorsieht, sowie in folgenden Fällen:
1. wenn eine mündige Person in einer dringenden Angelegenheit infolge von Krankheit, Abwesenheit od. dgl. weder selbst zu handeln, noch einen Vertreter zu bezeichnen vermag;
2. wenn der gesetzliche Vertreter einer unmündigen oder entmündigten Person in einer Angelegenheit Interessen hat, die denen des Vertretenen widersprechen;
3. wenn der gesetzliche Vertreter an der Vertretung verhindert ist.

Art. 395   Beschränkung der Handlungsfähigkeit
¹ Wenn für die Entmündigung einer Person kein genügender Grund vorliegt, gleichwohl aber zu ihrem Schutze eine Beschränkung der Handlungsfähigkeit als notwendig erscheint, so kann ihr ein Beirat gegeben werden, dessen Mitwirkung für folgende Fälle erforderlich ist:
1. Prozessführung und Abschluss von Vergleichen;
2. Kauf, Verkauf, Verpfändung und andere dingliche Belastung von Grundstücken;
3. Kauf, Verkauf und Verpfändung von Wertpapieren;
4. Bauten, die über die gewöhnlichen Verwaltungshandlungen hinausgehen;
5. Gewährung und Aufnahme von Darlehen;
6. Entgegennahme von Kapitalzahlungen;
7. Schenkungen;
8. Eingehung wechselrechtlicher Verbindlichkeiten;
9. Eingehung von Bürgschaften.

² Unter den gleichen Voraussetzungen kann die Verwaltung des Vermögens dem Schutzbedürftigen entzogen werden, während er über die Erträgnisse die freie Verfügung behält.

Die fürsorgerische Freiheitsentziehung
Art. 397a Voraussetzungen
¹ Eine mündige oder entmündigte Person darf wegen Geisteskrankheit, Geistesschwäche, Trunksucht, anderen Suchterkrankungen oder schwerer Verwahrlosung in einer geeigneten Anstalt untergebracht oder zurückbehalten werden, wenn ihr die nötige persönliche Fürsorge nicht anders erwiesen werden kann.
² Dabei ist auch die Belastung zu berücksichtigen, welche die Person für ihre Umgebung bedeutet.
³ Die betroffene Person muss entlassen werden, sobald ihr Zustand es erlaubt.

Die Führung der Vormundschaft
Art. 398   Inventaraufnahme
¹ Bei Übernahme der Vormundschaft ist über das zu verwaltende Vermögen durch den Vormund und einen Vertreter der Vormundschaftsbehörde ein Inventar aufzunehmen.
² Ist der Bevormundete urteilsfähig, so wird er, soweit tunlich, zur Inventaraufnahme zugezogen. (...)

Art. 405 Fürsorge für die Person
Bei Unmündigkeit

¹ Ist der Bevormundete unmündig, so hat der Vormund die Pflicht, für dessen Unterhalt und Erziehung das Angemessene anzuordnen.

² Zu diesem Zwecke stehen ihm die gleichen Rechte zu wie den Eltern, unter Vorbehalt der Mitwirkung der vormundschaftlichen Behörden.

Art. 406 Bei Entmündigung

¹ Steht der Bevormundete im Mündigkeitsalter, so erstreckt sich die Fürsorge auf den Schutz und Beistand in allen persönlichen Angelegenheiten. (…)

Art. 407 Vertretung

Der Vormund vertritt den Bevormundeten in allen rechtlichen Angelegenheiten, unter Vorbehalt der Mitwirkung der vormundschaftlichen Behörden.

Art. 409 Mitwirkung des Bevormundeten

¹ Ist der Bevormundete urteilsfähig und wenigstens 16 Jahre alt, so hat ihn der Vormund bei wichtigen Angelegenheiten, soweit tunlich, vor der Entscheidung um seine Ansicht zu befragen.

² Die Zustimmung des Bevormundeten befreit den Vormund nicht von seiner Verantwortlichkeit.

Art. 410 Eigenes Handeln:
Zustimmung des Vormundes

¹ Ist der Bevormundete urteilsfähig, so kann er Verpflichtungen eingehen oder Rechte aufgeben, sobald der Vormund ausdrücklich oder stillschweigend zum Voraus seine Zustimmung gegeben hat oder nachträglich das Geschäft genehmigt.

² Der andere Teil wird frei, wenn die Genehmigung nicht innerhalb einer angemessenen Frist erfolgt, die er selber ansetzt oder durch das Gericht ansetzen lässt.

Art. 413 Vermögensverwaltung: Pflicht zur Verwaltung und Rechnungsführung

¹ Der Vormund hat das Vermögen des Bevormundeten sorgfältig zu verwalten.

² Er hat über die Verwaltung Rechnung zu führen und diese der Vormundschaftsbehörde in den von ihr angesetzten Perioden, mindestens aber alle zwei Jahre, zur Prüfung vorzulegen.

³ Ist der Bevormundete urteilsfähig und wenigstens 16 Jahre alt, so soll er, soweit tunlich, zur Rechnungsablegung zugezogen werden.

Art. 414 Freies Vermögen

Was einem Bevormundeten zur freien Verwendung zugewiesen wird, oder was er mit Einwilligung des Vormundes durch eigene Arbeit erwirbt, kann er frei verwalten.

Das Erbrecht

Die gesetzlichen Erben

Art. 457 Nachkommen

¹ Die nächsten Erben eines Erblassers sind seine Nachkommen.

² Die Kinder erben zu gleichen Teilen.

³ An die Stelle vorverstorbener Kinder treten ihre Nachkommen, und zwar in allen Graden nach Stämmen.

Art. 458 Elterlicher Stamm

¹ Hinterlässt der Erblasser keine Nachkommen, so gelangt die Erbschaft an den Stamm der Eltern.

² Vater und Mutter erben nach Hälften.

³ An die Stelle von Vater oder Mutter, die vorverstorben sind, treten ihre Nachkommen, und zwar in allen Graden nach Stämmen.

⁴ Fehlt es an Nachkommen auf einer Seite, so fällt die ganze Erbschaft an die Erben der andern Seite.

Art. 459 Grosselterlicher Stamm

¹ Hinterlässt der Erblasser weder Nachkommen noch Erben des elterlichen Stammes, so gelangt die Erbschaft an den Stamm der Grosseltern.

² Überleben die Grosseltern der väterlichen und die der mütterlichen Seite den Erblasser, so erben sie auf jeder Seite zu gleichen Teilen.

³ An die Stelle eines vorverstorbenen Grossvaters oder einer vorverstorbenen Grossmutter treten ihre Nachkommen, und zwar in allen Graden nach Stämmen.

⁴ Ist der Grossvater oder die Grossmutter auf der väterlichen oder der mütterlichen Seite vorverstorben, und fehlt es auch an Nachkommen des Vorverstorbenen, so fällt die ganze Hälfte an die vorhandenen Erben der gleichen Seite.

⁵ Fehlt es an Erben der väterlichen oder der mütterlichen Seite, so fällt die ganze Erbschaft an die Erben der andern Seite.

Art. 462 Überlebende Ehegatten und überlebende eingetragene Partnerinnen oder Partner

Überlebende Ehegatten und überlebende eingetragene Partnerinnen oder Partner erhalten:

1. wenn sie mit Nachkommen zu teilen haben, die Hälfte der Erbschaft;
2. wenn sie mit Erben des elterlichen Stammes zu teilen haben, drei Viertel der Erbschaft;
3. wenn auch keine Erben des elterlichen Stammes vorhanden sind, die ganze Erbschaft.

Art. 466 Gemeinwesen

Hinterlässt der Erblasser keine Erben, so fällt die Erbschaft an den Kanton, in dem der Erblasser den letzten Wohnsitz gehabt hat, oder an die Gemeinde, die von der Gesetzgebung dieses Kantons als berechtigt bezeichnet wird.

Verfügungen von Todes wegen

Verfügungsfähigkeit

Art. 467 Letztwillige Verfügung

Wer urteilsfähig ist und das 18. Altersjahr zurückgelegt hat, ist befugt, unter Beobachtung der gesetzlichen Schranken und Formen über sein Vermögen letztwillig zu verfügen.

Art. 468 Erbvertrag

Zur Abschliessung eines Erbvertrages bedarf der Erblasser der Mündigkeit.

Verfügungsfreiheit

Art. 470 Umfang der Verfügungsbefugnis

¹ Wer Nachkommen, Eltern, den Ehegatten, eine eingetragene Partnerin oder einen eingetragenen Partner hinterlässt, kann bis zu deren Pflichtteil über sein Vermögen von Todes wegen verfügen.

² Wer keine der genannten Erben hinterlässt, kann über sein ganzes Vermögen von Todes wegen verfügen.

Art. 471 Pflichtteil
Der Pflichtteil beträgt:
1. für einen Nachkommen drei Viertel des gesetzlichen Erbanspruches;
2. für jedes der Eltern die Hälfte;
3. für den überlebenden Ehegatten, die eingetragene Partnerin oder den eingetragenen Partner die Hälfte.

Art. 473 Begünstigung des Ehegatten
¹ Der Erblasser kann dem überlebenden Ehegatten durch Verfügung von Todes wegen gegenüber den gemeinsamen Nachkommen die Nutzniessung an dem ganzen ihnen zufallenden Teil der Erbschaft zuwenden.
² Diese Nutzniessung tritt an die Stelle des dem Ehegatten neben diesen Nachkommen zustehenden gesetzlichen Erbrechts. Neben dieser Nutzniessung beträgt der verfügbare Teil einen Viertel des Nachlasses. (...)

Art. 477 Enterbung: Gründe
Der Erblasser ist befugt, durch Verfügung von Todes wegen einem Erben den Pflichtteil zu entziehen:
1. wenn der Erbe gegen den Erblasser oder gegen eine diesem nahe verbundene Person eine schwere Straftat begangen hat;
2. wenn er gegenüber dem Erblasser oder einem von dessen Angehörigen die ihm obliegenden familienrechtlichen Pflichten schwer verletzt hat.

Art. 478 Wirkung der Enterbung
¹ Der Enterbte kann weder an der Erbschaft teilnehmen noch die Herabsetzungsklage geltend machen.
² Der Anteil des Enterbten fällt, sofern der Erblasser nicht anders verfügt hat, an die gesetzlichen Erben des Erblassers, wie wenn der Enterbte den Erbfall nicht erlebt hätte.
³ Die Nachkommen des Enterbten behalten ihr Pflichtteilsrecht, wie wenn der Enterbte den Erbfall nicht erlebt hätte.

Verfügungsarten

Art. 481 Im Allgemeinen
¹ Der Erblasser kann in den Schranken der Verfügungsfreiheit über sein Vermögen mit letztwilliger Verfügung oder mit Erbvertrag ganz oder teilweise verfügen.
² Der Teil, über den er nicht verfügt hat, fällt an die gesetzlichen Erben.

Art. 482 Auflagen und Bedingungen
¹ Der Erblasser kann seinen Verfügungen Auflagen oder Bedingungen anfügen, deren Vollziehung, sobald die Verfügung zur Ausführung gelangt ist, jedermann verlangen darf, der an ihnen ein Interesse hat.
² Unsittliche oder rechtswidrige Auflagen und Bedingungen machen die Verfügung ungültig.
³ Sind sie lediglich für andere Personen lästig oder sind sie unsinnig, so werden sie als nicht vorhanden betrachtet.
⁴ Wird ein Tier mit einer Zuwendung von Todes wegen bedacht, so gilt die entsprechende Verfügung als Auflage, für das Tier tiergerecht zu sorgen.

Art. 483 Erbeinsetzung
¹ Der Erblasser kann für die ganze Erbschaft oder für einen Bruchteil einen oder mehrere Erben einsetzen.
² Als Erbeinsetzung ist jede Verfügung zu betrachten, nach der ein Bedachter die Erbschaft insgesamt oder zu einem Bruchteil erhalten soll.

Art. 484 Vermächtnis
¹ Der Erblasser kann einem Bedachten, ohne ihn als Erben einzusetzen, einen Vermögensvorteil als Vermächtnis zuwenden.
² Er kann ihm eine einzelne Erbschaftssache oder die Nutzniessung an der Erbschaft im ganzen oder zu einem Teil vermachen oder die Erben oder Vermächtnisnehmer beauftragen, ihm Leistungen aus dem Werte der Erbschaft zu machen oder ihn von Verbindlichkeiten zu befreien.
³ Vermacht der Erblasser eine bestimmte Sache, so wird der Beschwerte, wenn sich diese in der Erbschaft nicht vorfindet und kein anderer Wille des Erblassers aus der Verfügung ersichtlich ist, nicht verpflichtet.

Art. 494 Erbverträge
Erbeinsetzungs- und Vermächtnisvertrag
¹ Der Erblasser kann sich durch Erbvertrag einem andern gegenüber verpflichten, ihm oder einem Dritten seine Erbschaft oder ein Vermächtnis zu hinterlassen.
² Er kann über sein Vermögen frei verfügen.
³ Verfügungen von Todes wegen oder Schenkungen, die mit seinen Verpflichtungen aus dem Erbvertrag nicht vereinbar sind, unterliegen jedoch der Anfechtung.

Art. 495 Erbverzicht
¹ Der Erblasser kann mit einem Erben einen Erbverzichtvertrag oder Erbauskauf abschliessen.
² Der Verzichtende fällt beim Erbgang als Erbe ausser Betracht.
³ Wo der Vertrag nicht etwas anderes anordnet, wirkt der Erbverzicht auch gegenüber den Nachkommen des Verzichtenden.

Verfügungsformen

Letztwillige Verfügung (Testament)

Art. 498 Errichtung
Der Erblasser kann eine letztwillige Verfügung entweder mit öffentlicher Beurkundung oder eigenhändig oder durch mündliche Erklärung errichten.

Art. 499 Öffentliche Verfügung
Die öffentliche letztwillige Verfügung erfolgt unter Mitwirkung von zwei Zeugen vor dem Beamten, Notar oder einer anderen Urkundsperson, die nach kantonalem Recht mit diesen Geschäften betraut sind.

Art. 505 Eigenhändige Verfügung
¹ Die eigenhändige letztwillige Verfügung ist vom Erblasser von Anfang bis zu Ende mit Einschluss der Angabe von Jahr, Monat und Tag der Errichtung von Hand niederzuschreiben sowie mit seiner Unterschrift zu versehen.
² Die Kantone haben dafür zu sorgen, dass solche Verfügungen offen oder verschlossen einer Amtsstelle zur Aufbewahrung übergeben werden können.

Art. 506 Mündliche Verfügung
[1] Ist der Erblasser infolge ausserordentlicher Umstände, wie nahe Todesgefahr, Verkehrssperre, Epidemien oder Kriegsereignisse verhindert, sich einer der andern Errichtungsformen zu bedienen, so ist er befugt, eine mündliche letztwillige Verfügung zu errichten.
[2] Zu diesem Zwecke hat er seinen letzten Willen vor zwei Zeugen zu erklären und sie zu beauftragen, seiner Verfügung die nötige Beurkundung zu verschaffen. (...)

Art. 509 Widerruf
[1] Der Erblasser kann seine letztwillige Verfügung jederzeit in einer der Formen widerrufen, die für die Errichtung vorgeschrieben sind.
[2] Der Widerruf kann die Verfügung ganz oder zum Teil beschlagen.

Art. 510 Vernichtung
[1] Der Erblasser kann seine letztwillige Verfügung dadurch widerrufen, dass er die Urkunde vernichtet.
[2] Wird die Urkunde durch Zufall oder aus Verschulden anderer vernichtet, so verliert die Verfügung unter Vorbehalt der Ansprüche auf Schadenersatz gleichfalls ihre Gültigkeit, insofern ihr Inhalt nicht genau und vollständig festgestellt werden kann.

Art. 511 Spätere Verfügungen
[1] Errichtet der Erblasser eine letztwillige Verfügung, ohne eine früher errichtete ausdrücklich aufzuheben, so tritt sie an die Stelle der früheren Verfügung, soweit sie sich nicht zweifellos als deren blosse Ergänzung darstellt.
[2] Ebenso wird eine letztwillige Verfügung über eine bestimmte Sache dadurch aufgehoben, dass der Erblasser über die Sache nachher eine Verfügung trifft, die mit jener nicht vereinbar ist.

Art. 512 Errichtung
[1] Der Erbvertrag bedarf zu seiner Gültigkeit der Form der öffentlichen letztwilligen Verfügung.
[2] Die Vertragschliessenden haben gleichzeitig dem Beamten ihren Willen zu erklären und die Urkunde vor ihm und den zwei Zeugen zu unterschreiben.

Ungültigkeit und Herabsetzung

Art. 522 Herabsetzungsklage
[1] Hat der Erblasser seine Verfügungsbefugnis überschritten, so können die Erben, die nicht dem Werte nach ihren Pflichtteil erhalten, die Herabsetzung der Verfügung auf das erlaubte Mass verlangen.
[2] Enthält die Verfügung Bestimmungen über die Teile der gesetzlichen Erben, so sind sie, wenn kein anderer Wille des Erblassers aus der Verfügung ersichtlich ist, als blosse Teilungsvorschriften aufzufassen.

Der Erwerb der Erbschaft

Art. 560 Erwerb der Erben
[1] Die Erben erwerben die Erbschaft als Ganzes mit dem Tode des Erblassers kraft Gesetzes.
[2] Mit Vorbehalt der gesetzlichen Ausnahmen gehen die Forderungen, das Eigentum, die beschränkten dinglichen Rechte und der Besitz des Erblassers ohne weiteres auf sie über, und die Schulden des Erblassers werden zu persönlichen Schulden der Erben. (...)

Art. 566 Ausschlagung
[1] Die gesetzlichen und die eingesetzten Erben haben die Befugnis, die Erbschaft, die ihnen zugefallen ist, auszuschlagen.
[2] Ist die Zahlungsunfähigkeit des Erblassers im Zeitpunkt seines Todes amtlich festgestellt oder offenkundig, so wird die Ausschlagung vermutet.

Art. 567 Befristung
[1] Die Frist zur Ausschlagung beträgt drei Monate.
[2] Sie beginnt für die gesetzlichen Erben, soweit sie nicht nachweisbar erst später von dem Erbfall Kenntnis erhalten haben, mit dem Zeitpunkte, da ihnen der Tod des Erblassers bekannt geworden, und für die eingesetzten Erben mit dem Zeitpunkte, da ihnen die amtliche Mitteilung von der Verfügung des Erblassers zugekommen ist.

Art. 580 Das öffentliche Inventar
[1] Jeder Erbe, der die Befugnis hat, die Erbschaft auszuschlagen, ist berechtigt, ein öffentliches Inventar zu verlangen.
[2] Das Begehren muss binnen Monatsfrist in der gleichen Form wie die Ausschlagung bei der zuständigen Behörde angebracht werden.
[3] Wird es von einem der Erben gestellt, so gilt es auch für die übrigen.

Art. 593 Amtliche Liquidation
[1] Jeder Erbe ist befugt, anstatt die Erbschaft auszuschlagen oder unter öffentlichem Inventar anzunehmen, die amtliche Liquidation zu verlangen.
[2] Solange jedoch ein Miterbe die Annahme erklärt, kann dem Begehren keine Folge gegeben werden.
[3] Im Falle der amtlichen Liquidation werden die Erben für die Schulden der Erbschaft nicht haftbar.

Art. 598 Erbschaftsklage
[1] Wer auf eine Erbschaft oder auf Erbschaftssachen als gesetzlicher oder eingesetzter Erbe ein besseres Recht zu haben glaubt als der Besitzer, ist befugt, sein Recht mit der Erbschaftsklage geltend zu machen.

Das Sachenrecht

Das Eigentum

Art. 641 Inhalt des Eigentums
Im Allgemeinen
[1] Wer Eigentümer einer Sache ist, kann in den Schranken der Rechtsordnung über sie nach seinem Belieben verfügen.
[2] Er hat das Recht, sie von jedem, der sie ihm vorenthält, herauszuverlangen und jede ungerechtfertigte Einwirkung abzuwehren.

Art. 641a Tiere
[1] Tiere sind keine Sachen.
[2] Soweit für Tiere keine besonderen Regelungen bestehen, gelten für sie die auf Sachen anwendbaren Vorschriften.

Art. 646 Miteigentum
[1] Haben mehrere Personen eine Sache nach Bruchteilen und ohne äusserliche Abteilung in ihrem Eigentum, so sind sie Miteigentümer.

² Ist es nicht anders festgestellt, so sind sie Miteigentümer zu gleichen Teilen.
³ Jeder Miteigentümer hat für seinen Anteil die Rechte und Pflichten eines Eigentümers, und es kann dieser Anteil von ihm veräussert und verpfändet und von seinen Gläubigern gepfändet werden.

Art. 651a Tiere des häuslichen Bereichs
¹ Bei Tieren, die im häuslichen Bereich und nicht zu Vermögens- oder Erwerbszwecken gehalten werden, spricht das Gericht im Streitfall das Alleineigentum derjenigen Partei zu, die in tierschützerischer Hinsicht dem Tier die bessere Unterbringung gewährleistet.
² Das Gericht kann die Person, die das Tier zugesprochen erhält, zur Leistung einer angemessenen Entschädigung an die Gegenpartei verpflichten; es bestimmt deren Höhe nach freiem Ermessen.
³ Es trifft die nötigen vorsorglichen Massnahmen, namentlich in Bezug auf die vorläufige Unterbringung des Tieres.

Grundeigentum

Art. 655 Gegenstand
¹ Gegenstand des Grundeigentums sind die Grundstücke.
² Grundstücke im Sinne dieses Gesetzes sind:
1. die Liegenschaften;
2. die in das Grundbuch aufgenommenen selbständigen und dauernden Rechte;
3. die Bergwerke;
3. die Miteigentumsanteile an Grundstücken.

Art. 656 Erwerb: Eintragung
¹ Zum Erwerbe des Grundeigentums bedarf es der Eintragung in das Grundbuch.
² Bei Aneignung, Erbgang, Enteignung, Zwangsvollstreckung oder gerichtlichem Urteil erlangt indessen der Erwerber schon vor der Eintragung das Eigentum, kann aber im Grundbuch erst dann über das Grundstück verfügen, wenn die Eintragung erfolgt ist.

Art. 657 Erwerbsarten: Übertragung
¹ Der Vertrag auf Eigentumsübertragung bedarf zu seiner Verbindlichkeit der öffentlichen Beurkundung.
² Die Verfügung von Todes wegen und der Ehevertrag bedürfen der im Erbrecht und im ehelichen Güterrecht vorgeschriebenen Formen.

Art. 679 Verantwortlichkeit des Grundeigentümers
Wird jemand dadurch, dass ein Grundeigentümer sein Eigentumsrecht überschreitet, geschädigt oder mit Schaden bedroht, so kann er auf Beseitigung der Schädigung oder auf Schutz gegen drohenden Schaden und auf Schadenersatz klagen.

Art. 684 Nachbarrecht: Art der Bewirtschaftung
¹ Jedermann ist verpflichtet, bei der Ausübung seines Eigentums, wie namentlich bei dem Betrieb eines Gewerbes auf seinem Grundstück, sich aller übermässigen Einwirkung auf das Eigentum der Nachbarn zu enthalten.
² Verboten sind insbesondere alle schädlichen und nach Lage und Beschaffenheit der Grundstücke oder nach Ortsgebrauch nicht gerechtfertigten Einwirkungen durch Rauch oder Russ, lästige Dünste, Lärm oder Erschütterung.

Fahrniseigentum

Art. 713 Gegenstand
Gegenstand des Fahrniseigentums sind die ihrer Natur nach beweglichen körperlichen Sachen sowie die Naturkräfte, die der rechtlichen Herrschaft unterworfen werden können und nicht zu den Grundstücken gehören.

Art. 714 Übertragung
¹ Zur Übertragung des Fahrniseigentums bedarf es des Überganges des Besitzes auf den Erwerber.
² Wer in gutem Glauben eine bewegliche Sache zu Eigentum übertragen erhält, wird, auch wenn der Veräusserer zur Eigentumsübertragung nicht befugt ist, deren Eigentümer, sobald er nach den Besitzesregeln im Besitze der Sache geschützt ist.

Art. 715 Eigentumsvorbehalt
¹ Der Vorbehalt des Eigentums an einer dem Erwerber übertragenen beweglichen Sache ist nur dann wirksam, wenn er an dessen jeweiligem Wohnort in einem vom Betreibungsbeamten zu führenden öffentlichen Register eingetragen ist. (…)

Art. 716 Bei Abzahlungsgeschäften
Gegenstände, die mit Eigentumsvorbehalt übertragen worden sind, kann der Eigentümer nur unter der Bedingung zurückverlangen, dass er die vom Erwerber geleisteten Abzahlungen unter Abzug eines angemessenen Mietzinses und einer Entschädigung für Abnützung zurückerstattet.

Art. 720 Fund: Bekanntmachung, Nachfrage Im Allgemeinen
¹ Wer eine verlorene Sache findet, hat den Eigentümer davon zu benachrichtigen und, wenn er ihn nicht kennt, entweder der Polizei den Fund anzuzeigen oder selbst für eine den Umständen angemessene Bekanntmachung und Nachfrage zu sorgen.
² Zur Anzeige an die Polizei ist er verpflichtet, wenn der Wert der Sache offenbar 10 Franken übersteigt.
³ Wer eine Sache in einem bewohnten Hause oder in einer dem öffentlichen Gebrauch oder Verkehr dienenden Anstalt findet, hat sie dem Hausherrn, Mieter oder den mit der Aufsicht betrauten Personen abzuliefern.

Art. 720a Bei Tieren
¹ Wer ein verlorenes Tier findet, hat unter Vorbehalt von Artikel 720 Absatz 3 den Eigentümer davon zu benachrichtigen und, wenn er ihn nicht kennt, den Fund anzuzeigen.

Das Grundpfand

Art. 793 Arten
¹ Das Grundpfand wird bestellt als Grundpfandverschreibung, als Schuldbrief oder als Gült.
² Die Bestellung anderer Arten des Grundpfandes ist nicht gestattet.

Art. 799 Errichtung
¹ Das Grundpfand entsteht unter Vorbehalt der gesetzlichen Ausnahmen mit der Eintragung in das Grundbuch.
² Der Vertrag auf Errichtung eines Grundpfandes bedarf zu seiner Verbindlichkeit der öffentlichen Beurkundung.

Art. 816 Befriedigung aus dem Pfande
¹ Der Gläubiger hat ein Recht darauf, im Falle der Nichtbefriedigung sich aus dem Erlöse des Grundstückes bezahlt zu machen.
² Die Abrede, wonach das Grundpfand dem Gläubiger, wenn er nicht befriedigt wird, als Eigentum zufallen soll, ist ungültig.
³ Sind mehrere Grundstücke für die gleiche Forderung verpfändet, so ist die Betreibung auf Pfandverwertung gleichzeitig gegen alle zu richten, die Verwertung aber nach Anordnung des Betreibungsamtes nur soweit nötig durchzuführen.

Art. 817 Verteilung des Erlöses
¹ Der Erlös aus dem Verkaufe des Grundstückes wird unter die Grundpfandgläubiger nach ihrem Range verteilt.
² Gläubiger gleichen Ranges haben unter sich Anspruch auf gleichmässige Befriedigung.

Faustpfand

Art. 884 Bestellung
¹ Fahrnis kann, wo das Gesetz keine Ausnahme macht, nur dadurch verpfändet werden, dass dem Pfandgläubiger der Besitz an der Pfandsache übertragen wird.
² Der gutgläubige Empfänger der Pfandsache erhält das Pfandrecht, soweit nicht Dritten Rechte aus früherem Besitze zustehen, auch dann, wenn der Verpfänder nicht befugt war, über die Sache zu verfügen.
³ Das Pfandrecht ist nicht begründet, solange der Verpfänder die ausschliessliche Gewalt über die Sache behält.

Art. 891 Wirkung
¹ Der Gläubiger hat im Falle der Nichtbefriedigung ein Recht darauf, sich aus dem Erlös des Pfandes bezahlt zu machen.
² Das Pfandrecht bietet ihm Sicherheit für die Forderung mit Einschluss der Vertragszinse, der Betreibungskosten und der Verzugszinse.

Art. 894 Verfallvertrag
Jede Abrede, wonach die Pfandsache dem Gläubiger, wenn er nicht befriedigt wird, als Eigentum zufallen soll, ist ungültig.

Art. 895 Retentionsrecht
¹ Bewegliche Sachen und Wertpapiere, die sich mit Willen des Schuldners im Besitze des Gläubigers befinden, kann dieser bis zur Befriedigung für seine Forderung zurückbehalten, wenn die Forderung fällig ist und ihrer Natur nach mit dem Gegenstande der Retention in Zusammenhang steht. (...)

Der Besitz

Art. 919 Begriff
¹ Wer die tatsächliche Gewalt über eine Sache hat, ist ihr Besitzer.
² Dem Sachbesitz wird bei Grunddienstbarkeiten und Grundlasten die tatsächliche Ausübung des Rechtes gleichgestellt.

Art. 922 Übertragung
¹ Der Besitz wird übertragen durch die Übergabe der Sache selbst oder der Mittel, die dem Empfänger die Gewalt über die Sache verschaffen.
² Die Übergabe ist vollzogen, sobald sich der Empfänger mit Willen des bisherigen Besitzers in der Lage befindet, die Gewalt über die Sache auszuüben.

Art. 926 Besitzesschutz
¹ Jeder Besitzer darf sich verbotener Eigenmacht mit Gewalt erwehren.
² Er darf sich, wenn ihm die Sache durch Gewalt oder heimlich entzogen wird, sofort des Grundstückes durch Vertreibung des Täters wieder bemächtigen und die bewegliche Sache dem auf frischer Tat betroffenen und unmittelbar verfolgten Täter wieder abnehmen.
³ Er hat sich dabei jeder nach den Umständen nicht gerechtfertigten Gewalt zu enthalten.

Art. 933 Bei anvertrauten Sachen
Wer eine bewegliche Sache in gutem Glauben zu Eigentum oder zu einem beschränkten dinglichen Recht übertragen erhält, ist in seinem Erwerbe auch dann zu schützen, wenn sie dem Veräusserer ohne jede Ermächtigung zur Übertragung anvertraut worden war.

Art. 934 Bei abhanden gekommenen Sachen
¹ Der Besitzer, dem eine bewegliche Sache gestohlen wird oder verloren geht oder sonst wider seinen Willen abhanden kommt, kann sie während fünf Jahren jedem Empfänger abfordern. (...)
² Ist die Sache öffentlich versteigert oder auf dem Markt oder durch einen Kaufmann, der mit Waren der gleichen Art handelt, übertragen worden, so kann sie dem ersten und jedem spätern gutgläubigen Empfänger nur gegen Vergütung des von ihm bezahlten Preises abgefordert werden.
³ Die Rückleistung erfolgt im Übrigen nach den Vorschriften über die Ansprüche des gutgläubigen Besitzers.

Art. 935 Bei Geld und Inhaberpapieren
Geld und Inhaberpapiere können, auch wenn sie dem Besitzer gegen seinen Willen abhanden gekommen sind, dem gutgläubigen Empfänger nicht abgefordert werden.

Art. 936 Bei bösem Glauben
¹ Wer den Besitz einer beweglichen Sache nicht in gutem Glauben erworben hat, kann von dem früheren Besitzer jederzeit auf Herausgabe belangt werden.
² Hatte jedoch auch der frühere Besitzer nicht in gutem Glauben erworben, so kann er einem spätern Besitzer die Sache nicht abfordern.

BG betreffend die Ergänzung des Schweizerischen Zivilgesetzbuches. Fünfter Teil:

Obligationenrecht (OR) SR 220

Übersicht / Gliederung

Abteilungen	Titel	ab Art.
Erste Abteilung: **Allgemeine Bestimmungen**	1. Die Entstehung der Obligationen	1
	2. Die Wirkung der Obligationen	68
	3. Das Erlöschen der Obligationen	114
	4. Besondere Verhältnisse bei Obligationen	143
	5. Die Abtretung von Forderungen und Schuldübernahme	164
Zweite Abteilung: **Die einzelnen Vertragsverhältnisse**	6. Kauf und Tausch	184
	7. Die Schenkung	239
	8. Die Miete 8bis Die Pacht	253
	9. Die Leihe	305
	10. Der Arbeitsvertrag	319
	11. Der Werkvertrag	363
	12. Der Verlagsvertrag	380
	13. Der Auftrag	394
	14. Die Geschäftsführung ohne Auftrag	419
	15. Die Kommission	425
	16. Der Frachtvertrag	440
	17. Die Prokura und andere Handlungsvollmachten	458
	18. Die Anweisung	466
	19. Der Hinterlegungsvertrag	472
	20. Die Bürgschaft	492
	21. Spiel und Wette	513
	22. Der Leibrentenvertrag und die Verpfründung	516
	23. Die einfache Gesellschaft	530
Dritte Abteilung: **Die Handelsgesellschaften und die Genossenschaft**	24. Die Kollektivgesellschaft	552
	25. Die Kommanditgesellschaft	594
	26. Die Aktiengesellschaft	620
	27. Die Kommanditaktiengesellschaft	764
	28. Die Gesellschaft mit beschränkter Haftung	772
	29. Die Genossenschaft	828
Vierte Abteilung: Handelsregister, Geschäftsfirmen und kaufmännische Buchführung	30. Das Handelsregister	927
	31. Die Geschäftsfirmen	944
	32. Die kaufmännische Buchführung	957
Fünfte Abteilung: **Die Wertpapiere**	33. Die Namen-, Inhaber- und Ordrepapiere	965
	34. Anleihensobligationen	1156
Übergangsbestimmungen und Schlussbestimmungen		

Obligationenrecht (OR) SR 220

Allgemeine Bestimmungen

Die Entstehung der Obligationen

1. Abschnitt: Entstehung durch Vertrag

Abschluss des Vertrages

Art. 1 Übereinstimmende Willensäusserung
Im Allgemeinen

¹ Zum Abschlusse eines Vertrages ist die übereinstimmende gegenseitige Willensäusserung der Parteien erforderlich.
² Sie kann eine ausdrückliche oder stillschweigende sein.

Art. 2 Betreffend Nebenpunkte

¹ Haben sich die Parteien über alle wesentlichen Punkte geeinigt, so wird vermutet, dass der Vorbehalt von Nebenpunkten die Verbindlichkeit des Vertrages nicht hindern solle.
² Kommt über die vorbehaltenen Nebenpunkte eine Vereinbarung nicht zustande, so hat der Richter über diese nach der Natur des Geschäftes zu entscheiden.
³ Vorbehalten bleiben die Bestimmungen über die Form der Verträge.

Art. 3 Antrag und Annahme
Antrag mit Annahmefrist

¹ Wer einem andern den Antrag zum Abschlusse eines Vertrages stellt und für die Annahme eine Frist setzt, bleibt bis zu deren Ablauf an den Antrag gebunden.
² Er wird wieder frei, wenn eine Annahmeerklärung nicht vor Ablauf dieser Frist bei ihm eingetroffen ist.

Art. 4 Antrag ohne Annahmefrist
a) Unter Anwesenden

¹ Wird der Antrag ohne Bestimmung einer Frist an einen Anwesenden gestellt und nicht sogleich angenommen, so ist der Antragsteller nicht weiter gebunden.
² Wenn die Vertragschliessenden oder ihre Bevollmächtigten sich persönlich des Telephons bedienen, so gilt der Vertrag als unter Anwesenden abgeschlossen.

Art. 5 b) Unter Abwesenden

¹ Wird der Antrag ohne Bestimmung einer Frist an einen Abwesenden gestellt, so bleibt der Antragsteller bis zu dem Zeitpunkte gebunden, wo er den Eingang der Antwort bei ihrer ordnungsmässigen und rechtzeitigen Absendung erwarten darf.
² Er darf dabei voraussetzen, dass sein Antrag rechtzeitig angekommen sei.
³ Trifft die rechtzeitig abgesandte Annahmeerklärung erst nach jenem Zeitpunkte bei dem Antragsteller ein, so ist dieser, wenn er nicht gebunden sein will, verpflichtet, ohne Verzug hievon Anzeige zu machen.

Art. 6 Stillschweigende Annahme

Ist wegen der besonderen Natur des Geschäftes oder nach den Umständen eine ausdrückliche Annahme nicht zu erwarten, so gilt der Vertrag als abgeschlossen, wenn der Antrag nicht binnen angemessener Frist abgelehnt wird.

Art. 6a Zusendung unbestellter Sachen

¹ Die Zusendung einer unbestellten Sache ist kein Antrag.
² Der Empfänger ist nicht verpflichtet, die Sache zurückzusenden oder aufzubewahren.
³ Ist eine unbestellte Sache offensichtlich irrtümlich zugesandt worden, so muss der Empfänger den Absender benachrichtigen.

Art. 7 Antrag ohne Verbindlichkeit

¹ Der Antragsteller wird nicht gebunden, wenn er dem Antrage eine die Behaftung ablehnende Erklärung beifügt, oder wenn ein solcher Vorbehalt sich aus der Natur des Geschäftes oder aus den Umständen ergibt.
² Die Versendung von Tarifen, Preislisten u. dgl. bedeutet an sich keinen Antrag.
³ Dagegen gilt die Auslage von Waren mit Angabe des Preises in der Regel als Antrag.

Art. 8 Preisausschreiben und Auslobung

¹ Wer durch Preisausschreiben oder Auslobung für eine Leistung eine Belohnung aussetzt, hat diese seiner Auskündung gemäss zu entrichten.
² Tritt er zurück, bevor die Leistung erfolgt ist, so hat er denjenigen, die auf Grund der Auskündung in guten Treuen Aufwendungen gemacht haben, hierfür bis höchstens zum Betrag der ausgesetzten Belohnung Ersatz zu leisten, sofern er nicht beweist, dass ihnen die Leistung doch nicht gelungen wäre.

Art. 9 Widerruf des Antrages und der Annahme

¹ Trifft der Widerruf bei dem anderen Teile vor oder mit dem Antrage ein, oder wird er bei späterem Eintreffen dem andern zur Kenntnis gebracht, bevor dieser vom Antrag Kenntnis genommen hat, so ist der Antrag als nicht geschehen zu betrachten.
² Dasselbe gilt für den Widerruf der Annahme.

Form der Verträge

Art. 11 Erfordernis und
Bedeutung im Allgemeinen

¹ Verträge bedürfen zu ihrer Gültigkeit nur dann einer besonderen Form, wenn das Gesetz eine solche vorschreibt.
² Ist über Bedeutung und Wirkung einer gesetzlich vorgeschriebenen Form nicht etwas anderes bestimmt, so hängt von deren Beobachtung die Gültigkeit des Vertrages ab.

Art. 12 Schriftlichkeit
Gesetzlich vorgeschriebene Form
Bedeutung

Ist für einen Vertrag die schriftliche Form gesetzlich vorgeschrieben, so gilt diese Vorschrift auch für jede Abänderung, mit Ausnahme von ergänzenden Nebebestimmungen, die mit der Urkunde nicht im Widerspruche stehen.

Art. 13 Erfordernisse
¹ Ein Vertrag, für den die schriftliche Form gesetzlich vorgeschrieben ist, muss die Unterschriften aller Personen tragen, die durch ihn verpflichtet werden sollen.
² *aufgehoben*

Art. 14 Unterschrift
¹ Die Unterschrift ist eigenhändig zu schreiben. (...)
²ᵇⁱˢ Der eigenhändigen Unterschrift gleichgestellt ist die qualifizierte elektronische Signatur, die auf einem qualifizierten Zertifikat einer anerkannten Anbieterin von Zertifizierungsdiensten im Sinne des Bundesgesetzes (…) über die elektronische Signatur beruht. (…)

Inhalt des Vertrages

Art. 19 **Bestimmung des Inhalts**
¹ Der Inhalt des Vertrages kann innerhalb der Schranken des Gesetzes beliebig festgestellt werden.
² Von den gesetzlichen Vorschriften abweichende Vereinbarungen sind nur zulässig, wo das Gesetz nicht eine unabänderliche Vorschrift aufstellt oder die Abweichung nicht einen Verstoss gegen die öffentliche Ordnung, gegen die guten Sitten oder gegen das Recht der Persönlichkeit in sich schliesst.

Art. 20 Nichtigkeit
¹ Ein Vertrag, der einen unmöglichen oder widerrechtlichen Inhalt hat oder gegen die guten Sitten verstösst, ist nichtig.
² Betrifft aber der Mangel bloss einzelne Teile des Vertrages, so sind nur diese nichtig, sobald nicht anzunehmen ist, dass er ohne den nichtigen Teil überhaupt nicht geschlossen worden wäre.

Art. 21 Übervorteilung
¹ Wird ein offenbares Missverhältnis zwischen der Leistung und der Gegenleistung durch einen Vertrag begründet, dessen Abschluss von dem einen Teil durch Ausbeutung der Notlage, der Unerfahrenheit oder des Leichtsinns des andern herbeigeführt worden ist, so kann der Verletzte innerhalb Jahresfrist erklären, dass er den Vertrag nicht halte, und das schon Geleistete zurückverlangen.
² Die Jahresfrist beginnt mit dem Abschluss des Vertrages.

Art. 22 Vorvertrag
¹ Durch Vertrag kann die Verpflichtung zum Abschluss eines künftigen Vertrages begründet werden.
² Wo das Gesetz zum Schutze der Vertragschliessenden für die Gültigkeit des künftigen Vertrages eine Form vorschreibt, gilt diese auch für den Vorvertrag.

Mängel des Vertragsabschlusses

Art. 23 Irrtum : Wirkung
Der Vertrag ist für denjenigen unverbindlich, der sich beim Abschluss in einem wesentlichen Irrtum befunden hat.

Art. 24 Fälle des Irrtums
¹ Der Irrtum ist namentlich in folgenden Fällen ein wesentlicher:
1. wenn der Irrende einen andern Vertrag eingehen wollte als denjenigen, für den er seine Zustimmung erklärt hat;
2. wenn der Wille des Irrenden auf eine andere Sache oder, wo der Vertrag mit Rücksicht auf eine bestimmte Person abgeschlossen wurde, auf eine andere Person gerichtet war, als er erklärt hat;
3. wenn der Irrende eine Leistung von erheblich grösserem Umfange versprochen hat oder eine Gegenleistung von erheblich geringerem Umfange sich hat versprechen lassen, als es sein Wille war;
4. wenn der Irrtum einen bestimmten Sachverhalt betraf, der vom Irrenden nach Treu und Glauben im Geschäftsverkehr als eine notwendige Grundlage des Vertrages betrachtet wurde.

² Bezieht sich dagegen der Irrtum nur auf den Beweggrund zum Vertragsabschlusse, so ist er nicht wesentlich.
³ Blosse Rechnungsfehler hindern die Verbindlichkeit des Vertrages nicht, sind aber zu berichtigen.

Art. 25 Geltendmachung gegen Treu und Glauben
¹ Die Berufung auf Irrtum ist unstatthaft, wenn sie Treu und Glauben widerspricht.
² Insbesondere muss der Irrende den Vertrag gelten lassen, wie er ihn verstanden hat, sobald der andere sich hiezu bereit erklärt.

Art. 26 Fahrlässiger Irrtum
¹ Hat der Irrende, der den Vertrag nicht gegen sich gelten lässt, seinen Irrtum der eigenen Fahrlässigkeit zuzuschreiben, so ist er zum Ersatze des aus dem Dahinfallen des Vertrages erwachsenen Schadens verpflichtet, es sei denn, dass der andere den Irrtum gekannt habe oder hätte kennen sollen.
² Wo es der Billigkeit entspricht, kann der Richter auf Ersatz weiteren Schadens erkennen. (...)

Art. 27 Unrichtige Übermittlung
Wird beim Vertragsabschluss Antrag oder Annahme durch einen Boten oder auf andere Weise unrichtig übermittelt, so finden die Vorschriften über den Irrtum entsprechende Anwendung.

Art. 28 **Absichtliche Täuschung**
¹ Ist ein Vertragschliessender durch absichtliche Täuschung seitens des anderen zu dem Vertragsschluss verleitet worden, so ist der Vertrag für ihn auch dann unverbindlich, wenn der erregte Irrtum kein wesentlicher war. (...)

Art. 29 Furchterregung
¹ Ist ein Vertragschliessender von dem anderen oder von einem Dritten widerrechtlich durch Erregung gegründeter Furcht zur Eingehung eines Vertrages bestimmt worden, so ist der Vertrag für den Bedrohten unverbindlich. (...)

Art. 31 **Genehmigung des Vertrages**
¹ Wenn der durch Irrtum, Täuschung oder Furcht beeinflusste Teil binnen Jahresfrist weder dem anderen eröffnet, dass er den Vertrag nicht halte, noch eine schon erfolgte Leistung zurückfordert, so gilt der Vertrag als genehmigt.
² Die Frist beginnt in den Fällen des Irrtums und der Täuschung mit der Entdeckung, in den Fällen der Furcht mit deren Beseitigung.
³ Die Genehmigung eines wegen Täuschung oder Furcht unverbindlichen Vertrages schliesst den Anspruch auf Schadenersatz nicht ohne weiteres aus.

OR

Haustürgeschäfte und ähnliche Verträge

Art. 40a Widerrufsrecht: Geltungsbereich
¹ Die nachfolgenden Bestimmungen sind auf Verträge über bewegliche Sachen und Dienstleistungen, die für den persönlichen oder familiären Gebrauch des Kunden bestimmt sind, anwendbar, wenn:
a. der Anbieter der Güter oder Dienstleistungen im Rahmen einer beruflichen oder gewerblichen Tätigkeit gehandelt hat und
b. die Leistung des Kunden 100 Franken übersteigt.
(...)

Art. 40b Grundsatz
Der Kunde kann seinen Antrag zum Vertragsabschluss oder seine Annahmeerklärung widerrufen, wenn ihm das Angebot gemacht wurde:
a. an seinem Arbeitsplatz, in Wohnräumen oder in deren unmittelbaren Umgebung;
b. in öffentlichen Verkehrsmitteln oder auf öffentlichen Strassen und Plätzen;
c. an einer Werbeveranstaltung, die mit einer Ausflugsfahrt oder einem ähnlichen Anlass verbunden war.

Art. 40c Ausnahmen
Der Kunde hat kein Widerrufsrecht, wenn er:
a. die Vertragsverhandlungen ausdrücklich gewünscht hat;
b. seine Erklärung an einem Markt- oder Messestand abgegeben hat.

Art. 40d Orientierungspflicht
¹ Der Anbieter muss den Kunden schriftlich über das Widerrufsrecht sowie über Form und Frist des Widerrufs unterrichten und ihm seine Adresse bekannt geben.
² Diese Angaben müssen datiert sein und die Identifizierung des Vertrags ermöglichen.
³ Sie sind dem Kunden so zu übergeben, dass er sie kennt, wenn er den Vertrag beantragt oder annimmt.

Art. 40e Widerruf
¹ Der Kunde muss dem Anbieter den Widerruf schriftlich erklären.
² Die Widerrufsfrist beträgt sieben Tage und beginnt, sobald der Kunde:
a. den Vertrag beantragt oder angenommen hat; und
b. von den Angaben nach Artikel 40d Kenntnis erhalten hat.
³ Der Beweis des Zeitpunkts, in dem der Kunde von den Angaben nach Artikel 40d Kenntnis erhalten hat, obliegt dem Anbieter.
⁴ Die Frist ist eingehalten, wenn die Widerrufserklärung am siebenten Tag der Post übergeben wird.

Art. 40f Folgen
¹ Hat der Kunde widerrufen, so müssen die Parteien bereits empfangene Leistungen zurückerstatten.
² Hat der Kunde eine Sache bereits gebraucht, so schuldet er dem Anbieter einen angemessenen Mietzins.
³ Hat der Anbieter eine Dienstleistung erbracht, so muss ihm der Kunde Auslagen und Verwendungen nach den Bestimmungen über den Auftrag (Art. 402) ersetzen.
⁴ Der Kunde schuldet dem Anbieter keine weitere Entschädigung.

2. Abschnitt: Die Entstehung durch unerlaubte Handlungen

Art. 41 Voraussetzung der Haftung
¹ Wer einem andern widerrechtlich Schaden zufügt, sei es mit Absicht, sei es aus Fahrlässigkeit, wird ihm zum Ersatze verpflichtet.
² Ebenso ist zum Ersatze verpflichtet, wer einem andern in einer gegen die guten Sitten verstossenden Weise absichtlich Schaden zufügt.

Art. 42 Festsetzung des Schadens
¹ Wer Schadenersatz beansprucht, hat den Schaden zu beweisen.
² Der nicht ziffernmässig nachweisbare Schaden ist nach Ermessen des Richters mit Rücksicht auf den gewöhnlichen Lauf der Dinge und auf die vom Geschädigten getroffenen Massnahmen abzuschätzen.
³ Bei Tieren, die im häuslichen Bereich und nicht zu Vermögens- oder Erwerbszwecken gehalten werden, können die Heilungskosten auch dann angemessen als Schaden geltend gemacht werden, wenn sie den Wert des Tieres übersteigen.

Art. 43 Bestimmung des Ersatzes
¹ Art und Grösse des Ersatzes für den eingetretenen Schaden bestimmt der Richter, der hiebei sowohl die Umstände als die Grösse des Verschuldens zu würdigen hat.
¹ᵇⁱˢ Im Falle der Verletzung oder Tötung eines Tieres, das im häuslichen Bereich und nicht zu Vermögens- oder Erwerbszwecken gehalten wird, kann er dem Affektionswert, den dieses für seinen Halter oder dessen Angehörige hatte, angemessen Rechnung tragen.
² Wird Schadenersatz in Gestalt einer Rente zugesprochen, so ist der Schuldner gleichzeitig zur Sicherheitsleistung anzuhalten.

Art. 44 Herabsetzungsgründe
¹ Hat der Geschädigte in die schädigende Handlung eingewilligt, oder haben Umstände, für die er einstehen muss, auf die Entstehung oder Verschlimmerung des Schadens eingewirkt oder die Stellung des Ersatzpflichtigen sonst erschwert, so kann der Richter die Ersatzpflicht ermässigen oder gänzlich von ihr entbinden.
² Würde ein Ersatzpflichtiger, der den Schaden weder absichtlich noch grobfahrlässig verursacht hat, durch Leistung des Ersatzes in eine Notlage versetzt, so kann der Richter auch aus diesem Grunde die Ersatzpflicht ermässigen.

Art. 45 Schadenersatz bei Tötung
¹ Im Falle der Tötung eines Menschen sind die entstandenen Kosten, insbesondere diejenigen der Bestattung, zu ersetzen.
² Ist der Tod nicht sofort eingetreten, so muss namentlich auch für die Kosten der versuchten Heilung und für die Nachteile der Arbeitsunfähigkeit Ersatz geleistet werden.
³ Haben andere Personen durch die Tötung ihren Versorger verloren, so ist auch für diesen Schaden Ersatz zu leisten.

Art. 46 Schadenersatz bei Körperverletzung
¹ Körperverletzung gibt dem Verletzten Anspruch auf Ersatz der Kosten, sowie auf Entschädigung für die Nachteile gänzlicher oder teilweiser Arbeitsunfähigkeit, unter Berücksichtigung der Erschwerung des wirtschaftlichen Fortkommens. (...)

Art. 47 Leistung von Genugtuung
Bei Tötung eines Menschen oder Körperverletzung kann der Richter unter Würdigung der besonderen Umstände dem Verletzten oder den Angehörigen des Getöteten eine angemessene Geldsumme als Genugtuung zusprechen.

Art. 49 Bei Verletzung der Persönlichkeit
¹ Wer in seiner Persönlichkeit widerrechtlich verletzt wird, hat Anspruch auf Leistung einer Geldsumme als Genugtuung, sofern die Schwere der Verletzung es rechtfertigt und diese nicht anders wiedergutgemacht worden ist.
² Anstatt oder neben dieser Leistung kann der Richter auch auf eine andere Art der Genugtuung erkennen.

Art. 52 Haftung bei Notwehr, Notstand und Selbsthilfe
¹ Wer in berechtigter Notwehr einen Angriff abwehrt, hat den Schaden, den er dabei dem Angreifer in seiner Person oder in seinem Vermögen zufügt, nicht zu ersetzen.
² Wer in fremdes Vermögen eingreift, um drohenden Schaden oder Gefahr von sich oder einem andern abzuwenden, hat nach Ermessen des Richters Schadenersatz zu leisten.
³ Wer zum Zwecke der Sicherung eines berechtigten Anspruches sich selbst Schutz verschafft, ist dann nicht ersatzpflichtig, wenn nach den gegebenen Umständen amtliche Hilfe nicht rechtzeitig erlangt und nur durch Selbsthilfe eine Vereitelung des Anspruches oder eine wesentliche Erschwerung seiner Geltendmachung verhindert werden konnte.

Art. 54 Haftung urteilsunfähiger Personen
¹ Aus Billigkeit kann der Richter auch eine nicht urteilsfähige Person, die Schaden verursacht hat, zu teilweisem oder vollständigem Ersatze verurteilen.
² Hat jemand vorübergehend die Urteilsfähigkeit verloren und in diesem Zustand Schaden angerichtet, so ist er hiefür ersatzpflichtig, wenn er nicht nachweist, dass dieser Zustand ohne sein Verschulden eingetreten ist.

Art. 55 Haftung des Geschäftsherrn
¹ Der Geschäftsherr haftet für den Schaden, den seine Arbeitnehmer oder andere Hilfspersonen in Ausübung ihrer dienstlichen oder geschäftlichen Verrichtungen verursacht haben, wenn er nicht nachweist, dass er alle nach den Umständen gebotene Sorgfalt angewendet hat, um einen Schaden dieser Art zu verhüten, oder dass der Schaden auch bei Anwendung dieser Sorgfalt eingetreten wäre(...)

Art. 56 Haftung für Tiere
¹ Für den von einem Tier angerichteten Schaden haftet, wer dasselbe hält, wenn er nicht nachweist, dass er alle nach den Umständen gebotene Sorgfalt in der Verwahrung und Beaufsichtigung angewendet habe, oder dass der Schaden auch bei Anwendung dieser Sorgfalt eingetreten wäre.
² Vorbehalten bleibt ihm der Rückgriff, wenn das Tier von einem andern oder durch das Tier eines andern gereizt worden ist.

Art. 58 Haftung des Werkeigentümers
¹ Der Eigentümer eines Gebäudes oder eines andern Werkes hat den Schaden zu ersetzen, den diese infolge von fehlerhafter Anlage oder Herstellung oder von mangelhafter Unterhaltung verursachen. (...)

Art. 60 Verjährung
¹ Der Anspruch auf Schadenersatz oder Genugtuung verjährt in einem Jahre von dem Tage hinweg, wo der Geschädigte Kenntnis vom Schaden und von der Person des Ersatzpflichtigen erlangt hat, jedenfalls aber mit dem Ablaufe von zehn Jahren, vom Tage der schädigenden Handlung an gerechnet.
² Wird jedoch die Klage aus einer strafbaren Handlung hergeleitet, für die das Strafrecht eine längere Verjährung vorschreibt, so gilt diese auch für den Zivilanspruch.
³ Ist durch die unerlaubte Handlung gegen den Verletzten eine Forderung begründet worden, so kann dieser die Erfüllung auch dann verweigern, wenn sein Anspruch aus der unerlaubten Handlung verjährt ist.

3. Abschnitt: Die Entstehung aus ungerechtfertigter Bereicherung

Art. 62 Voraussetzung
¹ Wer in ungerechtfertigter Weise aus dem Vermögen eines andern bereichert worden ist, hat die Bereicherung zurückzuerstatten.
² Insbesondere tritt diese Verbindlichkeit dann ein, wenn jemand ohne jeden gültigen Grund oder aus einem nicht verwirklichten oder nachträglich weggefallenen Grund eine Zuwendung erhalten hat.

Art. 63 Zahlung einer Nichtschuld
¹ Wer eine Nichtschuld freiwillig bezahlt, kann das Geleistete nur dann zurückfordern, wenn er nachzuweisen vermag, dass er sich über die Schuldpflicht im Irrtum befunden hat.
² Ausgeschlossen ist die Rückforderung, wenn die Zahlung für eine verjährte Schuld oder in Erfüllung einer sittlichen Pflicht geleistet wurde. (...)

Art. 64 Umfang der Rückerstattung
Die Rückerstattung kann insoweit nicht gefordert werden, als der Empfänger nachweisbar zur Zeit der Rückforderung nicht mehr bereichert ist, es sei denn, dass er sich der Bereicherung entäusserte und hiebei nicht in gutem Glauben war oder doch mit der Rückstattung rechnen musste.

Art. 67 Verjährung
¹ Der Bereicherungsanspruch verjährt mit Ablauf eines Jahres, nachdem der Verletzte von seinem Anspruch Kenntnis erhalten hat, in jedem Fall aber mit Ablauf von zehn Jahren seit der Entstehung des Anspruchs. (...)

OR

Die Erfüllung der Obligationen

Art. 68 Persönliche Leistung
Der Schuldner ist nur dann verpflichtet, persönlich zu erfüllen, wenn es bei der Leistung auf seine Persönlichkeit ankommt.

Art. 69 Gegenstand der Erfüllung
   Teilzahlung
¹ Der Gläubiger braucht eine Teilzahlung nicht anzunehmen, wenn die gesamte Schuld feststeht und fällig ist.
² Will der Gläubiger eine Teilzahlung annehmen, so kann der Schuldner die Zahlung des von ihm anerkannten Teiles der Schuld nicht verweigern.

Art. 73 Zinse
¹ Geht die Schuldpflicht auf Zahlung von Zinsen und ist deren Höhe weder durch Vertrag noch durch Gesetz oder Übung bestimmt, so sind Zinse zu fünf vom Hundert für das Jahr zu bezahlen. (..)

Art. 74 Ort der Erfüllung
¹ Der Ort der Erfüllung wird durch den ausdrücklichen oder aus den Umständen zu schliessenden Willen der Parteien bestimmt.
² Wo nichts anderes bestimmt ist, gelten folgende Grundsätze:
1. Geldschulden sind an dem Orte zu zahlen, wo der Gläubiger zur Zeit der Erfüllung seinen Wohnsitz hat;
2. wird eine bestimmte Sache geschuldet, so ist diese da zu übergeben, wo sie sich zur Zeit des Vertragsabschlusses befand;
3. andere Verbindlichkeiten sind an dem Orte zu erfüllen, wo der Schuldner zur Zeit ihrer Entstehung seinen Wohnsitz hatte. (...)

Art. 75 Zeit der Erfüllung
   Unbefristete Verbindlichkeit
Ist die Zeit der Erfüllung weder durch Vertrag noch durch die Natur des Rechtsverhältnisses bestimmt, so kann die Erfüllung sogleich geleistet und gefordert werden.

Art. 76 Befristete Verbindlichkeit
   1. Monatstermin
¹ Ist die Zeit auf Anfang oder Ende eines Monates festgesetzt, so ist darunter der erste oder der letzte Tag des Monates zu verstehen.
² Ist die Zeit auf die Mitte eines Monates festgesetzt, so gilt der fünfzehnte dieses Monates.

Art. 77 2. Andere Fristbestimmung
¹ Soll die Erfüllung einer Verbindlichkeit oder eine andere Rechtshandlung mit dem Ablaufe einer bestimmten Frist nach Abschluss des Vertrages erfolgen, so fällt ihr Zeitpunkt:
1. wenn die Frist nach Tagen bestimmt ist, auf den letzten Tag der Frist, wobei der Tag, an dem der Vertrag geschlossen wurde, nicht mitgerechnet und, wenn die Frist auf acht oder 15 Tage lautet, nicht die Zeit von einer oder zwei Wochen verstanden wird, sondern volle acht oder 15 Tage;
2. wenn die Frist nach Wochen bestimmt ist, auf denjenigen Tag der letzten Woche, der durch seinen Namen dem Tage des Vertragsabschlusses entspricht;
3. wenn die Frist nach Monaten oder einem mehrere Monate umfassenden Zeitraume (Jahr, halbes Jahr, Vierteljahr) bestimmt ist, auf denjenigen Tag des letzten Monates, der durch seine Zahl dem Tage des Vertragsabschlusses entspricht, und, wenn dieser Tag in dem letzten Monate fehlt, auf den letzten Tag dieses Monates.

Der Ausdruck «halber Monat» wird einem Zeitraume von 15 Tagen gleichgeachtet, die, wenn eine Frist auf einen oder mehrere Monate und einen halben Monat lautet, zuletzt zu zählen sind.
² In gleicher Weise wird die Frist auch dann berechnet, wenn sie nicht von dem Tage des Vertragsabschlusses, sondern von einem andern Zeitpunkte an zu laufen hat.
³ Soll die Erfüllung innerhalb einer bestimmten Frist geschehen, so muss sie vor deren Ablauf erfolgen.

Art. 78 Sonn- und Feiertage
¹ Fällt der Zeitpunkt der Erfüllung oder der letzte Tag einer Frist auf einen Sonntag oder auf einen andern am Erfüllungsorte staatlich anerkannten Feiertag, so gilt als Erfüllungstag oder als letzter Tag der Frist der nächstfolgende Werktag. (...)

Art. 79 Erfüllung zur Geschäftszeit
Die Erfüllung muss an dem festgesetzten Tage während der gewöhnlichen Geschäftszeit vollzogen und angenommen werden.

Art. 88 Quittung
¹ Der Schuldner, der eine Zahlung leistet, ist berechtigt, eine Quittung und, falls die Schuld vollständig getilgt wird, auch die Rückgabe des Schuldscheines oder dessen Entkräftung zu fordern. (...)

Die Folgen der Nichterfüllung

Art. 97 Ausbleiben der Erfüllung
   Ersatzpflicht des Schuldners
¹ Kann die Erfüllung der Verbindlichkeit überhaupt nicht oder nicht gehörig bewirkt werden, so hat der Schuldner für den daraus entstehenden Schaden Ersatz zu leisten, sofern er nicht beweist, dass ihm keinerlei Verschulden zur Last falle. (...)

Art. 101 Haftung für Hilfspersonen
¹ Wer die Erfüllung einer Schuldpflicht oder die Ausübung eines Rechtes aus einem Schuldverhältnis, wenn auch befugterweise, durch eine Hilfsperson, wie Hausgenossen oder Arbeitnehmer vornehmen lässt, hat dem andern den Schaden zu ersetzen, den die Hilfsperson in Ausübung ihrer Verrichtungen verursacht.
² Diese Haftung kann durch eine zum Voraus getroffene Verabredung beschränkt oder aufgehoben werden.
³ Steht aber der Verzichtende im Dienst des andern oder folgt die Verantwortlichkeit aus dem Betriebe eines obrigkeitlich konzessionierten Gewerbes, so darf die Haftung höchstens für leichtes Verschulden wegbedungen werden.

Art. 102 Verzug des Schuldners: Voraussetzung
¹ Ist eine Verbindlichkeit fällig, so wird der Schuldner durch Mahnung des Gläubigers in Verzug gesetzt.

² Wurde für die Erfüllung ein bestimmter Verfalltag verabredet, oder ergibt sich ein solcher infolge einer vorbehaltenen und gehörig vorgenommenen Kündigung, so kommt der Schuldner schon mit Ablauf dieses Tages in Verzug.

Art. 103 Wirkung
¹ Befindet sich der Schuldner im Verzuge, so hat er Schadenersatz wegen verspäteter Erfüllung zu leisten und haftet auch für den Zufall.
² Er kann sich von dieser Haftung durch den Nachweis befreien, dass der Verzug ohne jedes Verschulden von seiner Seite eingetreten ist oder dass der Zufall auch bei rechtzeitiger Erfüllung den Gegenstand der Leistung zum Nachteile des Gläubigers betroffen hätte.

Art. 104 Verzugszinse
¹ Ist der Schuldner mit der Zahlung einer Geldschuld in Verzug, so hat er Verzugszinse zu fünf vom Hundert für das Jahr zu bezahlen, selbst wenn die vertragsmässigen Zinse weniger betragen. (...)

Art. 107 Rücktritt unter Fristansetzung
¹ Wenn sich ein Schuldner bei zweiseitigen Verträgen im Verzuge befindet, so ist der Gläubiger berechtigt, ihm eine angemessene Frist zur nachträglichen Erfüllung anzusetzen oder durch die zuständige Behörde ansetzen zu lassen.
² Wird auch bis zum Ablaufe dieser Frist nicht erfüllt, so kann der Gläubiger immer noch auf Erfüllung nebst Schadenersatz wegen Verspätung klagen, statt dessen aber auch, wenn er es unverzüglich erklärt, auf die nachträgliche Leistung verzichten und entweder Ersatz des aus der Nichterfüllung entstandenen Schadens verlangen oder vom Vertrage zurücktreten.

Art. 108 Rücktritt ohne Fristansetzung
Die Ansetzung einer Frist zur nachträglichen Erfüllung ist nicht erforderlich:
1. wenn aus dem Verhalten des Schuldners hervorgeht, dass sie sich als unnütz erweisen würde;
2. wenn infolge Verzuges des Schuldners die Leistung für den Gläubiger nutzlos geworden ist;
3. wenn sich aus dem Vertrage die Absicht der Parteien ergibt, dass die Leistung genau zu einer bestimmten oder bis zu einer bestimmten Zeit erfolgen soll.

Art. 109 Wirkung des Rücktritts
¹ Wer vom Vertrage zurücktritt, kann die versprochene Gegenleistung verweigern und das Geleistete zurückfordern.
² Überdies hat er Anspruch auf Ersatz des aus dem Dahinfallen des Vertrages erwachsenen Schadens, sofern der Schuldner nicht nachweist, dass ihm keinerlei Verschulden zur Last falle.

Das Erlöschen von Obligationen

Art. 114 Erfüllung: Erlöschen der Nebenrechte
¹ Geht eine Forderung infolge ihrer Erfüllung oder auf andere Weise unter, so erlöschen alle ihre Nebenrechte, wie namentlich die Bürgschaften und Pfandrechte. (....)

Art. 115 Aufhebung durch Übereinkunft
Eine Forderung kann durch Übereinkunft ganz oder zum Teil auch dann formlos aufgehoben werden, wenn zur Eingehung der Verbindlichkeit eine Form erforderlich oder von den Vertragschliessenden gewählt war.

Art. 119 Unmöglichwerden einer Leistung
¹ Soweit durch Umstände, die der Schuldner nicht zu verantworten hat, seine Leistung unmöglich geworden ist, gilt die Forderung als erloschen.
² Bei zweiseitigen Verträgen haftet der hienach freigewordene Schuldner für die bereits empfangene Gegenleistung aus ungerechtfertigter Bereicherung und verliert die noch nicht erfüllte Gegenforderung.
³ Ausgenommen sind die Fälle, in denen die Gefahr nach Gesetzesvorschrift oder nach dem Inhalt des Vertrages vor der Erfüllung auf den Gläubiger übergeht.

Art. 120 Verrechnung
¹ Wenn zwei Personen einander Geldsummen oder andere Leistungen, die ihrem Gegenstande nach gleichartig sind, schulden, so kann jede ihre Schuld, insofern beide Forderungen fällig sind, mit ihrer Forderung verrechnen. (...)

Art. 127 Verjährung: Fristen: Allgemeine Frist
Mit Ablauf von zehn Jahren verjähren alle Forderungen, für die das Bundeszivilrecht nicht etwas anderes bestimmt.

Art. 128 Fünf Jahre
Mit Ablauf von fünf Jahren verjähren die Forderungen:
1. für Miet-, Pacht- und Kapitalzinse sowie für andere periodische Leistungen;
2. aus Lieferung von Lebensmitteln, für Beköstigung und für Wirtsschulden;
3. aus Handwerksarbeit, Kleinverkauf von Waren, ärztlicher Besorgung, Berufsarbeiten von Anwälten, Rechtsagenten, Prokuratoren und Notaren sowie aus dem Arbeitsverhältnis von Arbeitnehmern.

Art. 134 Hinderung und Stillstand der Verjährung
¹ Die Verjährung beginnt nicht und steht stille, falls sie begonnen hat:
1. für Forderungen der Kinder gegen die Eltern während der Dauer der elterlichen Sorge; (...)
3. für Forderungen der Ehegatten gegeneinander während der Dauer der Ehe;
3bis. für Forderungen von eingetragenen Partnerinnen oder Partnern gegeneinander, während der Dauer ihrer eingetragenen Partnerschaft; (...)

Art. 135 Unterbrechung der Verjährung
Unterbrechungsgründe
Die Verjährung wird unterbrochen:
1. durch Anerkennung der Forderung von Seiten des Schuldners, namentlich auch durch Zins- und Abschlagszahlungen, Pfand- und Bürgschaftsbestellung;
2. durch Schuldbetreibung, durch Schlichtungsgesuch, durch Klage oder Einrede vor einem staatlichen Gericht oder einem Schiedsgericht sowie durch Eingabe im Konkurs.

Art. 137 Beginn einer neuen Frist
¹ Mit der Unterbrechung beginnt die Verjährung von neuem.
² Wird die Forderung durch Ausstellung einer Urkunde anerkannt oder durch Urteil des Richters festgestellt, so ist die neue Verjährungsfrist stets die zehnjährige.

OR

Art. 142 Geltendmachung
Der Richter darf die Verjährung nicht von Amtes wegen berücksichtigen.

Besondere Verhältnisse bei Obligationen

Art. 143 Solidarschuld
  Entstehung
¹ Solidarität unter mehreren Schuldnern entsteht, wenn sie erklären, dass dem Gläubiger gegenüber jeder einzeln für die Erfüllung der ganzen Schuld haften wolle.
2 Ohne solche Willenserklärung entsteht Solidarität nur in den vom Gesetze bestimmten Fällen.

Art. 148 Verhältnis unter den Solidarschuldnern
¹ Sofern sich aus dem Rechtsverhältnisse unter den Solidarschuldnern nicht etwas anderes ergibt, hat von der an den Gläubiger geleisteten Zahlung ein jeder einen gleichen Teil zu übernehmen.
² Bezahlt ein Solidarschuldner mehr als seinen Teil, so hat er für den Mehrbetrag Rückgriff auf seine Mitschuldner.
³ Was von einem Mitschuldner nicht erhältlich ist, haben die übrigen gleichmässig zu tragen.

Art. 158 Reuegeld
(...)
³ Ist ein Reuegeld verabredet worden, so kann der Geber gegen Zurücklassung des bezahlten und der Empfänger gegen Erstattung des doppelten Betrages von dem Vertrage zurücktreten.

Art. 160 Konventionalstrafe
  Recht des Gläubigers
¹ Wenn für den Fall der Nichterfüllung oder der nicht richtigen Erfüllung eines Vertrages eine Konventionalstrafe versprochen ist, so ist der Gläubiger mangels anderer Abrede nur berechtigt, entweder die Erfüllung oder die Strafe zu fordern
² Wurde die Strafe für Nichteinhaltung der Erfüllungszeit oder des Erfüllungsortes versprochen, so kann sie nebst der Erfüllung des Vertrages gefordert werden, solange der Gläubiger nicht ausdrücklich Verzicht leistet oder die Erfüllung vorbehaltlos annimmt. . (...)

Art. 161 Verhältnis zum Schaden
¹ Die Konventionalstrafe ist verfallen, auch wenn dem Gläubiger kein Schaden erwachsen ist.
² Übersteigt der erlittene Schaden den Betrag der Strafe, so kann der Gläubiger den Mehrbetrag nur so weit einfordern, als er ein Verschulden nachweist.

Die Abtretung von Forderungen

Art. 164 Erfordernisse
  Zulässigkeit
¹ Der Gläubiger kann eine ihm zustehende Forderung ohne Einwilligung des Schuldners an einen andern abtreten, soweit nicht Gesetz, Vereinbarung oder Natur des Rechtsverhältnisses entgegenstehen. (...)

Art. 165 Form des Vertrages
¹ Die Abtretung bedarf zu ihrer Gültigkeit der schriftlichen Form.

² Die Verpflichtung zum Abschluss eines Abtretungsvertrages kann formlos begründet werden.

Art. 167 Wirkung der Abtretung
Wenn der Schuldner, bevor ihm der Abtretende oder der Erwerber die Abtretung angezeigt hat, in gutem Glauben an den frühern Gläubiger oder, im Falle mehrfacher Abtretung, an einen im Rechte nachgehenden Erwerber Zahlung leistet, so ist er gültig befreit.

Art. 170 Nebenrechte, Beweismittel
¹ Mit der Forderung gehen die Vorzugs- und Nebenrechte über, mit Ausnahme derer, die untrennbar mit der Person des Abtretenden verknüpft sind.
² Der Abtretende ist verpflichtet, dem Erwerber die Schuldurkunde und alle vorhandenen Beweismittel auszuliefern und ihm die zur Geltendmachung der Forderung nötigen Aufschlüsse zu erteilen. (...)

Die einzelnen Vertragsverhältnisse

Kauf und Tausch

Allgemeine Bestimmungen

Art. 184 Rechte und Pflichten im Allgemeinen
¹ Durch den Kaufvertrag verpflichtet sich der Verkäufer, dem Käufer den Kaufgegenstand zu übergeben und ihm das Eigentum daran zu verschaffen, und der Käufer, dem Verkäufer den Kaufpreis zu bezahlen.
² Sofern nicht Vereinbarung oder Übung entgegenstehen, sind Verkäufer und Käufer verpflichtet, ihre Leistungen gleichzeitig - Zug um Zug - zu erfüllen. (...)

Art. 185 Nutzen und Gefahr
¹ Sofern nicht besondere Verhältnisse oder Verabredungen eine Ausnahme begründen, gehen Nutzen und Gefahr der Sache mit dem Abschlusse des Vertrages auf den Erwerber über.
² Ist die veräusserte Sache nur der Gattung nach bestimmt, so muss sie überdies ausgeschieden und, wenn sie versendet werden soll, zur Versendung abgegeben sein. (...)

Der Fahrniskauf

Art. 187 Gegenstand
¹ Als Fahrniskauf ist jeder Kauf anzusehen, der nicht eine Liegenschaft oder ein in das Grundbuch als Grundstück aufgenommenes Recht zum Gegenstande hat. (...)

Verpflichtungen des Verkäufers

Art. 188 Übergabe
  Kosten der Übergabe
Sofern nicht etwas anderes vereinbart worden oder üblich ist, trägt der Verkäufer die Kosten der Übergabe, insbesondere des Messens und Wägens, der Käufer dagegen die der Beurkundung und der Abnahme.

Art. 189 Transportkosten
¹ Muss die verkaufte Sache an einen anderen als den Erfüllungsort versendet werden, so trägt der Käufer die Transportkosten, sofern nicht etwas anderes vereinbart oder üblich ist.

² Ist Frankolieferung verabredet, so wird vermutet, der Verkäufer habe die Transportkosten übernommen.
³ Ist Franko- und zollfreie Lieferung verabredet, so gelten die Ausgangs-, Durchgangs- und Eingangszölle, die während des Transportes, nicht aber die Verbrauchssteuern, die bei Empfang der Sache erhoben werden, als mitübernommen.

Art. 197 Gewährleistung wegen Mängeln der Kaufsache
Gegenstand der Gewährleistung

¹ Der Verkäufer haftet dem Käufer sowohl für die zugesicherten Eigenschaften als auch dafür, dass die Sache nicht körperliche oder rechtliche Mängel habe, die ihren Wert oder ihre Tauglichkeit zu dem vorausgesetzten Gebrauche aufheben oder erheblich mindern.
² Er haftet auch dann, wenn er die Mängel nicht gekannt hat.

Art. 200 Vom Käufer gekannte Mängel
¹ Der Verkäufer haftet nicht für Mängel, die der Käufer zur Zeit des Kaufes gekannt hat.
² Für Mängel, die der Käufer bei Anwendung gewöhnlicher Aufmerksamkeit hätte kennen sollen, haftet der Verkäufer nur dann, wenn er deren Nichtvorhandensein zugesichert hat.

Art. 201 Mängelrüge
¹ Der Käufer soll, sobald es nach dem üblichen Geschäftsgange tunlich ist, die Beschaffenheit der empfangenen Sache prüfen und, falls sich Mängel ergeben, für die der Verkäufer Gewähr zu leisten hat, diesem sofort Anzeige machen.
² Versäumt dieses der Käufer, so gilt die gekaufte Sache als genehmigt, soweit es sich nicht um Mängel handelt, die bei der übungsgemässen Untersuchung nicht erkennbar waren.
³ Ergeben sich später solche Mängel, so muss die Anzeige sofort nach der Entdeckung erfolgen, widrigenfalls die Sache auch rücksichtlich dieser Mängel als genehmigt gilt.

Art. 204 Übersendung von anderem Ort
¹ Wenn die von einem anderen Orte übersandte Sache beanstandet wird und der Verkäufer an dem Empfangsorte keinen Stellvertreter hat, so ist der Käufer verpflichtet, für deren einstweilige Aufbewahrung zu sorgen, und darf sie dem Verkäufer nicht ohne weiteres zurückschicken.
² Er soll den Tatbestand ohne Verzug gehörig feststellen lassen, widrigenfalls ihm der Beweis obliegt, dass die behaupteten Mängel schon zur Zeit der Empfangnahme vorhanden gewesen seien.
³ Zeigt sich Gefahr, dass die übersandte Sache schnell in Verderbnis gerate, so ist der Käufer berechtigt und, soweit die Interessen des Verkäufers es erfordern, verpflichtet, sie unter Mitwirkung der zuständigen Amtsstelle des Ortes, wo sich die Sache befindet, verkaufen zu lassen, hat aber bei Vermeidung von Schadenersatz den Verkäufer so zeitig als tunlich hievon zu benachrichtigen.

Art. 205 Wandelung oder Minderung
¹ Liegt ein Fall der Gewährleistung wegen Mängel der Sache vor, so hat der Käufer die Wahl, mit der Wandelungsklage den Kauf rückgängig zu machen oder mit der Minderungsklage Ersatz des Minderwertes der Sache zu fordern. (...)

Art. 206 Ersatzleistung
¹ Geht der Kauf auf die Lieferung einer bestimmten Menge vertretbarer Sachen, so hat der Käufer die Wahl, entweder die Wandelungs- oder die Minderungsklage anzustellen oder andere währhafte Ware derselben Gattung zu fordern.
² Wenn die Sachen dem Käufer nicht von einem andern Orte her zugesandt worden sind, ist auch der Verkäufer berechtigt, sich durch sofortige Lieferung währhafter Ware derselben Gattung und Ersatz allen Schadens von jedem weiteren Ansprüche des Käufers zu befreien.

Art. 207 Wandelung bei Untergang der Sache
¹ Die Wandelung kann auch dann begehrt werden, wenn die Sache infolge ihrer Mängel oder durch Zufall untergegangen ist.
² Der Käufer hat in diesem Falle nur das zurückzugeben, was ihm von der Sache verblieben ist.
³ Ist die Sache durch Verschulden des Käufers untergegangen, oder von diesem weiter veräussert oder umgestaltet worden, so kann er nur Ersatz des Minderwertes verlangen.

Art. 208 Durchführung der Wandelung
¹ Wird der Kauf rückgängig gemacht, so muss der Käufer die Sache nebst dem inzwischen bezogenen Nutzen dem Verkäufer zurückgeben.
² Der Verkäufer hat den gezahlten Verkaufspreis samt Zinsen zurückzuerstatten und überdies, entsprechend den Vorschriften über die vollständige Entwehrung, die Prozesskosten, die Verwendungen und den Schaden zu ersetzen, der dem Käufer durch die Lieferung fehlerhafter Ware unmittelbar verursacht worden ist.
³ Der Verkäufer ist verpflichtet, den weitern Schaden zu ersetzen, sofern er nicht beweist, dass ihm keinerlei Verschulden zur Last falle.

Art. 210 Verjährung
¹ Die Klagen auf Gewährleistung wegen Mängel der Sache verjähren mit Ablauf eines Jahres nach deren Ablieferung an den Käufer, selbst wenn dieser die Mängel erst später entdeckt, es sei denn, dass der Verkäufer eine Haftung auf längere Zeit übernommen hat. (...)

Verpflichtungen des Käufers

Art. 211 Zahlung des Preises und Annahme der Kaufsache
¹ Der Käufer ist verpflichtet, den Preis nach den Bestimmungen des Vertrages zu bezahlen und die gekaufte Sache, sofern sie ihm von dem Verkäufer vertragsgemäss angeboten wird, anzunehmen.
² Die Empfangnahme muss sofort geschehen, wenn nicht etwas anderes vereinbart oder üblich ist.

Art. 213 Fälligkeit und Verzinsung des Kaufpreises
¹ Ist kein anderer Zeitpunkt bestimmt, so wird der Kaufpreis mit dem Übergange des Kaufgegenstandes in den Besitz des Käufers fällig.
² Abgesehen von der Vorschrift über den Verzug infolge Ablaufs eines bestimmten Verfalltages wird der Kaufpreis ohne Mahnung verzinslich, wenn die Übung

OR

es mit sich bringt, oder wenn der Käufer Früchte oder sonstige Erträgnisse des Kaufgegenstandes beziehen kann.

Art. 214 Verzug des Käufers
Rücktrittsrecht des Verkäufers
[1] Ist die verkaufte Sache gegen Vorausbezahlung des Preises oder Zug um Zug zu übergeben und befindet sich der Käufer mit der Zahlung des Kaufpreises im Verzuge, so hat der Verkäufer das Recht, ohne weiteres vom Vertrage zurückzutreten.
[2] Er hat jedoch dem Käufer, wenn er von seinem Rücktrittsrecht Gebrauch machen will, sofort Anzeige zu machen.
[3] Ist der Kaufgegenstand vor der Zahlung in den Besitz des Käufers übergegangen, so kann der Verkäufer nur dann wegen Verzuges des Käufers von dem Vertrage zurücktreten und die übergebene Sache zurückfordern, wenn er sich dieses Recht ausdrücklich vorbehalten hat.

Der Grundstückkauf

Art. 216 Formvorschriften
[1] Kaufverträge, die ein Grundstück zum Gegenstande haben, bedürfen zu ihrer Gültigkeit der öffentlichen Beurkundung.
[2] Vorverträge sowie Verträge, die ein Vorkaufs-, Kaufs- oder Rückkaufsrecht an einem Grundstück begründen, bedürfen zu ihrer Gültigkeit der öffentlichen Beurkundung.
[3] Vorkaufsverträge, die den Kaufpreis nicht zum Voraus bestimmen, sind in schriftlicher Form gültig.

Besondere Arten des Kaufs

Art. 223 Kauf auf Probe oder auf Besicht
Bedeutung
[1] Ist ein Kauf auf Probe oder auf Besicht vereinbart, so steht es im Belieben des Käufers, ob er die Kaufsache genehmigen will oder nicht.
[2] Solange die Sache nicht genehmigt ist, bleibt sie im Eigentum des Verkäufers, auch wenn sie in den Besitz des Käufers übergegangen ist.

Art. 225 Prüfung beim Käufer
[1] Ist die Sache dem Käufer vor der Prüfung übergeben worden, so gilt der Kauf als genehmigt, wenn der Käufer nicht innerhalb der vertragsmässigen oder üblichen Frist oder in Ermangelung einer solchen sofort auf die Aufforderung des Verkäufers hin die Nichtannahme erklärt oder die Sache zurückgibt.
[2] Ebenso gilt der Kauf als genehmigt, wenn der Käufer den Preis ohne Vorbehalt ganz oder zum Teile bezahlt oder über die Sache in anderer Weise verfügt, als es zur Prüfung nötig ist.

Art. 226a Der Abzahlungsvertrag
aufgehoben, vgl. Konsumkreditvertrag

Der Tauschvertrag

Art. 237 Verweisung auf den Kauf
Auf den Tauschvertrag finden die Vorschriften über den Kaufvertrag in dem Sinne Anwendung, dass jede Vertragspartei mit Bezug auf die von ihr versprochene Sache als Verkäufer und mit Bezug auf die ihr zugesagte Sache als Käufer behandelt wird.

Art. 238 Gewährleistung
Wird die eingetauschte Sache entwehrt oder wegen ihrer Mängel zurückgegeben, so hat die geschädigte Partei die Wahl, Schadenersatz zu verlangen oder die vertauschte Sache zurückzufordern.

Die Schenkung

Art. 239 Inhalt der Schenkung
[1] Als Schenkung gilt jede Zuwendung unter Lebenden, womit jemand aus seinem Vermögen einen andern ohne entsprechende Gegenleistung bereichert.
[2] Wer auf sein Recht verzichtet, bevor er es erworben hat, oder eine Erbschaft ausschlägt, hat keine Schenkung gemacht.
[3] Die Erfüllung einer sittlichen Pflicht wird nicht als Schenkung behandelt.

Art. 241 Fähigkeit des Beschenkten
[1] Eine Schenkung entgegennehmen und rechtsgültig erwerben kann auch ein Handlungsunfähiger, wenn er urteilsfähig ist.
[2] Die Schenkung ist jedoch nicht erworben oder wird aufgehoben, wenn der gesetzliche Vertreter deren Annahme untersagt oder die Rückleistung anordnet.

Art. 242 Errichtung der Schenkung
Schenkung von Hand zu Hand
[1] Eine Schenkung von Hand zu Hand erfolgt durch Übergabe der Sache vom Schenker an den Beschenkten.
[2] Bei Grundeigentum und dinglichen Rechten an Grundstücken kommt eine Schenkung erst mit der Eintragung in das Grundbuch zustande.
[3] Diese Eintragung setzt ein gültiges Schenkungsversprechen voraus.

Art. 243 Schenkungsversprechen
[1] Das Schenkungsversprechen bedarf zu seiner Gültigkeit der schriftlichen Form. (...)

Art. 245 Bedingungen
[1] Mit einer Schenkung können Bedingungen oder Auflagen verbunden werden. (...)

Art. 249 Aufhebung der Schenkung
Rückforderung der Schenkung
Bei der Schenkung von Hand zu Hand und bei vollzogenen Schenkungsversprechen kann der Schenker die Schenkung widerrufen und das Geschenkte, soweit der Beschenkte noch bereichert ist, zurückfordern:
1. wenn der Beschenkte gegen den Schenker oder gegen eine diesem nahe verbundene Person eine schwere Straftat begangen hat;
2. wenn er gegenüber dem Schenker oder einem von dessen Angehörigen die ihm obliegenden familienrechtlichen Pflichten schwer verletzt hat;
3. wenn er die mit der Schenkung verbundenen Auflagen in ungerechtfertigter Weise nicht erfüllt.

Art. 250 Widerruf des Schenkungsversprechens
[1] Bei dem Schenkungsversprechen kann der Schenker das Versprechen widerrufen und dessen Erfüllung verweigern:

1. aus den gleichen Gründen, aus denen das Geschenkte bei der Schenkung von Hand zu Hand zurückgefordert werden kann;
2. wenn seit dem Versprechen die Vermögensverhältnisse des Schenkers sich so geändert haben, dass die Schenkung ihn ausserordentlich schwer belasten würde;
3. wenn seit dem Versprechen dem Schenker familienrechtliche Pflichten erwachsen sind, die vorher gar nicht oder in erheblich geringerem Umfange bestanden haben.

² Durch Ausstellung eines Verlustscheines oder Eröffnung des Konkurses gegen den Schenker wird jedes Schenkungsversprechen aufgehoben.

Die Miete

Allgemeine Bestimmungen

Art. 253 Begriff
Durch den Mietvertrag verpflichtet sich der Vermieter, dem Mieter eine Sache zum Gebrauch zu überlassen, und der Mieter, dem Vermieter dafür einen Mietzins zu leisten.

Art. 255 Dauer des Mietverhältnisses
¹ Das Mietverhältnis kann befristet oder unbefristet sein.
² Befristet ist das Mietverhältnis, wenn es ohne Kündigung mit Ablauf der vereinbarten Dauer endigen soll.
³ Die übrigen Mietverhältnisse gelten als unbefristet.

Pflichten des Vermieters

Art. 256 Im Allgemeinen
¹ Der Vermieter ist verpflichtet, die Sache zum vereinbarten Zeitpunkt in einem zum vorausgesetzten Gebrauch tauglichen Zustand zu übergeben und in demselben zu erhalten.
² Abweichende Vereinbarungen zum Nachteil des Mieters sind nichtig, wenn sie enthalten sind in:
a. vorformulierten Allgemeinen Geschäftsbedingungen;
b. Mietverträgen über Wohn- oder Geschäftsräume.

Art. 256a Auskunftspflicht
¹ Ist bei Beendigung des vorangegangenen Mietverhältnisses ein Rückgabeprotokoll erstellt worden, so muss der Vermieter es dem neuen Mieter auf dessen Verlangen bei der Übergabe der Sache zur Einsicht vorlegen.
² Ebenso kann der Mieter verlangen, dass ihm die Höhe des Mietzinses des vorangegangenen Mietverhältnisses mitgeteilt wird.

Art. 256b Abgaben und Lasten
Der Vermieter trägt die mit der Sache verbundenen Lasten und öffentlichen Abgaben.

Pflichten des Mieters

Art. 257 Zahlung des Mietzinses und der Nebenkosten
Mietzins
Der Mietzins ist das Entgelt, das der Mieter dem Vermieter für die Überlassung der Sache schuldet.

Art. 257a Nebenkosten
a) Im Allgemeinen
¹ Die Nebenkosten sind das Entgelt für die Leistungen des Vermieters oder eines Dritten, die mit dem Gebrauch der Sache zusammenhängen.
² Der Mieter muss die Nebenkosten nur bezahlen, wenn er dies mit dem Vermieter besonders vereinbart hat.

Art. 257b b) Wohn- und Geschäftsräume
¹ Bei Wohn- und Geschäftsräumen sind die Nebenkosten die tatsächlichen Aufwendungen des Vermieters für Leistungen, die mit dem Gebrauch zusammenhängen, wie Heizungs-, Warmwasser- und ähnliche Betriebskosten, sowie für öffentliche Abgaben, die sich aus dem Gebrauch der Sache ergeben.
² Der Vermieter muss dem Mieter auf Verlangen Einsicht in die Belege gewähren.

Art. 257c Zahlungstermine
Der Mieter muss den Mietzins und allenfalls die Nebenkosten am Ende jedes Monats, spätestens aber am Ende der Mietzeit bezahlen, wenn kein anderer Zeitpunkt vereinbart oder ortsüblich ist.

Art. 257d Zahlungsrückstand des Mieters
¹ Ist der Mieter nach der Übernahme der Sache mit der Zahlung fälliger Mietzinse oder Nebenkosten im Rückstand, so kann ihm der Vermieter schriftlich eine Zahlungsfrist setzen und ihm androhen, dass bei unbenütztem Ablauf der Frist das Mietverhältnis gekündigt werde. Diese Frist beträgt mindestens zehn Tage, bei Wohn- und Geschäftsräumen mindestens 30 Tage.
² Bezahlt der Mieter innert der gesetzten Frist nicht, so kann der Vermieter fristlos, bei Wohn- und Geschäftsräumen mit einer Frist von mindestens 30 Tagen auf Ende eines Monats kündigen.

Art. 257e Sicherheiten durch den Mieter
¹ Leistet der Mieter von Wohn- oder Geschäftsräumen eine Sicherheit in Geld oder in Wertpapieren, so muss der Vermieter sie bei einer Bank auf einem Sparkonto oder einem Depot, das auf den Namen des Mieters lautet, hinterlegen.
² Bei der Miete von Wohnräumen darf der Vermieter höchstens drei Monatszinse als Sicherheit verlangen.
³ Die Bank darf die Sicherheit nur mit Zustimmung beider Parteien oder gestützt auf einen rechtskräftigen Zahlungsbefehl oder auf ein rechtskräftiges Gerichtsurteil herausgeben. Hat der Vermieter innert einem Jahr nach Beendigung des Mietverhältnisses keinen Anspruch gegenüber dem Mieter rechtlich geltend gemacht, so kann dieser von der Bank die Rückerstattung der Sicherheit verlangen. (...)

Art. 257f Sorgfalt und Rücksichtnahme
¹ Der Mieter muss die Sache sorgfältig gebrauchen.
² Der Mieter einer unbeweglichen Sache muss auf Hausbewohner und Nachbarn Rücksicht nehmen.
³ Verletzt der Mieter trotz schriftlicher Mahnung des Vermieters seine Pflicht zu Sorgfalt oder Rücksichtnahme weiter, so dass dem Vermieter oder den Hausbewohnern die Fortsetzung des Mietverhältnisses nicht mehr zuzumuten ist so kann der Vermieter fristlos, bei Wohn- und Geschäftsräumen mit einer Frist von mindestens 30 Tagen auf Ende eines Monats kündigen.

OR

⁴ Der Vermieter von Wohn- oder Geschäftsräumen kann jedoch fristlos kündigen, wenn der Mieter vorsätzlich der Sache schweren Schaden zufügt.

Art. 257g Meldepflicht
¹ Der Mieter muss Mängel, die er nicht selber zu beseitigen hat, dem Vermieter melden.
² Unterlässt der Mieter die Meldung, so haftet er für den Schaden, der dem Vermieter daraus entsteht.

Art. 257h Duldungspflicht
¹ Der Mieter muss Arbeiten an der Sache dulden, wenn sie zur Beseitigung von Mängeln oder zur Behebung oder Vermeidung von Schäden notwendig sind.
² Der Mieter muss dem Vermieter gestatten, die Sache zu besichtigen, soweit dies für den Unterhalt, den Verkauf oder die Wiedervermietung notwendig ist.
³ Der Vermieter muss dem Mieter Arbeiten und Besichtigungen rechtzeitig anzeigen und bei der Durchführung auf die Interessen des Mieters Rücksicht nehmen; allfällige Ansprüche des Mieters auf Herabsetzung des Mietzinses (Art. 259*d*) und auf Schadenersatz (Art. 259*e*) bleiben vorbehalten.

Nichterfüllung oder mangelhafte Erfüllung des Vertrags bei Übergabe der Sache

Art. 258
¹ Übergibt der Vermieter die Sache nicht zum vereinbarten Zeitpunkt oder mit Mängeln, welche die Tauglichkeit zum vorausgesetzten Gebrauch ausschliessen oder erheblich beeinträchtigen, so kann der Mieter nach den Artikeln 107–109 über die Nichterfüllung von Verträgen vorgehen.
² Übernimmt der Mieter die Sache trotz dieser Mängel und beharrt er auf gehöriger Erfüllung des Vertrags, so kann er nur die Ansprüche geltend machen, die ihm bei Entstehung von Mängeln während der Mietdauer zuständen (Art. 259*a*–259*i*).
³ Der Mieter kann die Ansprüche nach den Artikeln 259*a*–259*i* auch geltend machen, wenn die Sache bei der Übergabe Mängel hat:
a. welche die Tauglichkeit zum vorausgesetzten Gebrauch zwar vermindern, aber weder ausschliessen noch erheblich beeinträchtigen;
b. die der Mieter während der Mietdauer auf eigene Kosten beseitigen müsste (Art. 259).

Mängel während der Mietdauer

Art. 259 Pflicht des Mieters
Der Mieter muss Mängel, die durch kleine, für den gewöhnlichen Unterhalt erforderliche Reinigungen oder Ausbesserungen behoben werden können, nach Ortsgebrauch auf eigene Kosten beseitigen.

Art. 259a Rechte des Mieters
      Im Allgemeinen
¹ Entstehen an der Sache Mängel, die der Mieter weder zu verantworten noch auf eigene Kosten zu beseitigen hat, oder wird der Mieter im vertragsgemässen Gebrauch der Sache gestört, so kann er verlangen, dass der Vermieter:
a. den Mangel beseitigt;
b. den Mietzins verhältnismässig herabsetzt;
c. Schadenersatz leistet;
d. den Rechtsstreit mit einem Dritten übernimmt.
² Der Mieter einer unbeweglichen Sache kann zudem den Mietzins hinterlegen.

Art. 259b Beseitigung des Mangels
Kennt der Vermieter einen Mangel und beseitigt er ihn nicht innert angemessener Frist, so kann der Mieter:
a. fristlos kündigen, wenn der Mangel die Tauglichkeit einer unbeweglichen Sache zum vorausgesetzten Gebrauch ausschliesst oder erheblich beeinträchtigt oder wenn der Mangel die Tauglichkeit einer beweglichen Sache zum vorausgesetzten Gebrauch vermindert;
b. auf Kosten des Vermieters den Mangel beseitigen lassen, wenn dieser die Tauglichkeit der Sache zum vorausgesetzten Gebrauch zwar vermindert, aber nicht erheblich beeinträchtigt.

Art. 259d Herabsetzung des Mietzinses
Wird die Tauglichkeit der Sache zum vorausgesetzten Gebrauch beeinträchtigt oder vermindert, so kann der Mieter vom Vermieter verlangen, dass er den Mietzins vom Zeitpunkt, in dem er vom Mangel erfahren hat, bis zur Behebung des Mangels entsprechend herabsetzt.

Art. 259e Schadenersatz
Hat der Mieter durch den Mangel Schaden erlitten, so muss ihm der Vermieter dafür Ersatz leisten, wenn er nicht beweist, dass ihn kein Verschulden trifft.

Art. 259g Hinterlegung des Mietzinses
¹ Verlangt der Mieter einer unbeweglichen Sache vom Vermieter die Beseitigung eines Mangels, so muss er ihm dazu schriftlich eine angemessene Frist setzen und kann ihm androhen, dass er bei unbenütztem Ablauf der Frist Mietzinse die künftig fällig werden bei einer vom Kanton bezeichneten Stelle hinterlegen wird. Er muss die Hinterlegung dem Vermieter schriftlich ankündigen.
² Mit der Hinterlegung gelten die Mietzinse als bezahlt.

Art. 259h Herausgabe hinterlegter Mietzinse
¹ Hinterlegte Mietzinse fallen dem Vermieter zu, wenn der Mieter seine Ansprüche gegenüber dem Vermieter nicht innert 30 Tagen seit Fälligkeit des ersten hinterlegten Mietzinses bei der Schlichtungsbehörde geltend gemacht hat.
² Der Vermieter kann bei der Schlichtungsbehörde die Herausgabe der zu Unrecht hinterlegten Mietzinse verlangen, sobald ihm der Mieter die Hinterlegung angekündigt hat.

Art. 259i Verfahren
Das Verfahren richtet sich nach der ZPO.

Erneuerungen und Änderungen

Art. 260 durch den Vermieter
¹ Der Vermieter kann Erneuerungen und Änderungen an der Sache nur vornehmen, wenn sie für den Mieter zumutbar sind und wenn das Mietverhältnis nicht gekündigt ist.
² Der Vermieter muss bei der Ausführung der Arbeiten auf die Interessen des Mieters Rücksicht nehmen; allfällige Ansprüche des Mieters auf Herabsetzung des Mietzinses (Art. 259*d*) und auf Schadenersatz (Art. 259*e*) bleiben vorbehalten.

Art. 260a durch den Mieter

¹ Der Mieter kann Erneuerungen und Änderungen an der Sache nur vornehmen, wenn der Vermieter schriftlich zugestimmt hat.

² Hat der Vermieter zugestimmt, so kann er die Wiederherstellung des früheren Zustandes nur verlangen, wenn dies schriftlich vereinbart worden ist.

³ Weist die Sache bei Beendigung des Mietverhältnisses dank der Erneuerung oder Änderung, welcher der Vermieter zugestimmt hat, einen erheblichen Mehrwert auf, so kann der Mieter dafür eine entsprechende Entschädigung verlangen; weitergehende schriftlich vereinbarte Entschädigungsansprüche bleiben vorbehalten.

Wechsel des Eigentümers

Art. 261 Veräusserung der Sache

¹ Veräussert der Vermieter die Sache nach Abschluss des Mietvertrags oder wird sie ihm in einem Schuldbetreibungs- oder Konkursverfahren entzogen, so geht das Mietverhältnis mit dem Eigentum an der Sache auf den Erwerber über.

² Der neue Eigentümer kann jedoch:
a. bei Wohn- und Geschäftsräumen das Mietverhältnis mit der gesetzlichen Frist auf den nächsten gesetzlichen Termin kündigen, wenn er einen dringenden Eigenbedarf für sich, nahe Verwandte oder Verschwägerte geltend macht;
b. bei einer anderen Sache das Mietverhältnis mit der gesetzlichen Frist auf den nächsten gesetzlichen Termin kündigen, wenn der Vertrag keine frühere Auflösung ermöglicht.

³ Kündigt der neue Eigentümer früher, als es der Vertrag mit dem bisherigen Vermieter gestattet hätte, so haftet dieser dem Mieter für allen daraus entstehenden Schaden. (...)

Untermiete

Art. 262

¹ Der Mieter kann die Sache mit Zustimmung des Vermieters ganz oder teilweise untervermieten.

² Der Vermieter kann die Zustimmung nur verweigern, wenn:
a. der Mieter sich weigert, dem Vermieter die Bedingungen der Untermiete bekannt zu geben;
b. die Bedingungen der Untermiete im Vergleich zu denjenigen des Hauptmietvertrags missbräuchlich sind;
c. dem Vermieter aus der Untermiete wesentliche Nachteile entstehen.

³ Der Mieter haftet dem Vermieter dafür, dass der Untermieter die Sache nicht anders gebraucht, als es ihm selbst gestattet ist. Der Vermieter kann den Untermieter unmittelbar dazu anhalten.

Vorzeitige Rückgabe der Sache

Art. 264

¹ Gibt der Mieter die Sache zurück, ohne Kündigungsfrist oder -termin einzuhalten, so ist er von seinen Verpflichtungen gegenüber dem Vermieter nur befreit, wenn er einen für den Vermieter zumutbaren neuen Mieter vorschlägt; dieser muss zahlungsfähig und bereit sein, den Mietvertrag zu den gleichen Bedingungen zu übernehmen.

² Andernfalls muss er den Mietzins bis zu dem Zeitpunkt leisten, in dem das Mietverhältnis gemäss Vertrag oder Gesetz endet oder beendet werden kann.

³ Der Vermieter muss sich anrechnen lassen, was er:
a. an Auslagen erspart und
b. durch anderweitige Verwendung der Sache gewinnt oder absichtlich zu gewinnen unterlassen hat.

Beendigung des Mietverhältnisses

Art. 266 Ablauf der vereinbarten Mietdauer

¹ Haben die Parteien eine bestimmte Dauer ausdrücklich oder stillschweigend vereinbart, so endet das Mietverhältnis ohne Kündigung mit Ablauf dieser Dauer.

² Setzen die Parteien das Mietverhältnis stillschweigend fort, so gilt es als unbefristetes Mietverhältnis.

Art. 266a Kündigungsfristen und -termine
 Im Allgemeinen

¹ Die Parteien können das unbefristete Mietverhältnis unter Einhaltung der gesetzlichen Fristen und Termine kündigen, sofern sie keine längere Frist oder keinen anderen Termin vereinbart haben.

² Halten die Parteien die Frist oder den Termin nicht ein, so gilt die Kündigung für den nächstmöglichen Termin.

Art. 266c Wohnungen

Bei der Miete von Wohnungen können die Parteien mit einer Frist von drei Monaten auf einen ortsüblichen Termin oder, wenn es keinen Ortsgebrauch gibt, auf Ende einer dreimonatigen Mietdauer kündigen.

Art. 266d Geschäftsräume

Bei der Miete von Geschäftsräumen können die Parteien mit einer Frist von sechs Monaten auf einen ortsüblichen Termin oder, wenn es keinen Ortsgebrauch gibt, auf Ende einer dreimonatigen Mietdauer kündigen.

Art. 266e Möblierte Zimmer

Bei der Miete von möblierten Zimmern (...) können die Parteien mit einer Frist von zwei Wochen auf Ende einer einmonatigen Mietdauer kündigen.

Art. 266f Bewegliche Sachen

Bei der Miete von beweglichen Sachen können die Parteien mit einer Frist von drei Tagen auf einen beliebigen Zeitpunkt kündigen.

Art. 266g Ausserordentliche Kündigung
 Kündigung aus wichtigen Gründen

¹ Aus wichtigen Gründen, welche die Vertragserfüllung für sie unzumutbar machen, können die Parteien das Mietverhältnis mit der gesetzlichen Frist auf einen beliebigen Zeitpunkt kündigen. (...)

Art. 266h Konkurs des Mieters

¹ Fällt der Mieter nach Übernahme der Sache in Konkurs, so kann der Vermieter für künftige Mietzinse Sicherheit verlangen. Er muss dafür dem Mieter und der Konkursverwaltung schriftlich eine angemessene Frist setzen.

² Erhält der Vermieter innert dieser Frist keine Sicherheit, so kann er fristlos kündigen.

Art. 266i Tod des Mieters
Stirbt der Mieter, so können seine Erben mit der gesetzlichen Frist auf den nächsten gesetzlichen Termin kündigen.

Art. 266k Bewegliche Sachen
Der Mieter einer beweglichen Sache, die seinem privaten Gebrauch dient und vom Vermieter im Rahmen seiner gewerblichen Tätigkeit vermietet wird, kann mit einer Frist von mindestens 30 Tagen auf Ende einer dreimonatigen Mietdauer kündigen. Der Vermieter hat dafür keinen Anspruch auf Entschädigung.

Art. 266l Form der Kündigung bei Wohn- und Geschäftsräumen: Im Allgemeinen
¹ Vermieter und Mieter von Wohn- und Geschäftsräumen müssen schriftlich kündigen.
² Der Vermieter muss mit einem Formular kündigen, das vom Kanton genehmigt ist und das angibt, wie der Mieter vorzugehen hat, wenn er die Kündigung anfechten oder eine Erstreckung des Mietverhältnisses verlangen will.

Art. 266m Wohnung der Familie
    a) Kündigung durch den Mieter
¹ Dient die gemietete Sache als Wohnung der Familie, kann ein Ehegatte den Mietvertrag nur mit der ausdrücklichen Zustimmung des anderen kündigen.
² Kann der Ehegatte diese Zustimmung nicht einholen oder wird sie ihm ohne triftigen Grund verweigert, so kann er den Richter anrufen.
³ Die gleiche Regelung gilt bei eingetragenen Partnerschaften sinngemäss.

Art. 266n b) Kündigung durch den Vermieter
Die Kündigung durch den Vermieter sowie die Ansetzung einer Zahlungsfrist mit Kündigungsandrohung (Art. 257d) sind dem Mieter und seinem Ehegatten, seiner eingetragenen Partnerin oder seinem eingetragenen Partner separat zuzustellen.

Art. 266o Nichtigkeit der Kündigung
Die Kündigung ist nichtig, wenn sie den Artikeln 266l-266n nicht entspricht.

Rückgabe der Sache

Art. 267 Im Allgemeinen
¹ Der Mieter muss die Sache in dem Zustand zurückgeben, der sich aus dem vertragsgemässen Gebrauch ergibt.
² Vereinbarungen, in denen sich der Mieter im Voraus verpflichtet, bei Beendigung des Mietverhältnisses eine Entschädigung zu entrichten, die anderes als die Deckung des allfälligen Schadens einschliesst, sind nichtig.

Art. 267a Prüfung der Sache und Meldung an den Mieter
¹ Bei der Rückgabe muss der Vermieter den Zustand der Sache prüfen und Mängel, für die der Mieter einzustehen hat, diesem sofort melden.
² Versäumt dies der Vermieter, so verliert er seine Ansprüche, soweit es sich nicht um Mängel handelt, die bei übungsgemässer Untersuchung nicht erkennbar waren.
³ Entdeckt der Vermieter solche Mängel später, so muss er sie dem Mieter sofort melden.

Schutz vor missbräuchlichen Mietzinsen (...) bei (...)Wohn- und Geschäftsräumen

Missbräuchliche Mietzinse

Art. 269 Regel
Mietzinse sind missbräuchlich, wenn damit ein übersetzter Ertrag aus der Mietsache erzielt wird oder wenn sie auf einem offensichtlich übersetzten Kaufpreis beruhen.

Art. 269a Ausnahmen
Mietzinse sind in der Regel nicht missbräuchlich, wenn sie insbesondere:
a. im Rahmen der orts- oder quartierüblichen Mietzinse liegen;
b. durch Kostensteigerungen oder Mehrleistungen des Vermieters begründet sind;
c. bei neueren Bauten im Rahmen der kostendeckenden Bruttorendite liegen;
d. lediglich dem Ausgleich einer Mietzinsverbilligung dienen, die zuvor durch Umlagerung marktüblicher Finanzierungskosten gewahrt wurde, und in einem dem Mieter im Voraus bekannt gegebenen Zahlungsplan festgelegt sind;
e. lediglich die Teuerung auf dem risikotragenden Kapital ausgleichen;
f. das Ausmass nicht überschreiten, das Vermieter- und Mieterverbände oder Organisationen, die ähnliche Interessen wahrnehmen, in ihren Rahmenverträgen empfehlen.

Mietzinserhöhungen und andere einseitige Vertragsänderungen durch den Vermieter

Art. 269d
¹ Der Vermieter kann den Mietzins jederzeit auf den nächstmöglichen Kündigungstermin erhöhen. Er muss dem Mieter die Mietzinserhöhung mindestens zehn Tage vor Beginn der Kündigungsfrist auf einem vom Kanton genehmigten Formular mitteilen und begründen.
² Die Mietzinserhöhung ist nichtig, wenn der Vermieter:
a. sie nicht mit dem vorgeschriebenen Formular mitteilt;
b. sie nicht begründet;
c. mit der Mitteilung die Kündigung androht oder ausspricht. (...)

Anfechtung des Mietzinses

Art. 270 Herabsetzungsbegehren
    Anfangsmietzins
¹ Der Mieter kann den Anfangsmietzins innert 30 Tagen nach Übernahme der Sache bei der Schlichtungsbehörde als missbräuchlich im Sinne der Artikel 269 und 269a anfechten und dessen Herabsetzung verlangen, wenn:
a. er sich wegen einer persönlichen oder familiären Notlage oder wegen der Verhältnisse auf dem örtlichen Markt für Wohn- und Geschäftsräume zum Vertragsabschluss gezwungen sah; oder
b. der Vermieter den Anfangsmietzins gegenüber dem früheren Mietzins für dieselbe Sache erheblich erhöht hat. (...)

Art. 270a während der Mietdauer

¹ Der Mieter kann den Mietzins als missbräuchlich anfechten und die Herabsetzung auf den nächstmöglichen Kündigungstermin verlangen, wenn er Grund zur Annahme hat, dass der Vermieter wegen einer wesentlichen Änderung der Berechnungsgrundlagen, vor allem wegen einer Kostensenkung, einen nach den Artikeln 269 und 269a übersetzten Ertrag aus der Mietsache erzielt.

² Der Mieter muss das Herabsetzungsbegehren schriftlich beim Vermieter stellen; dieser muss innert 30 Tagen Stellung nehmen. Entspricht der Vermieter dem Begehren nicht oder nur teilweise oder antwortet er nicht fristgemäss, so kann der Mieter innert 30 Tagen die Schlichtungsbehörde anrufen.

³ Absatz ² ist nicht anwendbar, wenn der Mieter gleichzeitig mit der Anfechtung einer Mietzinserhöhung ein Herabsetzungsbegehren stellt.

Art. 270b Anfechtung von Mietzinserhöhungen und anderen einseitigen Vertragsänderungen

¹ Der Mieter kann eine Mietzinserhöhung innert 30 Tagen, nachdem sie ihm mitgeteilt worden ist, bei der Schlichtungsbehörde als missbräuchlich im Sinne der Artikel 269 und 269a anfechten.

² Absatz ¹ gilt auch, wenn der Vermieter sonst wie den Mietvertrag einseitig zu Lasten des Mieters ändert, namentlich seine bisherigen Leistungen vermindert oder neue Nebenkosten einführt.

Weitergeltung des Mietvertrages während des Anfechtungsverfahrens

Art. 270e

Der bestehende Mietvertrag gilt unverändert weiter:
a. während des Schlichtungsverfahrens, wenn zwischen den Parteien keine Einigung zustande kommt, und
b. während des Gerichtsverfahrens, unter Vorbehalt vorsorglicher Massnahmen des Richters.

Kündigungsschutz bei der Miete von Wohn- und Geschäftsräumen

Anfechtbarkeit der Kündigung

Art. 271 Im Allgemeinen

¹ Die Kündigung ist anfechtbar, wenn sie gegen den Grundsatz von Treu und Glauben verstösst.

² Die Kündigung muss auf Verlangen begründet werden.

Art. 271a Kündigung durch den Vermieter

¹ Die Kündigung durch den Vermieter ist insbesondere anfechtbar, wenn sie ausgesprochen wird:
a. weil der Mieter nach Treu und Glauben Ansprüche aus dem Mietverhältnis geltend macht;
b. weil der Vermieter eine einseitige Vertragsänderung zu Lasten des Mieters oder eine Mietzinsanpassung durchsetzen will;
c. allein um den Mieter zum Erwerb der gemieteten Wohnung zu veranlassen;
d. während eines mit dem Mietverhältnis zusammenhängenden Schlichtungs- oder Gerichtsverfahrens, ausser wenn der Mieter das Verfahren missbräuchlich eingeleitet hat;
e. vor Ablauf von drei Jahren nach Abschluss eines mit dem Mietverhältnis zusammenhängenden Schlichtungs- oder Gerichtsverfahrens, in dem der Vermieter:
   1. zu einem erheblichen Teil unterlegen ist;
   2. seine Forderung oder Klage zurückgezogen oder erheblich eingeschränkt hat;
   3. auf die Anrufung des Richters verzichtet hat;
   4. mit dem Mieter einen Vergleich geschlossen oder sich sonst wie geeinigt hat;
f. wegen Änderungen in der familiären Situation des Mieter aus denen dem Vermieter keine wesentlichen Nachteile entstehen.

² Absatz 1 Buchstabe e ist auch anwendbar, wenn der Mieter durch Schriftstücke nachweisen kann, dass er sich mit dem Vermieter ausserhalb eines Schlichtungs- oder Gerichtsverfahrens über eine Forderung aus dem Mietverhältnis geeinigt hat.

³ Absatz 1 Buchstaben d und e sind nicht anwendbar bei Kündigungen:
a. wegen dringenden Eigenbedarfs des Vermieters für sich, nahe Verwandte oder Verschwägerte;
b. wegen Zahlungsrückstand des Mieters (Art. 257d);
c. wegen schwerer Verletzung der Pflicht des Mieters zu Sorgfalt und Rücksichtnahme (Art. 257f Abs. 3 und 4);
d. infolge Veräusserung der Sache (Art. 261);
e. aus wichtigen Gründen (Art. 266g);
f. wegen Konkurs des Mieters (Art. 266h).

Erstreckung des Mietverhältnisses

Art. 272 Anspruch des Mieters

¹ Der Mieter kann die Erstreckung eines befristeten oder unbefristeten Mietverhältnisses verlangen, wenn die Beendigung der Miete für ihn oder seine Familie eine Härte zur Folge hätte, die durch die Interessen des Vermieters nicht zu rechtfertigen wäre.

² Bei der Interessenabwägung berücksichtigt die zuständige Behörde insbesondere:
a. die Umstände des Vertragsabschlusses und den Inhalt des Vertrags;
b. die Dauer des Mietverhältnisses;
c. die persönlichen, familiären und wirtschaftlichen Verhältnisse der Parteien und deren Verhalten;
d. einen allfälligen Eigenbedarf des Vermieters für sich, nahe Verwandte oder Verschwägerte sowie die Dringlichkeit dieses Bedarfs;
e. die Verhältnisse auf dem örtlichen Markt für Wohn- und Geschäftsräume.

³ Verlangt der Mieter eine zweite Erstreckung, so berücksichtigt die zuständige Behörde auch, ob er zur Abwendung der Härte alles unternommen hat, was ihm zuzumuten war.

OR

Art. 272a Ausschluss der Erstreckung
¹ Die Erstreckung ist ausgeschlossen bei Kündigungen:
a. wegen Zahlungsrückstand des Mieters (Art. 257d);
b. wegen schwerer Verletzung der Pflicht des Mieters zu Sorgfalt und
c. wegen Konkurs des Mieters (Art. 266h).
d. eines Mietvertrages, welcher im Hinblick auf ein bevorstehendes Umbau- oder Abbruchvorhaben ausdrücklich nur für die beschränkte Zeit bis zum Baubeginn oder bis zum Erhalt der erforderlichen Bewilligung abgeschlossen wurde.
² Die Erstreckung ist in der Regel ausgeschlossen, wenn der Vermieter dem Mieter einen gleichwertigen Ersatz für die Wohn- oder Geschäftsräume anbietet.

Art. 272b Dauer der Erstreckung
¹ Das Mietverhältnis kann für Wohnräume um höchstens vier, für Geschäftsräume um höchstens sechs Jahre erstreckt werden. Im Rahmen der Höchstdauer können eine oder zwei Erstreckungen gewährt werden.
² Vereinbaren die Parteien eine Erstreckung des Mietverhältnisses, so sind sie an keine Höchstdauer gebunden, und der Mieter kann auf eine zweite Erstreckung verzichten.

Art. 272c Weitergeltung des Mietvertrags
¹ Jede Partei kann verlangen, dass der Vertrag im Erstreckungsentscheid veränderten Verhältnissen angepasst wird.
² Ist der Vertrag im Erstreckungsentscheid nicht geändert worden, so gilt er während der Erstreckung unverändert weiter; vorbehalten bleiben die gesetzlichen Anpassungsmöglichkeiten.

Art. 272d Kündigung während der Erstreckung
Legt der Erstreckungsentscheid oder die Erstreckungsvereinbarung nichts anderes fest, so kann der Mieter das Mietverhältnis wie folgt kündigen:
a. bei Erstreckung bis zu einem Jahr mit einer einmonatigen Frist auf Ende eines Monats;
b. bei Erstreckung von mehr als einem Jahr mit einer dreimonatigen Frist auf einen gesetzlichen Termin.

Art. 273 Fristen und Verfahren
¹ Will eine Partei die Kündigung anfechten, so muss sie das Begehren innert 30 Tagen nach Empfang der Kündigung der Schlichtungsbehörde einreichen.
² Will der Mieter eine Erstreckung des Mietverhältnisses verlangen, so muss er das Begehren der Schlichtungsbehörde einreichen:
a. bei einem unbefristeten Mietverhältnis innert 30 Tagen nach Empfang der Kündigung;
b. bei einem befristeten Mietverhältnis spätestens 60 Tage vor Ablauf der Vertragsdauer.
³ Das Begehren um eine zweite Erstreckung muss der Mieter der Schlichtungsbehörde spätestens 60 Tage vor Ablauf der ersten einreichen.
⁴ Das Verfahren vor der Schlichtungsbehörde richtet sich nach der ZPO.
⁵ Weist die zuständige Behörde ein Begehren des Mieters betreffend Anfechtung der Kündigung ab, so prüft sie von Amtes wegen, ob das Mietverhältnis erstreckt werden kann.

Art. 273a Wohnung der Familie
¹ Dient die gemietete Sache als Wohnung der Familie, so kann auch der Ehegatte des Mieters die Kündigung anfechten, die Erstreckung des Mietverhältnisses verlangen oder die übrigen Rechte ausüben, die dem Mieter bei Kündigung zustehen.
² Vereinbarungen über die Erstreckung sind nur gültig, wenn sie mit beiden Ehegatten abgeschlossen werden.
³ Die gleiche Regelung gilt bei eingetragenen Partnerschaften sinngemäss.

Art. 273b Untermiete
¹ Dieser Abschnitt gilt für die Untermiete, solange das Hauptmietverhältnis nicht aufgelöst ist. Die Untermiete kann nur für die Dauer des Hauptmietverhältnisses erstreckt werden.
² Bezweckt die Untermiete hauptsächlich die Umgehung der Vorschriften über den Kündigungsschutz, so wird dem Untermieter ohne Rücksicht auf das Hauptmietverhältnis Kündigungsschutz gewährt. Wird das Hauptmietverhältnis gekündigt, so tritt der Vermieter anstelle des Mieters in den Vertrag mit dem Untermieter ein.

Art. 273c Zwingende Bestimmungen
¹ Der Mieter kann auf Rechte, die ihm nach diesem Abschnitt zustehen, nur verzichten, wenn dies ausdrücklich vorgesehen ist.
² Abweichende Vereinbarungen sind nichtig.

Die Pacht

Art. 275 Begriff
Durch den Pachtvertrag verpflichtet sich der Verpächter, dem Pächter eine nutzbare Sache oder ein nutzbares Recht zum Gebrauch und zum Bezug der Früchte oder Erträgnisse zu überlassen, und der Pächter, dafür einen Pachtzins zu leisten.

Die Gebrauchsleihe

Art. 305 Begriff
Durch den Gebrauchsleihevertrag verpflichtet sich der Verleiher, dem Entlehner eine Sache zu unentgeltlichem Gebrauche zu überlassen, und der Entlehner, dieselbe Sache nach gemachtem Gebrauche dem Verleiher zurückzugeben.

Art. 306 Gebrauchsrecht des Entlehners
¹ Der Entlehner darf von der geliehenen Sache nur denjenigen Gebrauch machen, der sich aus dem Vertrage oder, wenn darüber nichts vereinbart ist, aus ihrer Beschaffenheit oder Zweckbestimmung ergibt.
² Er darf den Gebrauch nicht einem andern überlassen.
³ Handelt der Entlehner diesen Bestimmungen zuwider, so haftet er auch für den Zufall, wenn er nicht beweist, dass dieser die Sache auch sonst getroffen hätte.

Das Darlehen

Art. 312 Begriff
Durch den Darlehensvertrag verpflichtet sich der Darleiher zur Übertragung des Eigentums an einer Summe Geldes oder an andern vertretbaren Sachen, der Borger dagegen zur Rückerstattung von Sachen der nämlichen Art in gleicher Menge und Güte.

Art. 313 Zinse
¹ Das Darlehen ist im gewöhnlichen Verkehre nur dann verzinslich, wenn Zinse verabredet sind.
² Im kaufmännischen Verkehre sind auch ohne Verabredung Zinse zu bezahlen.

Art. 314 Zinsvorschriften
¹ Wenn der Vertrag die Höhe des Zinsfusses nicht bestimmt, so ist derjenige Zinsfuss zu vermuten, der zur Zeit und am Orte des Darlehensempfanges für die betreffende Art von Darlehen üblich war.
² Mangels anderer Abrede sind versprochene Zinse als Jahreszinse zu entrichten. (...)

Art. 316 Zahlungsunfähigkeit des Borgers
¹ Der Darleiher kann die Aushändigung des Darlehens verweigern, wenn der Borger seit dem Vertragsabschlusse zahlungsunfähig geworden ist.
² Diese Befugnis steht dem Darleiher auch dann zu, wenn die Zahlungsunfähigkeit schon vor Abschluss des Vertrages eingetreten, ihm aber erst nachher bekannt geworden ist.

Art. 318 Zeit der Rückzahlung
Ein Darlehen, für dessen Rückzahlung weder ein bestimmter Termin noch eine Kündigungsfrist noch der Verfall auf beliebige Aufforderung hin vereinbart wurde, ist innerhalb sechs Wochen von der ersten Aufforderung an zurückzubezahlen.

Der Einzelarbeitsvertrag

Begriff und Entstehung

Art. 319 Begriff
¹ Durch den Einzelarbeitsvertrag verpflichtet sich der Arbeitnehmer auf bestimmte oder unbestimmte Zeit zur Leistung von Arbeit im Dienst des Arbeitgebers und dieser zur Entrichtung eines Lohnes, der nach Zeitabschnitten (Zeitlohn) oder nach der geleisteten Arbeit (Akkordlohn) bemessen wird.
² Als Einzelarbeitsvertrag gilt auch der Vertrag, durch den sich ein Arbeitnehmer zur regelmässigen Leistung von stunden-, halbtage- oder tageweiser Arbeit (Teilzeitarbeit) im Dienst des Arbeitgebers verpflichtet.

Art. 320 Entstehung
¹ Wird es vom Gesetz nicht anders bestimmt, so bedarf der Einzelarbeitsvertrag zu seiner Gültigkeit keiner besonderen Form.
² Er gilt auch dann als abgeschlossen, wenn der Arbeitgeber Arbeit in seinem Dienst auf Zeit entgegennimmt, deren Leistung nach den Umständen nur gegen Lohn zu erwarten ist.
³ Leistet der Arbeitnehmer in gutem Glauben Arbeit im Dienste des Arbeitgebers auf Grund eines Arbeitsvertrages, der sich nachträglich als ungültig erweist, so haben beide Parteien die Pflichten aus dem Arbeitsverhältnis in gleicher Weise wie aus gültigem Vertrag zu erfüllen, bis dieses wegen Ungültigkeit des Vertrages vom einen oder andern aufgehoben wird.

Pflichten des Arbeitnehmers

Art. 321 Persönliche Arbeitspflicht
Der Arbeitnehmer hat die vertraglich übernommene Arbeit in eigener Person zu leisten, sofern nichts anderes verabredet ist oder sich aus den Umständen ergibt.

Art. 321a Sorgfalts- und Treuepflicht
¹ Der Arbeitnehmer hat die ihm übertragene Arbeit sorgfältig auszuführen und die berechtigten Interessen des Arbeitgebers in guten Treuen zu wahren.
² Er hat Maschinen, Arbeitsgeräte, technische Einrichtungen und Anlagen sowie Fahrzeuge des Arbeitgebers fachgerecht zu bedienen und diese sowie Material, die ihm zur Ausführung der Arbeit zur Verfügung gestellt werden, sorgfältig zu behandeln.
³ Während der Dauer des Arbeitsverhältnisses darf der Arbeitnehmer keine Arbeit gegen Entgelt für einen Dritten leisten, soweit er dadurch seine Treuepflicht verletzt, insbesondere den Arbeitgeber konkurrenziert.
⁴ Der Arbeitnehmer darf geheim zu haltende Tatsachen, wie namentlich Fabrikations- und Geschäftsgeheimnisse, von denen er im Dienst des Arbeitgebers Kenntnis erlangt, während des Arbeitsverhältnisses nicht verwerten oder anderen mitteilen; auch nach dessen Beendigung bleibt er zur Verschwiegenheit verpflichtet, soweit es zur Wahrung der berechtigten Interessen des Arbeitgebers erforderlich ist.

Art. 321b Rechenschafts- und Herausgabepflicht
¹ Der Arbeitnehmer hat dem Arbeitgeber über alles, was er bei seiner vertraglichen Tätigkeit für diesen von Dritten erhält, wie namentlich Geldbeträge, Rechenschaft abzulegen und ihm alles sofort herauszugeben.
² Er hat dem Arbeitgeber auch alles sofort herauszugeben, was er in Ausübung seiner vertraglichen Tätigkeit hervorbringt.

Art. 321c Überstundenarbeit
¹ Wird gegenüber dem zeitlichen Umfang der Arbeit, der verabredet oder üblich oder durch Normalarbeitsvertrag oder Gesamtarbeitsvertrag bestimmt ist, die Leistung von Überstundenarbeit notwendig, so ist der Arbeitnehmer dazu soweit verpflichtet, als er sie zu leisten vermag und sie ihm nach Treu und Glauben zugemutet werden kann.
² Im Einverständnis mit dem Arbeitnehmer kann der Arbeitgeber die Überstundenarbeit innert eines angemessenen Zeitraumes durch Freizeit von mindestens gleicher Dauer ausgleichen.
³ Wird die Überstundenarbeit nicht durch Freizeit ausgeglichen und ist nichts anderes schriftlich verabredet oder durch Normalarbeitsvertrag oder Gesamtarbeitsvertrag bestimmt, so hat der Arbeitgeber für die Überstundenarbeit Lohn zu entrichten, der sich nach dem Normallohn samt einem Zuschlag von mindestens einem Viertel bemisst.

Art. 321d Befolgung von Anordnungen
¹ Der Arbeitgeber kann über die Ausführung der Arbeit und das Verhalten der Arbeitnehmer im Betrieb oder Haushalt allgemeine Anordnungen erlassen und ihnen besondere Weisungen erteilen.
² Der Arbeitnehmer hat die allgemeinen Anordnungen des Arbeitgebers und die ihm erteilten besonderen Weisungen nach Treu und Glauben zu befolgen.

OR

Art. 321e Haftung des Arbeitnehmers
¹ Der Arbeitnehmer ist für den Schaden verantwortlich, den er absichtlich oder fahrlässig dem Arbeitgeber zufügt.
² Das Mass der Sorgfalt, für die der Arbeitnehmer einzustehen hat, bestimmt sich nach dem einzelnen Arbeitsverhältnis, unter Berücksichtigung des Berufsrisikos, des Bildungsgrades oder der Fachkenntnisse, die zu der Arbeit verlangt werden, sowie der Fähigkeiten und Eigenschaften des Arbeitnehmers, die der Arbeitgeber gekannt hat oder hätte kennen sollen.

Pflichten des Arbeitgebers
Lohn

Art. 322 : Art und Höhe
¹ Der Arbeitgeber hat dem Arbeitnehmer den Lohn zu entrichten, der verabredet oder üblich oder durch Normalarbeitsvertrag oder Gesamtarbeitsvertrag bestimmt ist. (...)

Art. 322a Anteil am Geschäftsergebnis
¹ Hat der Arbeitnehmer vertraglich Anspruch auf einen Anteil am Gewinn oder am Umsatz oder sonst am Geschäftsergebnis, so ist für die Berechnung des Anteils das Ergebnis des Geschäftsjahres massgebend, wie es nach den gesetzlichen Vorschriften und allgemein anerkannten kaufmännischen Grundsätzen festzustellen ist.
² Der Arbeitgeber hat dem Arbeitnehmer oder an dessen Stelle einem gemeinsam bestimmten oder vom Richter bezeichneten Sachverständigen die nötigen Aufschlüsse zu geben und Einsicht in die Geschäftsbücher zu gewähren, soweit dies zur Nachprüfung erforderlich ist.
³ Ist ein Anteil am Gewinn des Unternehmens verabredet, so ist dem Arbeitnehmer überdies auf Verlangen eine Abschrift der Gewinn- und Verlustrechnung des Geschäftsjahres zu übergeben.

Art. 322d Gratifikation
¹ Richtet der Arbeitgeber neben dem Lohn bei bestimmten Anlässen, wie Weihnachten oder Abschluss des Geschäftsjahres, eine Sondervergütung aus, so hat der Arbeitnehmer einen Anspruch darauf, wenn es verabredet ist.
² Endigt das Arbeitsverhältnis, bevor der Anlass zur Ausrichtung der Sondervergütung eingetreten ist, so hat der Arbeitnehmer einen Anspruch auf einen verhältnismässigen Teil davon, wenn es verabredet ist.

Ausrichtung des Lohnes

Art. 323 Zahlungsfristen und -termine, Vorschuss
¹ Sind nicht kürzere Fristen oder andere Termine verabredet oder üblich und ist durch Normalarbeitsvertrag oder Gesamtarbeitsvertrag nichts anderes bestimmt, so ist dem Arbeitnehmer der Lohn Ende jedes Monats auszurichten. (...)
⁴ Der Arbeitgeber hat dem Arbeitnehmer nach Massgabe der geleisteten Arbeit den Vorschuss zu gewähren, dessen der Arbeitnehmer infolge einer Notlage bedarf und den der Arbeitgeber billigerweise zu gewähren vermag.

Art. 323a Lohnrückbehalt
¹ Sofern es verabredet oder üblich oder durch Normalarbeitsvertrag oder Gesamtarbeitsvertrag bestimmt ist, darf der Arbeitgeber einen Teil des Lohnes zurückbehalten.
² Von dem am einzelnen Zahltag fälligen Lohn darf nicht mehr als ein Zehntel des Lohnes und im gesamten nicht mehr als der Lohn für eine Arbeitswoche zurückbehalten werden; jedoch kann ein höherer Lohnrückbehalt durch Normalarbeitsvertrag oder Gesamtarbeitsvertrag vorgesehen werden.
³ Ist nichts anderes verabredet oder üblich oder durch Normalarbeitsvertrag oder Gesamtarbeitsvertrag bestimmt, so gilt der zurückbehaltene Lohn als Sicherheit für die Forderungen des Arbeitgebers aus dem Arbeitsverhältnis und nicht als Konventionalstrafe.

Art. 323b Lohnsicherung
¹ Der Geldlohn ist dem Arbeitnehmer in gesetzlicher Währung innert der Arbeitszeit auszurichten, sofern nichts anderes verabredet oder üblich ist; dem Arbeitnehmer ist eine schriftliche Abrechnung zu übergeben.
² Der Arbeitgeber darf Gegenforderungen mit der Lohnforderung nur soweit verrechnen, als diese pfändbar ist, jedoch dürfen Ersatzforderungen für absichtlich zugefügten Schaden unbeschränkt verrechnet werden.
³ Abreden über die Verwendung des Lohnes im Interesse des Arbeitgebers sind nichtig.

Lohn bei Verhinderung an der Arbeitsleistung

Art. 324 Annahmeverzug des Arbeitgebers
¹ Kann die Arbeit infolge Verschuldens des Arbeitgebers nicht geleistet werden oder kommt er aus anderen Gründen mit der Annahme der Arbeitsleistung in Verzug, so bleibt er zur Entrichtung des Lohnes verpflichtet, ohne dass der Arbeitnehmer zur Nachleistung verpflichtet ist.
² Der Arbeitnehmer muss sich auf den Lohn anrechnen lassen, was er wegen Verhinderung an der Arbeitsleistung erspart oder durch anderweitige Arbeit erworben oder zu erwerben absichtlich unterlassen hat.

Art. 324a Verhinderung des Arbeitnehmers
Grundsatz
¹ Wird der Arbeitnehmer aus Gründen, die in seiner Person liegen, wie Krankheit, Unfall, Erfüllung gesetzlicher Pflichten oder Ausübung eines öffentlichen Amtes, ohne sein Verschulden an der Arbeitsleistung verhindert, so hat ihm der Arbeitgeber für eine beschränkte Zeit den darauf entfallenden Lohn zu entrichten, samt einer angemessenen Vergütung für ausfallenden Naturallohn, sofern das Arbeitsverhältnis mehr als drei Monate gedauert hat oder für mehr als drei Monate eingegangen ist.
² Sind durch Abrede, Normalarbeitsvertrag oder Gesamtarbeitsvertrag nicht längere Zeitabschnitte bestimmt, so hat der Arbeitgeber im ersten Dienstjahr den Lohn für drei Wochen und nachher für eine angemessene längere Zeit zu entrichten, je nach der Dauer des Arbeitsverhältnisses und den besonderen Umständen.
³ Bei Schwangerschaft der Arbeitnehmerin hat der Ar-

beitgeber den Lohn im gleichen Umfang zu entrichten.
⁴ Durch schriftliche Abrede, Normalarbeitsvertrag oder Gesamtarbeitsvertrag kann eine von den vorstehenden Bestimmungen abweichende Regelung getroffen werden, wenn sie für den Arbeitnehmer mindestens gleichwertig ist.

Art. 324b Ausnahmen
¹ Ist der Arbeitnehmer auf Grund gesetzlicher Vorschrift gegen die wirtschaftlichen Folgen unverschuldeter Arbeitsverhinderung aus Gründen, die in seiner Person liegen, obligatorisch versichert, so hat der Arbeitgeber den Lohn nicht zu entrichten, wenn die für die beschränkte Zeit geschuldeten Versicherungsleistungen mindestens vier Fünftel des darauf entfallenden Lohnes decken.
² Sind die Versicherungsleistungen geringer, so hat der Arbeitgeber die Differenz zwischen diesen und vier Fünfteln des Lohnes zu entrichten.
³ Werden die Versicherungsleistungen erst nach einer Wartezeit gewährt, so hat der Arbeitgeber für diese Zeit mindestens vier Fünftel des Lohnes zu entrichten.

Abtretung und Verpfändung von Lohnforderungen

Art. 325
¹ Zur Sicherung familienrechtlicher Unterhalts- und Unterstützungspflichten kann der Arbeitnehmer künftige Lohnforderungen so weit abtreten oder verpfänden, als sie pfändbar sind; auf Ansuchen eines Beteiligten setzt das Betreibungsamt am Wohnsitz des Arbeitnehmers den nach Artikel 93 des Schuldbetreibungs- und Konkursgesetzes unpfändbaren Betrag fest.
² Die Abtretung und die Verpfändung künftiger Lohnforderungen zur Sicherung anderer Verbindlichkeiten sind nichtig.

Akkordlohnarbeit

Art. 326 Zuweisung von Arbeit
¹ Hat der Arbeitnehmer vertragsgemäss ausschliesslich Akkordlohnarbeit nur für einen Arbeitgeber zu leisten, so hat dieser genügend Arbeit zuzuweisen.
² Ist der Arbeitgeber ohne sein Verschulden ausserstande, vertragsgemässe Akkordlohnarbeit zuzuweisen oder verlangen die Verhältnisse des Betriebes vorübergehend die Leistung von Zeitlohnarbeit, so kann dem Arbeitnehmer solche zugewiesen werden.
³ Ist der Zeitlohn nicht durch Abrede, Normalarbeitsvertrag oder Gesamtarbeitsvertrag bestimmt, so hat der Arbeitgeber dem Arbeitnehmer den vorher durchschnittlich verdienten Akkordlohn zu entrichten.
⁴ Kann der Arbeitgeber weder genügend Akkordlohnarbeit noch Zeitlohnarbeit zuweisen, so bleibt er gleichwohl verpflichtet, nach den Vorschriften über den Annahmeverzug den Lohn zu entrichten, den er bei Zuweisung von Zeitlohnarbeit zu entrichten hätte.

Art. 326a Akkordlohn
¹ Hat der Arbeitnehmer vertraglich Akkordlohnarbeit zu leisten, so hat ihm der Arbeitgeber den Akkordlohnansatz vor Beginn der einzelnen Arbeit bekannt zu geben.

² Unterlässt der Arbeitgeber diese Bekanntgabe, so hat er den Lohn nach dem für gleichartige oder ähnliche Arbeiten festgesetzten Ansatz zu entrichten.

Arbeitsgeräte, Material und Auslagen

Art. 327 Arbeitsgeräte und Material
¹ Ist nichts anderes verabredet oder üblich, so hat der Arbeitgeber den Arbeitnehmer mit den Geräten und dem Material auszurüsten, die dieser zur Arbeit benötigt.
² Stellt im Einverständnis mit dem Arbeitgeber der Arbeitnehmer selbst Geräte oder Material für die Ausführung der Arbeit zur Verfügung, so ist er dafür angemessen zu entschädigen, sofern nichts anderes verabredet oder üblich ist.

Art. 327a Auslagen
im Allgemeinen
¹ Der Arbeitgeber hat dem Arbeitnehmer alle durch die Ausführung der Arbeit notwendig entstehenden Auslagen zu ersetzen, bei Arbeit an auswärtigen Arbeitsorten auch die für den Unterhalt erforderlichen Aufwendungen.
² Durch schriftliche Abrede, Normalarbeitsvertrag oder Gesamtarbeitsvertrag kann als Auslagenersatz eine feste Entschädigung, wie namentlich ein Taggeld oder eine pauschale Wochen- oder Monatsvergütung festgesetzt werden, durch die jedoch alle notwendig entstehenden Auslagen gedeckt werden müssen.
³ Abreden, dass der Arbeitnehmer die notwendigen Auslagen ganz oder teilweise selbst zu tragen habe, sind nichtig.

Art. 327b Motorfahrzeug
¹ Benützt der Arbeitnehmer im Einverständnis mit dem Arbeitgeber für seine Arbeit ein von diesem oder ein von ihm selbst gestelltes Motorfahrzeug, so sind ihm die üblichen Aufwendungen für dessen Betrieb und Unterhalt nach Massgabe des Gebrauchs für die Arbeit zu vergüten.
² Stellt der Arbeitnehmer im Einverständnis mit dem Arbeitgeber selbst ein Motorfahrzeug, so sind ihm überdies die öffentlichen Abgaben für das Fahrzeug, die Prämien für die Haftpflichtversicherung und eine angemessene Entschädigung für die Abnützung des Fahrzeugs (...) zu vergüten.

Art. 327c Fälligkeit
¹ Auf Grund der Abrechnung des Arbeitnehmers ist der Auslagenersatz jeweils zusammen mit dem Lohn auszurichten, sofern nicht eine kürzere Frist verabredet oder üblich ist.
² Hat der Arbeitnehmer zur Erfüllung der vertraglichen Pflichten regelmässig Auslagen zu machen, so ist ihm ein angemessener Vorschuss in bestimmten Zeitabständen, mindestens aber jeden Monat auszurichten.

Schutz der Persönlichkeit des Arbeitnehmers

Art. 328 im Allgemeinen
¹ Der Arbeitgeber hat im Arbeitsverhältnis die Persönlichkeit des Arbeitnehmers zu achten und zu schützen, auf dessen Gesundheit gebührend Rücksicht zu nehmen und für die Wahrung der Sittlichkeit zu sorgen. Er

muss insbesondere dafür sorgen, dass Arbeitnehmerinnen und Arbeitnehmer nicht sexuell belästigt werden und dass den Opfern von sexuellen Belästigungen keine weiteren Nachteile entstehen.

² Er hat zum Schutz von Leben, Gesundheit und persönlicher Integrität der Arbeitnehmerinnen und Arbeitnehmer die Massnahmen zu treffen, die nach der Erfahrung notwendig, nach dem Stand der Technik anwendbar und den Verhältnissen des Betriebes oder Haushaltes angemessen sind, soweit es mit Rücksicht auf das einzelne Arbeitsverhältnis und die Natur der Arbeitsleistung ihm billigerweise zugemutet werden kann.

Art. 328b Bei der Bearbeitung von Personendaten
Der Arbeitgeber darf Daten über den Arbeitnehmer nur bearbeiten, soweit sie dessen Eignung für das Arbeitsverhältnis betreffen oder zur Durchführung des Arbeitsvertrages erforderlich sind. Im übrigen gelten die Bestimmungen des Bundesgesetzes vom 19. Juni 1992² über den Datenschutz.

Freizeit, Ferien, Urlaub für ausserschulische Jugendarbeit und Mutterschaftsurlaub

Art. 329 Freizeit
¹ Der Arbeitgeber hat dem Arbeitnehmer jede Woche einen freien Tag zu gewähren, in der Regel den Sonntag oder, wo dies nach den Verhältnissen nicht möglich ist, einen vollen Werktag.

² Unter besonderen Umständen können dem Arbeitnehmer mit dessen Zustimmung ausnahmsweise mehrere freie Tage zusammenhängend oder statt eines freien Tages zwei freie Halbtage eingeräumt werden.

³ Dem Arbeitnehmer sind im übrigen die üblichen freien Stunden und Tage und nach erfolgter Kündigung die für das Aufsuchen einer anderen Arbeitsstelle erforderliche Zeit zu gewähren.

⁴ Bei der Bestimmung der Freizeit ist auf die Interessen des Arbeitgebers wie des Arbeitnehmers angemessen Rücksicht zu nehmen.

Art. 329a Ferien:
Dauer
¹ Der Arbeitgeber hat dem Arbeitnehmer jedes Dienstjahr wenigstens vier Wochen, dem Arbeitnehmer bis zum vollendeten 20. Altersjahr wenigstens fünf Wochen Ferien zu gewähren. (..)

³ Für ein unvollständiges Dienstjahr sind Ferien entsprechend der Dauer des Arbeitsverhältnisses im betreffenden Dienstjahr zu gewähren.

Art. 329b Kürzung
¹ Ist der Arbeitnehmer durch sein Verschulden während eines Dienstjahres insgesamt um mehr als einen Monat an der Arbeitsleistung verhindert, so kann der Arbeitgeber die Ferien für jeden vollen Monat der Verhinderung um einen Zwölftel kürzen.

² Beträgt die Verhinderung insgesamt nicht mehr als einen Monat im Dienstjahr und ist sie durch Gründe, die in der Person des Arbeitnehmers liegen, wie Krankheit, Unfall, Erfüllung gesetzlicher Pflichten, Ausübung eines öffentlichen Amtes oder Jugendurlaub, ohne Verschulden des Arbeitnehmers verursacht, so dürfen die Ferien vom Arbeitgeber nicht gekürzt werden.

³ Die Ferien dürfen vom Arbeitgeber auch nicht gekürzt werden, wenn eine Arbeitnehmerin wegen Schwangerschaft bis zu zwei Monaten an der Arbeitsleistung verhindert ist oder weil sie die Mutterschaftsentschädigung im Sinne des Erwerbsersatzgesetzes (...) (EOG) bezogen hat.

⁴ Durch Normalarbeitsvertrag oder Gesamtarbeitsvertrag kann eine von den Absätzen ² und ³ abweichende Regelung getroffen werden, wenn sie für den Arbeitnehmer im ganzen mindestens gleichwertig ist.

Art. 329c Zusammenhang und Zeitpunkt
¹ Die Ferien sind in der Regel im Verlauf des betreffenden Dienstjahres zu gewähren; wenigstens zwei Ferienwochen müssen zusammenhängen.

² Der Arbeitgeber bestimmt den Zeitpunkt der Ferien und nimmt dabei auf die Wünsche des Arbeitnehmers soweit Rücksicht, als dies mit den Interessen des Betriebes oder Haushaltes vereinbar ist.

Art. 329d Lohn
¹ Der Arbeitgeber hat dem Arbeitnehmer für die Ferien den gesamten darauf entfallenden Lohn und eine angemessene Entschädigung für ausfallenden Naturallohn zu entrichten.

² Die Ferien dürfen während der Dauer des Arbeitsverhältnisses nicht durch Geldleistungen oder andere Vergünstigungen abgegolten werden.

³ Leistet der Arbeitnehmer während der Ferien entgeltliche Arbeit für einen Dritten und werden dadurch die berechtigten Interessen des Arbeitgebers verletzt, so kann dieser den Ferienlohn verweigern und bereits bezahlten Ferienlohn zurückverlangen.

Art. 329e Urlaub für ausserschulische Jugendarbeit
¹ Der Arbeitgeber hat dem Arbeitnehmer bis zum vollendeten 30. Altersjahr für unentgeltliche leitende, betreuende oder beratende Tätigkeit im Rahmen ausserschulischer Jugendarbeit in einer kulturellen oder sozialen Organisation sowie für die dazu notwendige Aus- und Weiterbildung jedes Dienstjahr Jugendurlaub bis zu insgesamt einer Arbeitswoche zu gewähren.

² Der Arbeitnehmer hat während des Jugendurlaubs keinen Lohnanspruch. Durch Abrede, Normalarbeitsvertrag oder Gesamtarbeitsvertrag kann zugunsten des Arbeitnehmers eine andere Regelung getroffen werden.

³ Über den Zeitpunkt und die Dauer des Jugendurlaubs einigen sich Arbeitgeber und Arbeitnehmer; sie berücksichtigen dabei ihre beidseitigen Interessen. Kommt eine Einigung nicht zustande, dann muss der Jugendurlaub gewährt werden, wenn der Arbeitnehmer dem Arbeitgeber die Geltendmachung seines Anspruches zwei Monate im Voraus angezeigt hat. Nicht bezogene Jugendurlaubstage verfallen am Ende des Kalenderjahres.

⁴ Der Arbeitnehmer hat auf Verlangen des Arbeitgebers seine Tätigkeiten und Funktionen in der Jugendarbeit nachzuweisen.

Art. 329f Mutterschaftsurlaub
Nach der Niederkunft hat die Arbeitnehmerin Anspruch auf einen Mutterschaftsurlaub von mindestens 14 Wochen.

Übrige Pflichten

Art. 330a Zeugnis
¹ Der Arbeitnehmer kann jederzeit vom Arbeitgeber ein Zeugnis verlangen, das sich über die Art und Dauer des Arbeitsverhältnisses sowie über seine Leistungen und sein Verhalten ausspricht.
² Auf besonderes Verlangen des Arbeitnehmers hat sich das Zeugnis auf Angaben über die Art und Dauer des Arbeitsverhältnisses zu beschränken.

Art. 330b Informationspflicht
¹ Wurde das Arbeitsverhältnis auf unbestimmte Zeit oder für mehr als einen Monat eingegangen, so muss der Arbeitgeber spätestens einen Monat nach Beginn des Arbeitsverhältnisses den Arbeitnehmer schriftlich informieren über:
a. die Namen der Vertragsparteien;
b. das Datum des Beginns des Arbeitsverhältnisses;
c. die Funktion des Arbeitnehmers;
d. den Lohn und allfällige Lohnzuschläge;
e. die wöchentliche Arbeitszeit.
² Werden Vertragselemente, die nach Absatz 1 mitteilungspflichtig sind, während des Arbeitsverhältnisses geändert, so sind die Änderungen dem Arbeitnehmer spätestens einen Monat nachdem sie wirksam geworden sind, schriftlich mitzuteilen.

Beendigung des Arbeitsverhältnisses

Befristetes Arbeitsverhältnis

Art. 334
¹ Ein befristetes Arbeitsverhältnis endigt ohne Kündigung.
² Wird ein befristetes Arbeitsverhältnis nach Ablauf der vereinbarten Dauer stillschweigend fortgesetzt, so gilt es als unbefristetes Arbeitsverhältnis.
³ Nach Ablauf von zehn Jahren kann jede Vertragspartei ein auf längere Dauer abgeschlossenes befristetes Arbeitsverhältnis jederzeit mit einer Kündigungsfrist von sechs Monaten auf das Ende eines Monats kündigen.

Unbefristetes Arbeitsverhältnis

Art. 335 Kündigung im Allgemeinen
¹ Ein unbefristetes Arbeitsverhältnis kann von jeder Vertragspartei gekündigt werden.
² Der Kündigende muss die Kündigung schriftlich begründen, wenn die andere Partei dies verlangt.

Art. 335a Kündigungsfristen: im Allgemeinen
¹ Für Arbeitgeber und Arbeitnehmer dürfen keine verschiedenen Kündigungsfristen festgesetzt werden; bei widersprechender Abrede gilt für beide die längere Frist.
² Hat der Arbeitgeber das Arbeitsverhältnis aus wirtschaftlichen Gründen gekündigt oder eine entsprechende Absicht kundgetan, so dürfen jedoch durch Abrede, Normalarbeitsvertrag oder Gesamtarbeitsvertrag für den Arbeitnehmer kürzere Kündigungsfristen vereinbart werden.

Art. 335b während der Probezeit
¹ Das Arbeitsverhältnis kann während der Probezeit jederzeit mit einer Kündigungsfrist von sieben Tagen gekündigt werden; als Probezeit gilt der erste Monat eines Arbeitsverhältnisses.
² Durch schriftliche Abrede, Normalarbeitsvertrag oder Gesamtarbeitsvertrag können abweichende Vereinbarungen getroffen werden; die Probezeit darf jedoch auf höchstens drei Monate verlängert werden.
³ Bei einer effektiven Verkürzung der Probezeit infolge Krankheit, Unfall oder Erfüllung einer nicht freiwillig übernommenen gesetzlichen Pflicht erfolgt eine entsprechende Verlängerung der Probezeit.

Art. 335c nach Ablauf der Probezeit
¹ Das Arbeitsverhältnis kann im ersten Dienstjahr mit einer Kündigungsfrist von einem Monat, im zweiten bis und mit dem neunten Dienstjahr mit einer Frist von zwei Monaten und nachher mit einer Frist von drei Monaten je auf das Ende eines Monats gekündigt werden.
² Diese Fristen dürfen durch schriftliche Abrede, Normalarbeitsvertrag oder Gesamtarbeitsvertrag abgeändert werden; unter einen Monat dürfen sie jedoch nur durch Gesamtarbeitsvertrag und nur für das erste Dienstjahr herabgesetzt werden.

Kündigungsschutz

Art. 336 Missbräuchliche Kündigung: Grundsatz
¹ Die Kündigung eines Arbeitsverhältnisses ist missbräuchlich, wenn eine Partei sie ausspricht:
a. wegen einer Eigenschaft, die der anderen Partei kraft ihrer Persönlichkeit zusteht, es sei denn, diese Eigenschaft stehe in einem Zusammenhang mit dem Arbeitsverhältnis oder beeinträchtige wesentlich die Zusammenarbeit im Betrieb;
b. weil die andere Partei ein verfassungsmässiges Recht ausübt, es sei denn, die Rechtsausübung verletze eine Pflicht aus dem Arbeitsverhältnis oder beeinträchtige wesentlich die Zusammenarbeit im Betrieb;
c. ausschliesslich um die Entstehung von Ansprüchen der anderen Partei aus dem Arbeitsverhältnis zu vereiteln;
d. weil die andere Partei nach Treu und Glauben Ansprüche aus dem Arbeitsverhältnis geltend macht;
e. weil die andere Partei schweizerischen obligatorischen Militärdienst oder Schutzdienst oder schweizerischen Zivildienst leistet oder eine nicht freiwillig übernommene gesetzliche Pflicht erfüllt.
² Die Kündigung des Arbeitsverhältnisses durch den Arbeitgeber ist im weiteren missbräuchlich, wenn sie ausgesprochen wird:
a. weil der Arbeitnehmer einem Arbeitnehmerverband angehört oder nicht angehört oder weil er eine gewerkschaftliche Tätigkeit rechtmässig ausübt;
b. während der Arbeitnehmer gewählter Arbeitnehmervertreter in einer betrieblichen oder in einer dem Unternehmen angeschlossenen Einrichtung ist, und der Arbeitgeber nicht beweisen kann, dass er einen begründeten Anlass zur Kündigung hatte. (...)

OR

Art. 336a Sanktionen

¹ Die Partei, die das Arbeitsverhältnis missbräuchlich kündigt, hat der anderen Partei eine Entschädigung auszurichten.

² Die Entschädigung wird vom Richter unter Würdigung aller Umstände festgesetzt, darf aber den Betrag nicht übersteigen, der dem Lohn des Arbeitnehmers für sechs Monate entspricht. Schadenersatzansprüche aus einem anderen Rechtstitel sind vorbehalten.

³ Ist die Kündigung nach Artikel 336 Absatz ² Buchstabe c missbräuchlich, so darf die Entschädigung nicht mehr als den Lohn des Arbeitnehmers für zwei Monate betragen.

Art. 336b Verfahren

¹ Wer gestützt auf Artikel 336 und 336a eine Entschädigung geltend machen will, muss gegen die Kündigung längstens bis zum Ende der Kündigungsfrist schriftlich Einsprache erheben.

² Ist die Einsprache gültig erfolgt und einigen sich die Parteien nicht über die Fortsetzung des Arbeitsverhältnisses, so kann die Partei, der gekündigt worden ist, ihren Anspruch auf Entschädigung geltend machen. Wird nicht innert 180 Tagen nach Beendigung des Arbeitsverhältnisses eine Klage anhängig gemacht, ist der Anspruch verwirkt.

Art. 336c Kündigung zur Unzeit
 durch den Arbeitgeber

¹ Nach Ablauf der Probezeit darf der Arbeitgeber das Arbeitsverhältnis nicht kündigen:

a. während die andere Partei schweizerischen obligatorischen Militärdienst oder Schutzdienst oder schweizerischen Zivildienst leistet, sowie, sofern die Dienstleistung mehr als elf Tage dauert, während vier Wochen vorher und nachher;

b. während der Arbeitnehmer ohne eigenes Verschulden durch Krankheit oder durch Unfall ganz oder teilweise an der Arbeitsleistung verhindert ist, und zwar im ersten Dienstjahr während 30 Tagen, ab zweitem bis und mit fünftem Dienstjahr während 90 Tagen und ab sechstem Dienstjahr während 180 Tagen;

c. während der Schwangerschaft und in den 16 Wochen nach der Niederkunft einer Arbeitnehmerin;

d. während der Arbeitnehmer mit Zustimmung des Arbeitgebers an einer von der zuständigen Bundesbehörde angeordneten Dienstleistung für eine Hilfsaktion im Ausland teilnimmt.

² Die Kündigung, die während einer der in Absatz ¹ festgesetzten Sperrfristen erklärt wird, ist nichtig; ist dagegen die Kündigung vor Beginn einer solchen Frist erfolgt, aber die Kündigungsfrist bis dahin noch nicht abgelaufen, so wird deren Ablauf unterbrochen und erst nach Beendigung der Sperrfrist fortgesetzt.

³ Gilt für die Beendigung des Arbeitsverhältnisses ein Endtermin, wie das Ende eines Monats oder einer Arbeitswoche, und fällt dieser nicht mit dem Ende der fortgesetzten Kündigungsfrist zusammen, so verlängert sich diese bis zum nächstfolgenden Endtermin.

Art. 336d durch den Arbeitnehmer

¹ Nach Ablauf der Probezeit darf der Arbeitnehmer das Arbeitsverhältnis nicht kündigen, wenn ein Vorgesetzter, dessen Funktionen er auszuüben vermag, oder der Arbeitgeber selbst unter den in Artikel 336c Absatz 1 Buchstabe a angeführten Voraussetzungen an der Ausübung der Tätigkeit verhindert ist und der Arbeitnehmer dessen Tätigkeit während der Verhinderung zu übernehmen hat.

² Artikel 336c Absätze 2 und 3 sind entsprechend anwendbar.

Fristlose Auflösung

Art. 337 Voraussetzungen
 aus wichtigen Gründen

¹ Aus wichtigen Gründen kann der Arbeitgeber wie der Arbeitnehmer jederzeit das Arbeitsverhältnis fristlos auflösen; er muss die fristlose Vertragsauflösung schriftlich begründen, wenn die andere Partei dies verlangt.

² Als wichtiger Grund gilt namentlich jeder Umstand, bei dessen Vorhandensein dem Kündigenden nach Treu und Glauben die Fortsetzung des Arbeitsverhältnisses nicht mehr zugemutet werden darf.

³ Über das Vorhandensein solcher Umstände entscheidet der Richter nach seinem Ermessen, darf aber in keinem Fall die unverschuldete Verhinderung des Arbeitnehmers an der Arbeitsleistung als wichtigen Grund anerkennen.

Art. 337a wegen Lohngefährdung

Wird der Arbeitgeber zahlungsunfähig, so kann der Arbeitnehmer das Arbeitsverhältnis fristlos auflösen, sofern ihm für seine Forderungen aus dem Arbeitsverhältnis nicht innert angemessener Frist Sicherheit geleistet wird.

Art. 337b Folgen
 bei gerechtfertigter Auflösung

¹ Liegt der wichtige Grund zur fristlosen Auflösung des Arbeitsverhältnisses im vertragswidrigen Verhalten einer Vertragspartei, so hat diese vollen Schadenersatz zu leisten, unter Berücksichtigung aller aus dem Arbeitsverhältnis entstehenden Forderungen.

² In den andern Fällen bestimmt der Richter die vermögensrechtlichen Folgen der fristlosen Auflösung unter Würdigung aller Umstände nach seinem Ermessen.

Art. 337c bei ungerechtfertigter Entlassung

¹ Entlässt der Arbeitgeber den Arbeitnehmer fristlos ohne wichtigen Grund, so hat dieser Anspruch auf Ersatz dessen, was er verdient hätte, wenn das Arbeitsverhältnis unter Einhaltung der Kündigungsfrist oder durch Ablauf der bestimmten Vertragszeit beendigt worden wäre.

² Der Arbeitnehmer muss sich daran anrechnen lassen, was er infolge der Beendigung des Arbeitsverhältnisses erspart hat und was er durch anderweitige Arbeit verdient oder zu verdienen absichtlich unterlassen hat.

³ Der Richter kann den Arbeitgeber verpflichten, dem Arbeitnehmer eine Entschädigung zu bezahlen, die er nach freiem Ermessen unter Würdigung aller Umstände festlegt; diese Entschädigung darf jedoch den Lohn des Arbeitnehmers für sechs Monate nicht übersteigen.

Art. 337d bei ungerechtfertigtem Nichtantritt oder Verlassen der Arbeitsstelle

¹ Tritt der Arbeitnehmer ohne wichtigen Grund die Arbeitsstelle nicht an oder verlässt er sie fristlos, so hat der Arbeitgeber Anspruch auf eine Entschädigung, die einem Viertel des Lohnes für einen Monat entspricht; ausserdem hat er Anspruch auf Ersatz weiteren Schadens.

² Ist dem Arbeitgeber kein Schaden oder ein geringerer Schaden erwachsen, als der Entschädigung gemäss dem vorstehenden Absatz entspricht, so kann sie der Lichter nach seinem Ermessen herabsetzen.

³ Erlischt der Anspruch auf Entschädigung nicht durch Verrechnung, so ist er durch Klage oder Betreibung innert 30 Tagen seit dem Nichtantritt oder Verlassen der Arbeitsstelle geltend zu machen; andernfalls ist der Anspruch verwirkt.

Tod des Arbeitnehmers oder des Arbeitgebers

Art. 338 Tod des Arbeitnehmers

¹ Mit dem Tod des Arbeitnehmers erlischt das Arbeitsverhältnis.

² Der Arbeitgeber hat jedoch den Lohn für einen weiteren Monat und nach fünfjähriger Dienstdauer für zwei weitere Monate, gerechnet vom Todestag an, zu entrichten, sofern der Arbeitnehmer den Ehegatten, die eingetragene Partnerin, den eingetragenen Partner oder minderjährige Kinder oder bei Fehlen dieser Erben andere Personen hinterlässt, denen gegenüber er eine Unterstützungspflicht erfüllt hat.

Art. 338a Tod des Arbeitgebers

¹ Mit dem Tod des Arbeitgebers geht das Arbeitsverhältnis auf die Erben über; die Vorschriften betreffend den Übergang des Arbeitsverhältnisses bei Betriebsnachfolge sind sinngemäss anwendbar.

² Ist das Arbeitsverhältnis wesentlich mit Rücksicht auf die Person des Arbeitgebers eingegangen worden, so erlischt es mit dessen Tod; jedoch kann der Arbeitnehmer angemessenen Ersatz für den Schaden verlangen, der ihm infolge der vorzeitigen Beendigung des Arbeitsverhältnisses erwächst.

Konkurrenzverbot

Art. 340 Voraussetzungen

¹ Der handlungsfähige Arbeitnehmer kann sich gegenüber dem Arbeitgeber schriftlich verpflichten, nach Beendigung des Arbeitsverhältnisses sich jeder konkurrenzierenden Tätigkeit zu enthalten, insbesondere weder auf eigene Rechnung ein Geschäft zu betreiben, das mit dem des Arbeitgebers in Wettbewerb steht, noch in einem solchen Geschäft tätig zu sein oder sich daran zu beteiligen.

² Das Konkurrenzverbot ist nur verbindlich, wenn das Arbeitsverhältnis dem Arbeitnehmer Einblick in den Kundenkreis oder in Fabrikations- und Geschäftsgeheimnisse gewährt und die Verwendung dieser Kenntnisse den Arbeitgeber erheblich schädigen könnte.

Art. 340a Beschränkungen

¹ Das Verbot ist nach Ort, Zeit und Gegenstand angemessen zu begrenzen, so dass eine unbillige Erschwerung des wirtschaftlichen Fortkommens des Arbeitnehmers ausgeschlossen ist; es darf nur unter besonderen Umständen drei Jahre überschreiten. (...)

Art. 340b Folgen der Übertretung

¹ Übertritt der Arbeitnehmer das Konkurrenzverbot, so hat er den dem Arbeitgeber erwachsenden Schaden zu ersetzen.

² Ist bei Übertretung des Verbotes eine Konventionalstrafe geschuldet und nichts anderes verabredet, so kann sich der Arbeitnehmer durch deren Leistung vom Verbot befreien; er bleibt jedoch für weiteren Schaden ersatzpflichtig.

³ Ist es besonders schriftlich verabredet, so kann der Arbeitgeber neben der Konventionalstrafe und dem Ersatz weiteren Schadens die Beseitigung des vertragswidrigen Zustandes verlangen, sofern die verletzten oder bedrohten Interessen des Arbeitgebers und das Verhalten des Arbeitnehmers dies rechtfertigen.

Art. 340c Wegfall

¹ Das Konkurrenzverbot fällt dahin, wenn der Arbeitgeber nachweisbar kein erhebliches Interesse mehr hat, es aufrecht zu erhalten.

² Das Verbot fällt ferner dahin, wenn der Arbeitgeber das Arbeitsverhältnis kündigt, ohne dass ihm der Arbeitnehmer dazu begründeten Anlass gegeben hat, oder wenn es dieser aus einem begründeten, vom Arbeitgeber zu verantwortenden Anlass auflöst.

Art. 341 Unverzichtbarkeit und Verjährung

¹ Während der Dauer des Arbeitsverhältnisses und eines Monats nach dessen Beendigung kann der Arbeitnehmer auf Forderungen, die sich aus unabdingbaren Vorschriften des Gesetzes oder aus unabdingbaren Bestimmungen eines Gesamtarbeitsvertrages ergeben, nicht verzichten.

² Die allgemeinen Vorschriften über die Verjährung sind auf Forderungen aus dem Arbeitsverhältnis anwendbar.

Der Lehrvertrag

Begriff und Entstehung

Art. 344

Durch den Lehrvertrag verpflichten sich der Arbeitgeber, die lernende Person für eine bestimmte Berufstätigkeit fachgemäss zu bilden, und die lernende Person, zu diesem Zweck Arbeit im Dienst des Arbeitgebers zu leisten.

Art. 344a

¹ Der Lehrvertrag bedarf zu seiner Gültigkeit der schriftlichen Form.

² Der Vertrag hat die Art und die Dauer der beruflichen Bildung, den Lohn, die Probezeit, die Arbeitszeit und die Ferien zu regeln.

³ Die Probezeit darf nicht weniger als einen Monat und nicht mehr als drei Monate betragen. Haben die Vertragsparteien im Lehrvertrag keine Probezeit festgelegt, so gilt eine Probezeit von drei Monaten.

⁴ Die Probezeit kann vor ihrem Ablauf durch Abrede der Parteien und unter Zustimmung der kantonalen Behörde ausnahmsweise bis auf sechs Monate verlängert werden.

OR

⁵ Der Vertrag kann weitere Bestimmungen enthalten, wie namentlich über die Beschaffung von Berufswerkzeugen, Beiträge an Unterkunft und Verpflegung, Übernahme von Versicherungsprämien oder andere Leistungen der Vertragsparteien

⁶ Abreden, die die lernende Person im freien Entschluss über die berufliche Tätigkeit nach beendigter Lehre beeinträchtigen, sind nichtig.

Wirkungen

Art. 345 Pflichten der lernenden Person und ihrer gesetzlichen Vertretung

¹ Die lernende Person hat alles zu tun, um das Lehrziel zu erreichen.

² Die gesetzliche Vertretung der lernenden Person hat den Arbeitgeber in der Erfüllung seiner Aufgabe nach Kräften zu unterstützen und das gute Einvernehmen zwischen dem Arbeitgeber und der lernenden Person zu fördern.

Art. 345a besondere Pflichten des Arbeitgebers

¹ Der Arbeitgeber hat dafür zu sorgen, dass die Berufslehre unter der Verantwortung einer Fachkraft steht, welche die dafür nötigen beruflichen Fähigkeiten und persönlichen Eigenschaften besitzt.

² Er hat der lernenden Person ohne Lohnabzug die Zeit freizugeben, die für den Besuch der Berufsfachschule und der überbetrieblichen Kurse und für die Teilnahme an den Lehrabschlussprüfungen erforderlich ist.

³ Er hat der lernenden Person bis zum vollendeten 20. Altersjahr für jedes Lehrjahr wenigstens fünf Wochen Ferien zu gewähren.

⁴ Er darf die lernende Person zu anderen als beruflichen Arbeiten und zu Akkordlohnarbeiten nur so weit einsetzen, als solche Arbeiten mit dem zu erlernenden Beruf in Zusammenhang stehen und die Bildung nicht beeinträchtigt wird.

Beendigung

Art. 346 Vorzeitige Auflösung

¹ Das Lehrverhältnis kann während der Probezeit jederzeit mit einer Kündigungsfrist von sieben Tagen gekündigt werden.

² Aus wichtigen Gründen im Sinne von Artikel 337 kann das Lehrverhältnis namentlich fristlos aufgelöst werden, wenn:
a. der für die Bildung verantwortlichen Fachkraft die erforderlichen beruflichen Fähigkeiten oder persönlichen Eigenschaften zur Bildung der lernenden Person fehlen;
b. die lernende Person nicht über die für die Bildung unentbehrlichen körperlichen oder geistigen Anlagen verfügt oder gesundheitlich oder sittlich gefährdet ist; die lernende Person und gegebenenfalls deren gesetzliche Vertretung sind vorgängig anzuhören;
c. die Bildung nicht oder nur unter wesentlich veränderten Verhältnissen zu Ende geführt werden kann.

Art. 346a Lehrzeugnis

¹ Nach Beendigung der Berufslehre hat der Arbeitgeber der lernenden Person ein Zeugnis auszustellen, das die erforderlichen Angaben über die erlernte Berufstätigkeit und die Dauer der Berufslehre enthält.

² Auf Verlangen der lernenden Person oder deren gesetzlichen Vertretung hat sich das Zeugnis auch über die Fähigkeiten, die Leistungen und das Verhalten der lernenden Person auszusprechen.

Gesamtarbeitsvertrag

Begriff, Inhalt, Form und Dauer

Art. 356 Begriff und Inhalt

¹ Durch den Gesamtarbeitsvertrag stellen Arbeitgeber oder deren Verbände und Arbeitnehmerverbände gemeinsam Bestimmungen über Abschluss, Inhalt und Beendigung der einzelnen Arbeitsverhältnisse der beteiligten Arbeitgeber und Arbeitnehmer auf.

² Der Gesamtarbeitsvertrag kann auch andere Bestimmungen enthalten, soweit sie das Verhältnis zwischen Arbeitgebern und Arbeitnehmern betreffen, oder sich auf die Aufstellung solcher Bestimmungen beschränken. (..)

Art. 356b Anschluss

¹ Einzelne Arbeitgeber und einzelne im Dienst beteiligter Arbeitgeber stehende Arbeitnehmer können sich mit Zustimmung der Vertragsparteien dem Gesamtarbeitsvertrag anschliessen und gelten als beteiligte Arbeitgeber und Arbeitnehmer. (...)

Art. 356c Form und Dauer

¹ Der Abschluss des Gesamtarbeitsvertrages, dessen Änderung und Aufhebung durch gegenseitige Übereinkunft, der Beitritt einer neuen Vertragspartei sowie die Kündigung bedürfen zu ihrer Gültigkeit der schriftlichen Form, ebenso die Anschlusserklärung einzelner Arbeitgeber und Arbeitnehmer und die Zustimmung der Vertragsparteien gemäss Artikel 356b Absatz 1 sowie die Kündigung des Anschlusses.

² Ist der Gesamtarbeitsvertrag nicht auf bestimmte Zeit abgeschlossen und sieht er nichts anderes vor, so kann er von jeder Vertragspartei mit Wirkung für alle anderen Parteien nach Ablauf eines Jahres jederzeit auf sechs Monate gekündigt werden. Diese Bestimmung gilt sinngemäss auch für den Anschluss.

Wirkungen

Art. 357 auf die beteiligten Arbeitgeber und Arbeitnehmer

¹ Die Bestimmungen des Gesamtarbeitsvertrages über Abschluss, Inhalt und Beendigung der einzelnen Arbeitsverhältnisse gelten während der Dauer des Vertrages unmittelbar für die beteiligten Arbeitgeber und Arbeitnehmer und können nicht wegbedungen werden, sofern der Gesamtarbeitsvertrag nichts anderes bestimmt.

² Abreden zwischen beteiligten Arbeitgebern und Arbeitnehmern, die gegen die unabdingbaren Bestimmungen verstossen, sind nichtig und werden durch die Bestimmungen des Gesamtarbeitsvertrages ersetzt; jedoch können abweichende Abreden zugunsten der Arbeitnehmer getroffen werden.

Art. 357a unter den Vertragsparteien

¹ Die Vertragsparteien sind verpflichtet, für die Einhaltung des Gesamtarbeitsvertrages zu sorgen; zu diesem Zweck haben Verbände auf ihre Mitglieder einzuwir-

ken und nötigenfalls die statutarischen und gesetzlichen Mittel einzusetzen.
² Jede Vertragspartei ist verpflichtet, den Arbeitsfrieden zu wahren und sich insbesondere jeder Kampfmassnahme zu enthalten, soweit es sich um Gegenstände handelt, die im Gesamtarbeitsvertrag geregelt sind; die Friedenspflicht gilt nur unbeschränkt, wenn dies ausdrücklich bestimmt ist.

Normalarbeitsvertrag

Art. 359 Begriff und Inhalt
¹ Durch den Normalarbeitsvertrag werden für einzelne Arten von Arbeitsverhältnissen Bestimmungen über deren Abschluss, Inhalt und Beendigung aufgestellt.
² Für das Arbeitsverhältnis der landwirtschaftlichen Arbeitnehmer und der Arbeitnehmer im Hausdienst haben die Kantone Normalarbeitsverträge zu erlassen, die namentlich die Arbeits- und Ruhezeit ordnen und die Arbeitsbedingungen der weiblichen und jugendlichen Arbeitnehmer regeln.
³ Artikel 358 ist auf den Normalarbeitsvertrag sinngemäss anwendbar.

Art. 359a Zuständigkeit und Verfahren
¹ Erstreckt sich der Geltungsbereich des Normalarbeitsvertrages auf das Gebiet mehrerer Kantone, so ist für den Erlass der Bundesrat, andernfalls der Kanton zuständig.
² Vor dem Erlass ist der Normalarbeitsvertrag angemessen zu veröffentlichen und eine Frist anzusetzen, innert deren jedermann, der ein Interesse glaubhaft macht, schriftlich dazu Stellung nehmen kann; ausserdem sind Berufsverbände oder gemeinnützige Vereinigungen, die ein Interesse haben, anzuhören.
(...)

Art. 360 Wirkungen
¹ Die Bestimmungen des Normalarbeitsvertrages gelten unmittelbar für die ihm unterstellten Arbeitsverhältnisse, soweit nichts anderes verabredet wird.
² Der Normalarbeitsvertrag kann vorsehen, dass Abreden, die von einzelnen seiner Bestimmungen abweichen, zu ihrer Gültigkeit der schriftlichen Form bedürfen.

Art. 360a Mindestlöhne
Voraussetzungen
¹ Werden innerhalb einer Branche oder einem Beruf die orts-, berufs- oder branchenüblichen Löhne wiederholt in missbräuchlicher Weise unterboten und liegt kein Gesamtarbeitsvertrag mit Bestimmungen über Mindestlöhne vor, der allgemein verbindlich erklärt werden kann, so kann die zuständige Behörde zur Bekämpfung oder Verhinderung von Missbräuchen auf Antrag der tripartiten Kommission nach Artikel 360*b* einen befristeten Normalarbeitsvertrag erlassen, der nach Regionen und gegebenenfalls Orten differenzierte Mindestlöhne vorsieht.
² Die Mindestlöhne dürfen weder dem Gesamtinteresse zuwiderlaufen noch die berechtigten Interessen anderer Branchen oder Bevölkerungskreise beeinträchtigen. Sie müssen den auf regionalen oder betrieblichen Verschiedenheiten beruhenden Minderheitsinteressen der betroffenen Branchen oder Berufe angemessen Rechnung tragen.

Art. 360b Tripartite Kommissionen
¹ Der Bund und jeder Kanton setzen eine tripartite Kommission ein, die sich aus einer gleichen Zahl von Arbeitgeber- und Arbeitnehmervertretern sowie Vertretern des Staates zusammensetzt.
² Bezüglich der Wahl ihrer Vertreter nach Absatz 1 steht den Arbeitgeber- und Arbeitnehmerverbänden ein Vorschlagsrecht zu.
³ Die Kommissionen beobachten den Arbeitsmarkt. Stellen sie Missbräuche im Sinne von Artikel 360a Absatz 1 fest, so suchen sie in der Regel eine direkte Verständigung mit den betroffenen Arbeitgebern. Gelingt dies innert zwei Monaten nicht, so beantragen sie der zuständigen Behörde den Erlass eines Normalarbeitsvertrages, der für die betroffenen Branchen oder Berufe Mindestlöhne vorsieht.
⁴ Ändert sich die Arbeitsmarktsituation in den betroffenen Branchen, so beantragt die tripartite Kommission der zuständigen Behörde die Änderung oder die Aufhebung des Normalarbeitsvertrags.
⁵ Um die ihnen übertragenen Aufgaben wahrzunehmen, haben die tripartiten Kommissionen in den Betrieben das Recht auf Auskunft und Einsichtnahme in alle Dokumente, die für die Durchführung der Untersuchung notwendig sind. Im Streitfall entscheidet eine hierfür vom Bund beziehungsweise vom Kanton bezeichnete Behörde.
⁶ Die tripartiten Kommissionen können beim Bundesamt für Statistik auf Gesuch die für ihre Abklärungen notwendigen Personendaten beziehen, die in Firmen-Gesamtarbeitsverträgen enthalten sind

Art. 360d Wirkungen
¹ Der Normalarbeitsvertrag nach Artikel 360*a* gilt auch für Arbeitnehmer, die nur vorübergehend in seinem örtlichen Geltungsbereich tätig sind, sowie für verliehene Arbeitnehmer.
² Durch Abrede darf vom Normalarbeitsvertrag nach Artikel 360*a* nicht zu Ungunsten des Arbeitnehmers abgewichen werden.

Art. 360e Klagerecht der Verbände
Den Arbeitgeber- und den Arbeitnehmerverbänden steht ein Anspruch auf gerichtliche Feststellung zu, ob ein Arbeitgeber den Normalarbeitsvertrag nach Artikel 360*a* einhält.

Zwingende Vorschriften

Art. 361 Unabänderlichkeit zuungunsten
des Arbeitgebers und des Arbeitnehmers
¹ Durch Abrede, Normalarbeitsvertrag oder Gesamtarbeitsvertrag darf von den folgenden Vorschriften weder zuungunsten des Arbeitgebers noch des Arbeitnehmers abgewichen werden: *(Auswahl)*

Artikel 321c   Absatz 1 (Überstundenarbeit)
Artikel 323   Absatz 4 (Vorschuss)
Artikel 323b   Absatz 2
               (Verrechnung mit Gegenforderungen)
Artikel 325:   Absatz 2 (Abtretung und Verpfändung
               von Lohnforderungen)

OR

Artikel 326 Absatz 2 (Zuweisung von Arbeit)
Artikel 329d Absätze 2 und 3 (Ferienlohn)
Artikel 334 Absatz 3 (Kündigung bei m langjährigen Arbeitsverhältnis)
Artikel 335 (Kündigung des Arbeitsverhältnisses)
Artikel 336 Absatz 1 (Missbräuchliche Kündigung)
Artikel 336a (Entschädigung bei missbräuchlicher Kündigung)
Artikel 336b (Geltendmachung der Entschädigung)
Artikel 336d (Kündigung zur Unzeit durch den Arbeitnehmer)
Artikel 337 Absätze 1 und 2 (Fristlose Auflösung aus wichtigen Gründen)
Artikel 337b Absatz 1 (Folgen bei gerechtfertigter Auflösung)
Artikel 337d (Folgen bei ungerechtfertigtem Nicht antritt oder Verlassen der Arbeitsstelle)
Artikel 340b Absätze 1 und 2 (Folgen der Übertretung des Konkurrenzverbotes)
Artikel 346 (Vorzeitige Auflösung des Lehrvertrages)

² Abreden sowie Bestimmungen von Normalarbeitsverträgen und Gesamtarbeitsverträgen, die von den vorstehend angeführten Vorschriften zuungunsten des Arbeitgebers oder des Arbeitnehmers abweichen, sind nichtig.

Art. 362 Unabänderlichkeit zuungunsten des Arbeitnehmers

¹ Durch Abrede, Normalarbeitsvertrag oder Gesamtarbeitsvertrag darf von den folgenden Vorschriften zuungunsten der Arbeitnehmerin oder des Arbeitnehmers nicht abgewichen werden:

(Auswahl)

Artikel 321e (Haftung des Arbeitnehmers)
Artikel 322a Absätze 2 und 3 (Anteil am Geschäftsergebnis)
Artikel 323b Absatz 1 zweiter Satz (Lohnabrechnung)
Artikel 324 (Lohn bei Annahmeverzug des Arbeitgebers)
Artikel 324a Absätze 1 und 3 (Lohn bei Verhinderung des Arbeitnehmers)
Artikel 324b (Lohn bei obligatorischer Versicherung des Arbeitnehmers)
Artikel 326 Absätze 1, 3 und 4 (Akkordlohnarbeit)
Artikel 326a (Akkordlohn
Artikel 327a Absatz 1 (Auslagenersatz i. Allgemeinen)
Artikel 327b Absatz 1 (Auslagen / Motorfahrzeug)
Artikel 327c Absatz 2 (Vorschuss für Auslagen)
Artikel 328 (Schutz der Persönlichkeit des Arbeitnehmers im Allgemeinen)
Artikel 328b (Schutz der Persönlichkeit bei der Bearbeitung von Personendaten)
Artikel 329 Absätze 1, 2 und 3 (Freizeit)
Artikel 329a Absätze 1 und 3 (Dauer der Ferien)
Artikel 329b Absätze 2 und 3 (Kürzung der Ferien)
Artikel 329c (Zusammenhang und Zeitpunkt der Ferien)
Artikel 329d Absatz 1 (Ferienlohn)
Artikel 329e Absätze 1 und 3 (Jugendurlaub)
Artikel 329f (Mutterschaftsurlaub)
Artikel 330 Absätze 1, 3 und 4 (Kaution)
Artikel 330a (Zeugnis)
Artikel 336 Absatz 2 (Missbräuchliche Kündigung durch den Arbeitgeber)
Artikel 336c (Kündigung zur Unzeit durch den Arbeitgeber)
Artikel 337a (Fristlose Auflösung wegen Lohngefährdung)
Artikel 337c Absatz 1 (Folgen bei ungerechtfertigter Entlassung)
Artikel 338 (Tod des Arbeitnehmers)
Artikel 338a (Tod des Arbeitgebers)
Artikel 340 Absatz 1 (Voraussetzungen des Konkurrenzverbotes)
Artikel 340a Absatz 1 (Beschränkung des Konkurrenzverbotes)
Artikel 340c (Wegfall des Konkurrenzverbotes)
Artikel 345a (Pflichten des Lehrmeisters)
Artikel 346a (Lehrzeugnis)

² Abreden sowie Bestimmungen von Normalarbeitsverträgen und Gesamtarbeitsverträgen, die von den vorstehend angeführten Vorschriften zuungunsten des Arbeitnehmers abweichen, sind nichtig.

Der Werkvertrag

Begriff
Art. 363

Durch den Werkvertrag verpflichtet sich der Unternehmer zur Herstellung eines Werkes und der Besteller zur Leistung einer Vergütung.

Pflichten des Unternehmers
Art. 364 Im Allgemeinen

¹ Der Unternehmer haftet im Allgemeinen für die gleiche Sorgfalt wie der Arbeitnehmer im Arbeitsverhältnis.

² Er ist verpflichtet, das Werk persönlich auszuführen oder unter seiner persönlichen Leitung ausführen zu lassen, mit Ausnahme der Fälle, in denen es nach der Natur des Geschäftes auf persönliche Eigenschaften des Unternehmers nicht ankommt.

³ Er hat in Ermangelung anderweitiger Verabredung oder Übung für die zur Ausführung des Werkes nötigen Hilfsmittel, Werkzeuge und Gerätschaften auf seine Kosten zu sorgen.

Art. 365 Betreffend den Stoff

¹ Soweit der Unternehmer die Lieferung des Stoffes übernommen hat, haftet er dem Besteller für die Güte desselben und hat Gewähr zu leisten wie ein Verkäufer.

² Den vom Besteller gelieferten Stoff hat der Unternehmer mit aller Sorgfalt zu behandeln, über dessen Verwendung Rechenschaft abzulegen und einen allfälligen Rest dem Besteller zurückzugeben.

³ Zeigen sich bei der Ausführung des Werkes Mängel an dem vom Besteller gelieferten Stoffe oder an dem angewiesenen Baugrunde, oder ergeben sich sonst Verhältnisse, die eine gehörige oder rechtzeitige Ausführung des Werkes gefährden, so hat der Unternehmer dem Besteller ohne Verzug davon Anzeige zu machen, widrigenfalls die nachteiligen Folgen ihm selbst zur Last fallen.

Art. 366 Rechtzeitige Vornahme und
vertragsgemässe Ausführung der Arbeit

¹ Beginnt der Unternehmer das Werk nicht rechtzeitig oder verzögert er die Ausführung in vertragswidriger Weise oder ist er damit ohne Schuld des Bestellers so sehr im Rückstande, dass die rechtzeitige Vollendung nicht mehr vorauszusehen ist, so kann der Besteller, ohne den Lieferungstermin abzuwarten, vom Vertrage zurücktreten.

² Lässt sich während der Ausführung des Werkes eine mangelhafte oder sonst vertragswidrige Erstellung durch Verschulden des Unternehmers bestimmt voraussehen, so kann ihm der Besteller eine angemessene Frist zur Abhilfe ansetzen oder ansetzen lassen mit der Androhung, dass im Unterlassungsfalle die Verbesserung oder die Fortführung des Werkes auf Gefahr und Kosten des Unternehmers einem Dritten übertragen werde.

Art. 367 Haftung für Mängel
Feststellung der Mängel

¹ Nach Ablieferung des Werkes hat der Besteller, sobald es nach dem üblichen Geschäftsgange tunlich ist, dessen Beschaffenheit zu prüfen und den Unternehmer von allfälligen Mängeln in Kenntnis zu setzen.

² Jeder Teil ist berechtigt, auf seine Kosten eine Prüfung des Werkes durch Sachverständige und die Beurkundung des Befundes zu verlangen.

Art. 368 Recht des Bestellers bei Mängeln

¹ Leidet das Werk an so erheblichen Mängeln oder weicht es sonst so sehr vom Vertrage ab, dass es für den Besteller unbrauchbar ist oder dass ihm die Annahme billigerweise nicht zugemutet werden kann, so darf er diese verweigern und bei Verschulden des Unternehmers Schadenersatz fordern.

² Sind die Mängel oder die Abweichungen vom Vertrage minder erheblich, so kann der Besteller einen dem Minderwerte des Werkes entsprechenden Abzug am Lohne machen oder auch, sofern dieses dem Unternehmer nicht übermässige Kosten verursacht, die unentgeltliche Verbesserung des Werkes und bei Verschulden Schadenersatz verlangen.

³ Bei Werken, die auf dem Grund und Boden des Bestellers errichtet sind und ihrer Natur nach nur mit unverhältnismässigen Nachteilen entfernt werden können, stehen dem Besteller nur die im zweiten Absatz dieses Artikels genannten Rechte zu.

Art. 370 Genehmigung des Werkes

¹ Wird das abgelieferte Werk vom Besteller ausdrücklich oder stillschweigend genehmigt, so ist der Unternehmer von seiner Haftpflicht befreit, soweit es sich nicht um Mängel handelt, die bei der Abnahme und ordnungsmässigen Prüfung nicht erkennbar waren oder vom Unternehmer absichtlich verschwiegen wurden.

² Stillschweigende Genehmigung wird angenommen, wenn der Besteller die gesetzlich vorgesehene Prüfung und Anzeige unterlässt.

³ Treten die Mängel erst später zu Tage, so muss die Anzeige sofort nach der Entdeckung erfolgen, widrigenfalls das Werk auch rücksichtlich dieser Mängel als genehmigt gilt.

Art. 371 Verjährung

¹ Die Ansprüche des Bestellers wegen Mängel des Werkes verjähren gleich den entsprechenden Ansprüchen des Käufers.

² Der Anspruch des Bestellers eines unbeweglichen Bauwerkes wegen allfälliger Mängel des Werkes verjährt jedoch gegen den Unternehmer sowie gegen den Architekten oder Ingenieur, die zum Zwecke der Erstellung Dienste geleistet haben, mit Ablauf von fünf Jahren seit der Abnahme.

Pflichten des Bestellers

Art. 372 Fälligkeit der Vergütung

¹ Der Besteller hat die Vergütung bei der Ablieferung des Werkes zu zahlen.

² Ist das Werk in Teilen zu liefern und die Vergütung nach Teilen bestimmt, so hat Zahlung für jeden Teil bei dessen Ablieferung zu erfolgen.

Art. 373 Höhe der Vergütung
Feste Übernahme

¹ Wurde die Vergütung zum Voraus genau bestimmt, so ist der Unternehmer verpflichtet, das Werk um diese Summe fertig zu stellen, und darf keine Erhöhung fordern, selbst wenn er mehr Arbeit oder grössere Auslagen gehabt hat, als vorgesehen war.

² Falls jedoch ausserordentliche Umstände, die nicht vorausgesehen werden konnten oder die nach den von beiden Beteiligten angenommenen Voraussetzungen ausgeschlossen waren, die Fertigstellung hindern oder übermässig erschweren, so kann der Richter nach seinem Ermessen eine Erhöhung des Preises oder die Auflösung des Vertrages bewilligen.

³ Der Besteller hat auch dann den vollen Preis zu bezahlen, wenn die Fertigstellung des Werkes weniger Arbeit verursacht, als vorgesehen war.

Art. 374 Festsetzung nach dem Wert der Arbeit

Ist der Preis zum Voraus entweder gar nicht oder nur ungefähr bestimmt worden, so wird er nach Massgabe des Wertes der Arbeit und der Aufwendungen des Unternehmers festgesetzt.

Beendigung

Art. 375 Rücktritt wegen
Überschreitung des Kostenansatzes

¹ Wird ein mit dem Unternehmer verabredeter ungefährer Ansatz ohne Zutun des Bestellers unverhältnismässig überschritten, so hat dieser sowohl während als nach der Ausführung des Werkes das Recht, vom Vertrag zurückzutreten.

² Bei Bauten, die auf Grund und Boden des Bestellers errichtet werden, kann dieser eine angemessene Herabsetzung des Lohnes verlangen oder, wenn die Baute noch nicht vollendet ist, gegen billigen Ersatz der bereits ausgeführten Arbeiten dem Unternehmer die Fortführung entziehen und vom Vertrage zurücktreten.

Art. 376 Untergang des Werkes

¹ Geht das Werk vor seiner Übergabe durch Zufall zugrunde, so kann der Unternehmer weder Lohn für seine Arbeit noch Vergütung seiner Auslagen verlangen, ausser wenn der Besteller sich mit der Annahme im Verzug befindet.

² Der Verlust des zugrunde gegangenen Stoffes trifft in diesem Falle den Teil, der ihn geliefert hat.
³ Ist das Werk wegen eines Mangels des vom Besteller gelieferten Stoffes oder des angewiesenen Baugrundes oder infolge der von ihm vorgeschriebenen Art der Ausführung zugrunde gegangen, so kann der Unternehmer, wenn er den Besteller auf diese Gefahren rechtzeitig aufmerksam gemacht hat, die Vergütung der bereits geleisteten Arbeit und der im Lohne nicht eingeschlossenen Auslagen und, falls den Besteller ein Verschulden trifft, überdies Schadenersatz verlangen.

Art. 377 Rücktritt des Bestellers gegen Schadloshaltung
Solange das Werk unvollendet ist, kann der Besteller gegen Vergütung der bereits geleisteten Arbeit und gegen volle Schadloshaltung des Unternehmers jederzeit vom Vertrag zurücktreten.

Der einfache Auftrag
Art. 394 Begriff
¹ Durch die Annahme eines Auftrages verpflichtet sich der Beauftragte, die ihm übertragenen Geschäfte oder Dienste vertragsgemäss zu besorgen.
² Verträge über Arbeitsleistung, die keiner besondern Vertragsart dieses Gesetzes unterstellt sind, stehen unter den Vorschriften über den Auftrag.
³ Eine Vergütung ist zu leisten, wenn sie verabredet oder üblich ist.

Art. 398 Verpflichtungen des Beauftragten Haftung für getreue Ausführung
¹ Der Beauftragte haftet im Allgemeinen für die gleiche Sorgfalt wie der Arbeitnehmer im Arbeitsverhältnis.
² Er haftet dem Auftraggeber für getreue und sorgfältige Ausführung des ihm übertragenen Geschäftes.
³ Er hat das Geschäft persönlich zu besorgen, ausgenommen, wenn er zur Übertragung an einen Dritten ermächtigt oder durch die Umstände genötigt ist, oder wenn eine Vertretung übungsgemäss als zulässig betrachtet wird.

Art. 402 Verpflichtungen des Auftraggebers
¹ Der Auftraggeber ist schuldig, dem Beauftragten die Auslagen und Verwendungen, die dieser in richtiger Ausführung des Auftrages gemacht hat, samt Zinsen zu ersetzen und ihn von den eingegangenen Verbindlichkeiten zu befreien.
² Er haftet dem Beauftragten für den aus dem Auftrage erwachsenen Schaden, soweit er nicht zu beweisen vermag, dass der Schaden ohne sein Verschulden entstanden ist.

Art. 404 Beendigung: Widerruf, Kündigung
¹ Der Auftrag kann von jedem Teile jederzeit widerrufen oder gekündigt werden.
² Erfolgt dies jedoch zur Unzeit, so ist der zurücktretende Teil zum Ersatze des dem anderen verursachten Schadens verpflichtet.

Die Bürgschaft
Voraussetzungen
Art. 492 Begriff
¹ Durch den Bürgschaftsvertrag verpflichtet sich der Bürge gegenüber dem Gläubiger des Hauptschuldners, für die Erfüllung der Schuld einzustehen.
² Jede Bürgschaft setzt eine zu Recht bestehende Hauptschuld voraus. Für den Fall, dass die Hauptschuld wirksam werde, kann die Bürgschaft auch für eine künftige oder bedingte Schuld eingegangen werden. (...)

Art. 493 Form
¹ Die Bürgschaft bedarf zu ihrer Gültigkeit der schriftlichen Erklärung des Bürgen und der Angabe des zahlenmässig bestimmten Höchstbetrages seiner Haftung in der Bürgschaftsurkunde selbst.
² Die Bürgschaftserklärung natürlicher Personen bedarf ausserdem der öffentlichen Beurkundung, die den am Ort ihrer Vornahme geltenden Vorschriften entspricht. Wenn aber der Haftungsbetrag die Summe von 2000 Franken nicht übersteigt, so genügt die eigenschriftliche Angabe des zahlenmässig bestimmten Haftungsbetrages und gegebenenfalls der solidarischen Haftung in der Bürgschaftsurkunde selbst. (...)

Art. 494 Zustimmung des Ehegatten
¹ Die Bürgschaft einer verheirateten Person bedarf zu ihrer Gültigkeit der im einzelnen Fall vorgängig oder spätestens gleichzeitig abgegebenen schriftlichen Zustimmung des Ehegatten, wenn die Ehe nicht durch richterliches Urteil getrennt ist.
² aufgehoben (...)
⁴ Die gleiche Regelung gilt bei eingetragenen Partnerschaften sinngemäss.

Besonderheiten der einzelnen Bürgschaften
Art. 495 Einfache Bürgschaft
¹ Der Gläubiger kann den einfachen Bürgen erst dann zur Zahlung anhalten, wenn nach Eingehung der Bürgschaft der Hauptschuldner in Konkurs geraten ist oder Nachlassstundung erhalten hat oder vom Gläubiger unter Anwendung der erforderlichen Sorgfalt bis zur Ausstellung eines definitiven Verlustscheines betrieben worden ist oder den Wohnsitz ins Ausland verlegt hat und in der Schweiz nicht mehr belangt werden kann, oder wenn infolge Verlegung seines Wohnsitzes im Ausland eine erhebliche Erschwerung der Rechtsverfolgung eingetreten ist. (...)

Art. 496 Solidarbürgschaft
¹ Wer sich als Bürge unter Beifügung des Wortes «solidarisch» oder mit andern gleichbedeutenden Ausdrücken verpflichtet, kann vor dem Hauptschuldner und vor der Verwertung der Grundpfänder belangt werden, sofern der Hauptschuldner mit seiner Leistung im Rückstand und erfolglos gemahnt worden oder seine Zahlungsunfähigkeit offenkundig ist.
² Vor der Verwertung der Faustpfand- und Forderungspfandrechte kann er nur belangt werden, soweit diese nach dem Ermessen des Richters voraussichtlich keine Deckung bieten, oder wenn dies so vereinbart worden oder der Hauptschuldner in Konkurs geraten ist oder Nachlassstundung erhalten hat.

Gemeinsamer Inhalt
Art. 499 Umfang der Haftung
¹ Der Bürge haftet in allen Fällen nur bis zu dem in der Bürgschaftsurkunde angegebenen Höchstbetrag. (...)

Beendigung der Bürgschaft

Art. 509 Dahinfallen von Gesetzes wegen
¹ Durch jedes Erlöschen der Hauptschuld wird der Bürge befreit. (...)
³ Jede Bürgschaft natürlicher Personen fällt nach Ablauf von 20 Jahren nach ihrer Eingehung dahin. (...)
⁵ Eine Verlängerung kann durch schriftliche Erklärung des Bürgen für höchstens weitere zehn Jahre vorgenommen werden. Diese ist aber nur gültig, wenn sie nicht früher als ein Jahr vor dem Dahinfallen der Bürgschaft abgegeben wird. (...)

Spiel und Wette

Art. 513 Unklagbarkeit der Forderung
¹ Aus Spiel und Wette entsteht keine Forderung.
² Dasselbe gilt von Darlehen und Vorschüssen, die wissentlich zum Behufe des Spieles oder der Wette gemacht werden, (...)

Die einfache Gesellschaft

Art. 530 Begriff
¹ Gesellschaft ist die vertragsmässige Verbindung von zwei oder mehreren Personen zur Erreichung eines gemeinsamen Zweckes mit gemeinsamen Kräften oder Mitteln. (...)

Art. 531 Verhältnis der Gesellschafter unter sich
     1. Beiträge
¹ Jeder Gesellschafter hat einen Beitrag zu leisten, sei es in Geld, Sachen, Forderungen oder Arbeit.
² Ist nicht etwas anderes vereinbart, so haben die Gesellschafter gleiche Beiträge, und zwar in der Art und dem Umfange zu leisten, wie der vereinbarte Zweck es erheischt. (...)

Art. 533   2. Gewinn- und Verlustbeteiligung
¹ Wird es nicht anders vereinbart, so hat jeder Gesellschafter, ohne Rücksicht auf die Art und Grösse seines Beitrages, gleichen Anteil an Gewinn und Verlust. (...)

Art. 534 Gesellschaftsbeschlüsse
¹ Gesellschaftsbeschlüsse werden mit Zustimmung aller Gesellschafter gefasst.
² Genügt nach dem Vertrage Stimmenmehrheit, so ist die Mehrheit nach der Personenzahl zu berechnen.

Art. 535 Geschäftsführung
¹ Die Geschäftsführung steht allen Gesellschaftern zu, soweit sie nicht durch Vertrag oder Beschluss einem oder mehreren Gesellschaftern oder Dritten ausschliesslich übertragen ist. (...)

Art. 545 Beendigung der Gesellschaft
     Auflösungsgründe
¹ Die Gesellschaft wird aufgelöst:
1. wenn der Zweck, zu welchem sie abgeschlossen wurde, erreicht oder wenn dessen Erreichung unmöglich geworden ist;
2. wenn ein Gesellschafter stirbt (...);
3. wenn (...) ein Gesellschafter in Konkurs fällt (...);
4. durch gegenseitige Übereinkunft;
5. durch Ablauf der Zeit, (...);
6. durch Kündigung von seiten eines Gesellschafters, wenn eine solche im Gesellschaftsvertrage vorbehalten oder wenn die Gesellschaft auf unbestimmte Dauer (...) eingegangen worden ist;
7. durch Urteil des Richters im Falle der Auflösung aus einem wichtigen Grund.

² Aus wichtigen Gründen kann die Auflösung der Gesellschaft vor Ablauf der Vertragsdauer oder, wenn sie auf unbestimmte Dauer abgeschlossen worden ist, ohne vorherige Aufkündigung verlangt werden.

Die Handelsgesellschaften und die Genossenschaft

Die Kollektivgesellschaft

Art. 552 Kaufmännische Gesellschaft
¹ Die Kollektivgesellschaft ist eine Gesellschaft, in der zwei oder mehrere natürliche Personen, ohne Beschränkung ihrer Haftung gegenüber den Gesellschaftsgläubigern, sich zum Zwecke vereinigen, unter einer gemeinsamen Firma ein Handels-, ein Fabrikations- oder ein anderes nach kaufmännischer Art geführtes Gewerbe zu betreiben.
² Die Gesellschafter haben die Gesellschaft in das Handelsregister eintragen zu lassen.

Art. 557 Vertragsfreiheit
¹ Das Rechtsverhältnis der Gesellschafter untereinander richtet sich zunächst nach dem Gesellschaftsvertrag. (...)

Art. 568 Haftung der Gesellschafter
¹ Die Gesellschafter haften für alle Verbindlichkeiten der Gesellschaft solidarisch und mit ihrem ganzen Vermögen. (...)
³ Der einzelne Gesellschafter kann jedoch, auch nach seinem Ausscheiden, für Gesellschaftsschulden erst dann persönlich belangt werden, wenn er selbst in Konkurs geraten oder wenn die Gesellschaft aufgelöst oder erfolglos betrieben worden ist. (...)

Die Kommanditgesellschaft

Art. 594 Kaufmännische Gesellschaft
¹ Eine Kommanditgesellschaft ist eine Gesellschaft, in der zwei oder mehrere Personen sich zum Zwecke vereinigen, ein Handels-, ein Fabrikations- oder ein anderes nach kaufmännischer Art geführtes Gewerbe unter einer gemeinsamen Firma in der Weise zu betreiben, dass wenigstens ein Mitglied unbeschränkt, eines oder mehrere aber als Kommanditäre nur bis zum Betrag einer bestimmten Vermögenseinlage, der Kommanditsumme, haften.
² Unbeschränkt haftende Gesellschafter können nur natürliche Personen, Kommanditäre jedoch auch juristische Personen und Handelsgesellschaften sein.
³ Die Gesellschafter haben die Gesellschaft in das Handelsregister eintragen zu lassen.

Art. 598 Vertragsfreiheit
¹ Das Rechtsverhältnis der Gesellschafter untereinander richtet sich zunächst nach dem Gesellschaftsvertrag. (...)

Art. 599 Geschäftsführung
Die Geschäftsführung der Gesellschaft wird durch den oder die unbeschränkt haftenden Gesellschafter besorgt.

Art. 604 Haftung des unbeschränkt haftenden Gesellschafters
Der unbeschränkt haftende Gesellschafter kann für eine Gesellschaftsschuld erst dann persönlich belangt werden, wenn die Gesellschaft aufgelöst oder erfolglos betrieben worden ist.

Art. 608 Haftung des Kommanditärs: Umfang
[1] Der Kommanditär haftet Dritten gegen über mit der im Handelsregister eingetragenen Kommanditsumme. (...)

Die Aktiengesellschaft

Allgemeine Bestimmungen

Art. 620 Begriff
[1] Die Aktiengesellschaft ist eine Gesellschaft mit eigener Firma, deren zum Voraus bestimmtes Kapital (Aktienkapital1) in Teilsummen (Aktien) zerlegt ist und für deren Verbindlichkeiten nur das Gesellschaftsvermögen haftet.
[2] Die Aktionäre sind nur zu den statutarischen Leistungen verpflichtet und haften für die Verbindlichkeiten der Gesellschaft nicht persönlich.
[3] Die Aktiengesellschaft kann auch für andere als wirtschaftliche Zwecke gegründet werden.

Art. 621 Mindestkapital
Das Aktienkapital muss mindestens 100 000 Franken betragen.

Art. 622 Aktien: Arten
[1] Die Aktien lauten auf den Namen oder auf den Inhaber. (...)
[2] Beide Arten von Aktien können in einem durch die Statuten bestimmten Verhältnis nebeneinander bestehen.
[3] Die Statuten können bestimmen, dass Namenaktien später in Inhaberaktien oder Inhaberaktien in Namenaktien umgewandelt werden sollen oder dürfen.
[4] Der Nennwert der Aktie muss mindestens 1 Rappen betragen.
[5] Die Aktientitel müssen durch mindestens ein Mitglied des Verwaltungsrates unterschrieben sein. Die Gesellschaft kann bestimmen, dass auch auf Aktien, die in grosser Zahl ausgegeben werden, mindestens eine Unterschrift eigenhändig beigesetzt werden muss.

Art. 625. Zahl der Mitglieder
Eine Aktiengesellschaft kann durch eine oder mehrere natürliche oder juristische Personen oder andere Handelsgesellschaften gegründet werden.

Art. 626 Statuten Gesetzlich vorgeschriebener Inhalt
Die Statuten müssen Bestimmungen enthalten über:
1. die Firma und den Sitz der Gesellschaft;
2. den Zweck der Gesellschaft;
3. die Höhe des Aktienkapitals und den Betrag der darauf geleisteten Einlagen;
4. Anzahl, Nennwert und Art der Aktien;
5. die Einberufung der Generalversammlung und das Stimmrecht der Aktionäre;
6. die Organe für die Verwaltung und für die Revision;
7. die Form der von der Gesellschaft ausgehenden Bekanntmachungen.

Art. 643 Erwerb der Persönlichkeit
[1] Die Gesellschaft erlangt das Recht der Persönlichkeit erst durch die Eintragung in das Handelsregister. (...)

Rechte und Pflichten der Aktionäre

Art. 660 Recht auf Gewinn- und Liquidationsanteil
[1] Jeder Aktionär hat Anspruch auf einen verhältnismässigen Anteil am Bilanzgewinn, soweit dieser nach dem Gesetz oder den Statuten zur Verteilung unter die Aktionäre bestimmt ist.
[2] Bei Auflösung der Gesellschaft hat der Aktionär (....) das Recht auf einen verhältnismässigen Anteil am Ergebnis der Liquidation. (....)

Art. 680 Leistungspflicht des Aktionärs
[1] Der Aktionär kann auch durch die Statuten nicht verpflichtet werden, mehr zu leisten als den für den Bezug einer Aktie bei ihrer Ausgabe festgesetzten Betrag.
[2] Ein Recht, den eingezahlten Betrag zurückzufordern, steht dem Aktionär nicht zu.

Art. 689 Persönliche Mitgliedschaftsrechte
Teilnahme an der Generalversammlung
[1] Der Aktionär übt seine Rechte in den Angelegenheiten der Gesellschaft, wie Bestellung der Organe, Abnahme des Geschäftsberichtes und Beschlussfassung über die Gewinnverwendung, in der Generalversammlung aus. (...)

Art. 692 Stimmrecht in der Generalversammlung
[1] Die Aktionäre üben ihr Stimmrecht in der Generalversammlung nach Verhältnis des gesamten Nennwerts der ihnen gehörenden Aktien aus.
[2] Jeder Aktionär hat, auch wenn er nur eine Aktie besitzt, zum mindesten eine Stimme. Doch können die Statuten die Stimmenzahl der Besitzer mehrerer Aktien beschränken. (...)

Organisation der Aktiengesellschaft

A. Die Generalversammlung

Art. 698 Befugnisse
[1] Oberstes Organ der Aktiengesellschaft ist die Generalversammlung der Aktionäre.
[2] Ihr stehen folgende unübertragbare Befugnisse zu:
1. die Festsetzung und Änderung der Statuten;
2. die Wahl der Mitglieder des Verwaltungsrates und der Revisionsstelle;
3. die Genehmigung des Jahresberichtes und der Konzernrechnung;
4. die Genehmigung der Jahresrechnung sowie die Beschlussfassung über die Verwendung des Bilanzgewinnes, insbesondere die Festsetzung der Dividende und der Tantieme;
5. die Entlastung der Mitglieder des Verwaltungsrates;
6. die Beschlussfassung über die Gegenstände, die der Generalversammlung durch das Gesetz oder die Statuten vorbehalten sind.

B. Der Verwaltungsrat

Art. 716. Aufgaben
[1] Der Verwaltungsrat kann in allen Angelegenheiten Beschluss fassen, die nicht nach Gesetz oder Statuten der Generalversammlung zugeteilt sind.

² Der Verwaltungsrat führt die Geschäfte der Gesellschaft, soweit er die Geschäftsführung nicht übertragen hat.

C. Die Revisionsstelle

Art. 729a Gegenstand und Umfang der Prüfung
¹ Die Revisionsstelle prüft, ob Sachverhalte vorliegen, aus denen zu schliessen ist, dass:
1. die Jahresrechnung nicht den gesetzlichen Vorschriften und den Statuten entspricht;
2. der Antrag des Verwaltungsrats an die Generalversammlung über die Verwendung des Bilanzgewinnes nicht den gesetzlichen Vorschriften und den Statuten entspricht. (…)

Art. 729b Revisionsbericht
¹ Die Revisionsstelle erstattet der Generalversammlung schriftlich einen zusammenfassenden Bericht über das Ergebnis der Revision. (...)

Die Gesellschaft mit beschränkter Haftung

Art. 772 Begriff
¹ Die Gesellschaft mit beschränkter Haftung ist eine personenbezogene Kapitalgesellschaft, an der eine oder mehrere Personen oder Handelsgesellschaften beteiligt sind. Ihr Stammkapital ist in den Statuten festgelegt. Für ihre Verbindlichkeiten haftet nur das Gesellschaftsvermögen.
² Die Gesellschafter sind mindestens mit je einem Stammanteil am Stammkapital beteiligt. Die Statuten können für sie Nachschuss- und Nebenleistungspflichten vorsehen.

Art. 773 Stammkapital
Das Stammkapital muss mindestens 20 000 Franken betragen.

Art. 774 Stammanteile
¹ Der Nennwert der Stammanteile muss mindestens 100 Franken betragen. Im Falle einer Sanierung kann er bis auf einen Franken herabgesetzt werden.
² Die Stammanteile müssen mindestens zum Nennwert ausgegeben werden.

Art. 775 Gesellschafter
Eine Gesellschaft mit beschränkter Haftung kann durch eine oder mehrere natürliche oder juristische Personen oder andere Handelsgesellschaften gegründet werden.

Art. 806 Stimmrecht Bemessung
¹ Das Stimmrecht der Gesellschafter bemisst sich nach dem Nennwert ihrer Stammanteile. Die Gesellschafter haben je mindestens eine Stimme. Die Statuten können die Stimmenzahl der Besitzer mehrerer Stammanteile beschränken. (…)

Die Genossenschaft

Art. 828 Genossenschaft des Obligationenrechts
¹ Die Genossenschaft ist eine als Körperschaft organisierte Verbindung einer nicht geschlossenen Zahl von Personen oder Handelsgesellschaften, die in der Hauptsache die Förderung oder Sicherung bestimmter wirtschaftlicher Interessen ihrer Mitglieder in gemeinsamer Selbsthilfe bezweckt.
² Genossenschaften mit einem zum Voraus festgesetzten Grundkapital sind unzulässig.

Art. 885 Stimmrecht
Jeder Genossenschafter hat in der Generalversammlung oder in der Urabstimmung eine Stimme.

Die Geschäftsfirmen

Art. 944 Grundsätze der Firmenbildung
¹ Jede Firma darf, neben dem vom Gesetze vorgeschriebenen wesentlichen Inhalt, Angaben enthalten, die zur näheren Umschreibung der darin erwähnten Personen dienen oder auf die Natur des Unternehmens hinweisen oder eine Phantasiebezeichnung darstellen, vorausgesetzt, dass der Inhalt der Firma der Wahrheit entspricht, keine Täuschungen verursachen kann und keinem öffentlichen Interesse zuwiderläuft.

Art. 956 Schutz der Firma
¹ Die im Handelsregister eingetragene und im Schweizerischen Handelsamtsblatt veröffentlichte Firma eines einzelnen Geschäftsinhabers oder einer Handelsgesellschaft oder Genossenschaft steht dem Berechtigten zu ausschliesslichem Gebrauche zu.
² Wer durch den unbefugten Gebrauch einer Firma beeinträchtigt wird, kann auf Unterlassung der weitern Führung der Firma und bei Verschulden auf Schadenersatz klagen.

Die kaufmännische Buchführung

Art. 957 Pflicht zur Führung und Aufbewahrung der Geschäftsbücher
¹ Wer verpflichtet ist, seine Firma in das Handelsregister eintragen zu lassen, ist gehalten, diejenigen Bücher ordnungsgemäss zu führen und aufzubewahren, die nach Art und Umfang seines Geschäftes nötig sind, um die Vermögenslage des Geschäftes und die mit dem Geschäftsbetriebe zusammenhängenden Schuld- und Forderungsverhältnisse sowie die Ergebnisse der einzelnen Geschäftsjahre festzustellen. (…)

Art. 962 Dauer der Aufbewahrungspflicht
¹ Die Geschäftsbücher, die Buchungsbelege und die Geschäftskorrespondenz sind während zehn Jahren aufzubewahren. (…)

Die Wertpapiere

Art. 965 Begriff des Wertpapiers
Wertpapier ist jede Urkunde, mit der ein Recht derart verknüpft ist, dass es ohne die Urkunde weder geltend gemacht noch auf andere übertragen werden kann.

Art. 966 Verpflichtung aus dem Wertpapier
¹ Der Schuldner aus einem Wertpapier ist nur gegen Aushändigung der Urkunde zu leisten verpflichtet. (…)

Art. 971 Kraftloserklärung
¹ Wird ein Wertpapier vermisst, so kann es durch den Richter kraftlos erklärt werden. (…)

AHVG

Bundesgesetz über die Alters- und Hinterlassenenversicherung
(AHVG) 831.10

Die versicherten Personen

Art. 1a Obligatorisch Versicherte
[1] Versichert nach diesem Gesetz sind:
a. die natürlichen Personen mit Wohnsitz in der Schweiz;
b. die natürlichen Personen, die in der Schweiz eine Erwerbstätigkeit ausüben; (...)
[2] Nicht versichert sind: (...)
c. Personen, welche die in Absatz 1 genannten Voraussetzungen nur für eine verhältnismässig kurze Zeit erfüllen.

Die Beiträge

Die Beiträge der Versicherten
Betragspflicht

Art. 3 Beitragspflichtige Personen
[1] Die Versicherten sind beitragspflichtig, solange sie eine Erwerbstätigkeit ausüben. Für Nichterwerbstätige beginnt die Beitragspflicht am 1. Januar nach Vollendung des 20. Altersjahres und dauert bis zum Ende des Monats, in welchem Frauen das 64. und Männer das 65. Altersjahr vollendet haben.
[2] Von der Beitragspflicht sind befreit:
a. die erwerbstätigen Kinder bis zum 31. Dezember des Jahres, in welchem sie das 17. Altersjahr zurückgelegt haben; (...)
[3] Die eigenen Beiträge gelten als bezahlt, sofern der Ehegatte Beiträge von mindestens der doppelten Höhe des Mindestbetrages bezahlt hat, bei:
a. nichterwerbstätigen Ehegatten von erwerbstätigen Versicherten;
b. Versicherten, die im Betrieb ihres Ehegatten mitarbeiten, soweit sie keinen Barlohn beziehen.

Die Beiträge der erwerbstätigen Versicherten

Art. 4 Bemessung der Beiträge
[1] Die Beiträge der erwerbstätigen Versicherten werden in Prozenten des Einkommens aus unselbständiger und selbständiger Erwerbstätigkeit festgesetzt. (...)

Die Beiträge der erwerbstätigen Versicherten

Art. 5 Beiträge von Einkommen aus unselbständiger Erwerbstätigkeit
[1] Vom Einkommen aus unselbständiger Erwerbstätigkeit, im folgenden massgebender Lohn genannt, wird ein Beitrag von 4,2 Prozent erhoben.
[2] Als massgebender Lohn gilt jedes Entgelt für in unselbständiger Stellung auf bestimmte oder unbestimmte Zeit geleistete Arbeit. Der massgebende Lohn umfasst auch Teuerungs- und andere Lohnzulagen, Provisionen, Gratifikationen, Naturalleistungen, Ferien- und Feiertagsentschädigungen und ähnliche Bezüge, ferner Trinkgelder, soweit diese einen wesentlichen Bestandteil des Arbeitsentgeltes darstellen.

Die Beiträge der nichterwerbstätigen Versicherten

Art. 10
[1] Nichterwerbstätige bezahlen je nach ihren sozialen Verhältnissen einen Beitrag von 324 *(heute 387)* bis 8400 Franken pro Jahr.

Die Beiträge der Arbeitgeber

Art. 12 Beitragspflichtige Arbeitgeber
[1] Als Arbeitgeber gilt, wer obligatorisch versicherten Personen Arbeitsentgelte gemäss Artikel 5 Absatz 2 ausrichtet.
[2] Beitragspflichtig sind alle Arbeitgeber, die in der Schweiz eine Betriebsstätte haben oder in ihrem Haushalt obligatorisch versicherte Personen beschäftigen.(...)

Art. 13 Höhe des Arbeitgeberbeitrages
Der Arbeitgeberbeitrag beträgt 4,2 Prozent der Summe der an beitragspflichtige Personen bezahlten massgebenden Löhne.

Der Bezug der Beiträge

Art. 14 Bezugstermine und -verfahren
[1] Die Beiträge vom Einkommen aus unselbständiger Erwerbstätigkeit sind bei jeder Lohnzahlung in Abzug zu bringen und vom Arbeitgeber zusammen mit dem Arbeitgeberbeitrag periodisch zu entrichten.

Die Renten

Der Rentenanspruch

Der Anspruch auf Altersrente

Art. 21 Altersrente
[1] Anspruch auf eine Altersrente haben:
a Männer, welche das 65. Altersjahr vollendet haben;
b. Frauen, welche das 64. Altersjahr vollendet haben.
2 Der Anspruch auf die Altersrente entsteht am ersten Tag des Monats, welcher der Vollendung des gemäss Absatz 1 massgebenden Altersjahres folgt. Er erlischt mit dem Tod.

Art. 22ter Kinderrente
[1] Personen, welchen eine Altersrente zusteht, haben für jedes Kind, das im Falle ihres Todes eine Waisenrente beanspruchen könnte, Anspruch auf eine Kinderrente. (...)

Der Anspruch auf Witwen- und Witwerrente

Art. 23 Witwen- und Witwerrente
[1] Anspruch auf eine Witwen- oder Witwerrente haben Witwen oder Witwer, sofern sie im Zeitpunkt der Verwitwung Kinder haben. (...)
[4] Der Anspruch erlischt:
a. mit der Wiederverheiratung;
b. mit dem Tode der Witwe oder des Witwers.

AHVG

Der Anspruch auf Waisenrente

Art. 25 Waisenrente

[1] Kinder, deren Vater oder Mutter gestorben ist, haben Anspruch auf eine Waisenrente. Sind Vater und Mutter gestorben, so haben sie Anspruch auf zwei Waisenrenten. (…)

[4] Der Anspruch auf die Waisenrente entsteht am ersten Tag des dem Tode des Vaters oder der Mutter folgenden Monats. Er erlischt mit der Vollendung des 18. Altersjahres oder mit dem Tod der Waise.

[5] Für Kinder, die noch in Ausbildung sind, dauert der Rentenanspruch bis zu deren Abschluss, längstens aber bis zum vollendeten 25. Altersjahr. Der Bundesrat kann festlegen, was als Ausbildung gilt.

Die ordentlichen Renten

Art. 29 Bezügerkreis. Voll- und Teilrenten

[1] Anspruch auf eine ordentliche Alters- oder Hinterlassenenrente haben die rentenberechtigten Personen, denen für mindestens ein volles Jahr Einkommen, Erziehungs- oder Betreuungsgutschriften angerechnet werden können, oder ihre Hinterlassenen.

[2] Die ordentlichen Renten werden ausgerichtet als:
a. Vollrenten für Versicherte mit vollständiger Beitragsdauer;
b. Teilrenten für Versicherte mit unvollständiger Beitragsdauer.

Grundlagen der Berechnung der ordentlichen Renten

Art. 29bis Allgemeine Bestimmungen für die Rentenberechnung

[1] Für die Rentenberechnung werden Beitragsjahre, Erwerbseinkommen sowie Erziehungs- oder Betreuungsgutschriften der rentenberechtigten Person zwischen dem 1. Januar nach Vollendung des 20. Altersjahres und dem 31. Dezember vor Eintritt des Versicherungsfalles (Rentenalter oder Tod) berücksichtigt.

[2] Der Bundesrat regelt die Anrechnung der Beitragsmonate im Jahr der Entstehung des Rentenanspruchs, der Beitragszeiten vor dem 1. Januar nach Vollendung des 20. Altersjahres sowie der Zusatzjahre.

Art. 29ter Vollständige Beitragsdauer

[1] Die Beitragsdauer ist vollständig, wenn eine Person gleich viele Beitragsjahre aufweist wie ihr Jahrgang. (…)

Art. 29^{sexies} Erziehungsgutschriften

[1] Versicherten wird für diejenigen Jahre eine Erziehungsgutschrift angerechnet, in welchen ihnen die elterliche Sorge für eines oder mehrere Kinder zusteht, die das 16. Altersjahr noch nicht erreicht haben. Dabei werden Eltern, die gemeinsam Inhaber der elterlichen Sorge sind, jedoch nicht zwei Gutschriften kumulativ gewährt.(…)

Die Teilrenten

Art. 38 Berechnung

[1] Die Teilrente entspricht einem Bruchteil der (…) Vollrente.

[2] Bei der Berechnung des Bruchteils werden das Verhältnis zwischen den vollen Beitragsjahren des Versicherten zu denjenigen seines Jahrganges sowie die eingetretenen Veränderungen der Beitragsansätze berücksichtigt. (…)

Das flexible Rentenalter

Art. 39 Möglichkeit und Wirkung des Aufschubs

[1] Personen, die Anspruch auf eine ordentliche Altersrente haben, können den Beginn des Rentenbezuges mindestens ein Jahr und höchstens fünf Jahre aufschieben und innerhalb dieser Frist die Rente von einem bestimmten Monat an abrufen.

[2] Die aufgeschobene Altersrente und die sie allenfalls ablösende Hinterlassenenrente wird um den versicherungstechnischen Gegenwert der nicht bezogenen Leistung erhöht. (…)

Art. 40 Möglichkeit und Wirkung des Vorbezuges

[1] Männer und Frauen, welche die Voraussetzungen für den Anspruch auf eine ordentliche Altersrente erfüllen, können die Rente ein oder zwei Jahre vorbeziehen. Der Rentenanspruch entsteht in diesen Fällen für Männer am ersten Tag des Monats nach Vollendung des 64. oder 63. Altersjahres, für Frauen am ersten Tag des Monats nach Vollendung des 63. oder 62. Altersjahres. Während der Dauer des Rentenvorbezuges werden keine Kinderrenten ausgerichtet.

[2] Die vorbezogene Altersrente sowie die Witwen-, Witwer- und Waisenrente werden gekürzt.

Die Hilflosenentschädigung und die Hilfsmittel1

Art. 43bis Hilflosenentschädigung

[1] Anspruch auf eine Hilflosenentschädigung haben Bezüger von Altersrenten oder Ergänzungsleistungen mit Wohnsitz und gewöhnlichem Aufenthalt (Art. 13 ATSG) in der Schweiz, die in schwerem, mittlerem oder leichtem Grad hilflos (Art. 9 ATSG) sind. (…)

[3] Die monatliche Entschädigung für eine Hilflosigkeit schweren Grades beträgt 80 Prozent, für eine Hilflosigkeit mittleren Grades 50 Prozent und für eine Hilflosigkeit leichten Grades 20 Prozent des Mindestbetrages der Altersrente (…).

AHV-Renten ab 1. Januar 2011

Skala 44[1]: (Auszug)
Monatliche Vollrenten: Beträge in Franken

	Altersrente	Hinterlassenenrenten	
		Witwen / Witwer	Waisen- und Kindesrente
Minimum	1'160	928	464
Maximum	2'320	1'856	928

[1] Diese Rentenskala ist Teil der Ausführungsbestimmungen des Bundesrates, der namentlich auch die Anpassung an die Teuerung – in der Regel alle 2 Jahre - vorzunehmen hat.

Quelle: Monatliche Vollrenten, Skala 44, http://www.avs-ai.info *(Dienstleistungen)*

ArG

Bundesgesetz über die Arbeit in Industrie, Gewerbe und Handel
(Arbeitsgesetz, ArG) SR 822.11

Geltungsbereich

Art. 1 Betrieblicher und persönlicher Geltungsbereich

¹ Das Gesetz ist (...), anwendbar auf alle öffentlichen und privaten Betriebe.

² Ein Betrieb im Sinne des Gesetzes liegt vor, wenn ein Arbeitgeber dauernd oder vorübergehend einen oder mehrere Arbeitnehmer beschäftigt, unabhängig davon, ob bestimmte Einrichtungen oder Anlagen vorhanden sind. Wenn die Voraussetzungen für die Anwendbarkeit des Gesetzes nur für einzelne Teile eines Betriebes gegeben sind, ist das Gesetz nur auf diese anwendbar.

Gesundheitsschutz (...)

Art. 6 Pflichten der Arbeitgeber und Arbeitnehmer

¹ Der Arbeitgeber ist verpflichtet, zum Schutze der Gesundheit der Arbeitnehmer alle Massnahmen zu treffen, die nach der Erfahrung notwendig, nach dem Stand der Technik anwendbar und den Verhältnissen des Betriebes angemessen sind. Er hat im Weiteren die erforderlichen Massnahmen zum Schutze der persönlichen Integrität der Arbeitnehmer vorzusehen.

² Der Arbeitgeber hat insbesondere die betrieblichen Einrichtungen und den Arbeitsablauf so zu gestalten, dass Gesundheitsgefährdungen und Überbeanspruchungen der Arbeitnehmer nach Möglichkeit vermieden werden.

^{2bis} Der Arbeitgeber hat dafür zu sorgen, dass der Arbeitnehmer in Ausübung seiner beruflichen Tätigkeit keinen Alkohol oder andere berauschende Mittel konsumieren muss. Der Bundesrat regelt die Ausnahmen.

³ Für den Gesundheitsschutz hat der Arbeitgeber die Arbeitnehmer zur Mitwirkung heranzuziehen. Diese sind verpflichtet, den Arbeitgeber in der Durchführung der Vorschriften über den Gesundheitsschutz zu unterstützen.

⁴ Durch Verordnung wird bestimmt, welche Massnahmen für den Gesundheitsschutz in den Betrieben zu treffen sind.

Arbeits- und Ruhezeit

Arbeitszeit (vgl. ArGV1, Art. 13, 16)

Art. 9 Wöchentliche Höchstarbeitszeit

¹ Die wöchentliche Höchstarbeitszeit beträgt:
a. 45 Stunden für Arbeitnehmer in industriellen Betrieben sowie für Büropersonal, technische und andere Angestellte, mit Einschluss des Verkaufspersonals in Grossbetrieben des Detailhandels;
b. 50 Stunden für alle übrigen Arbeitnehmer. (...)

Art. 10 Tages- und Abendarbeit

¹ Die Arbeit von 6 Uhr bis 20 Uhr gilt als Tagesarbeit, die Arbeit von 20 Uhr bis 23 Uhr ist Abendarbeit. Tages- und Abendarbeit sind bewilligungsfrei. Abendarbeit kann vom Arbeitgeber nach Anhörung der Arbeitnehmervertretung im Betrieb oder, wo eine solche nicht besteht, der betroffenen Arbeitnehmer eingeführt werden.

² Beginn und Ende der betrieblichen Tages- und Abendarbeit können zwischen 5 Uhr und 24 Uhr anders festgelegt werden, wenn die Arbeitnehmervertretung im Betrieb oder, wo eine solche nicht besteht, die Mehrheit der betroffenen Arbeitnehmer dem zustimmt. Die betriebliche Tages- und Abendarbeit beträgt auch in diesem Falle höchstens 17 Stunden.

³ Die Tages- und Abendarbeit des einzelnen Arbeitnehmers muss mit Einschluss der Pausen und der Überzeit innerhalb von 14 Stunden liegen.

Art. 12 Voraussetzungen und Dauer der Überzeitarbeit

¹ Die wöchentliche Höchstarbeitszeit darf ausnahmsweise überschritten werden
a. wegen Dringlichkeit der Arbeit oder ausserordentlichen Arbeitsandranges;
b. für Inventaraufnahmen, Rechnungsabschlüsse und Liquidationsarbeiten;
c. zur Vermeidung oder Beseitigung von Betriebsstörungen, soweit dem Arbeitgeber nicht andere Vorkehren zugemutet werden können.

² Die Überzeit darf für den einzelnen Arbeitnehmer zwei Stunden im Tag nicht überschreiten, ausser an arbeitsfreien Werktagen oder in Notfällen, und im Kalenderjahr insgesamt nicht mehr betragen als:
a. 170 Stunden für Arbeitnehmer mit einer wöchentlichen Höchstarbeitszeit von 45 Stunden;
b. 140 Stunden für Arbeitnehmer mit einer wöchentlichen Höchstarbeitszeit von 50 Stunden.

Art. 13 Lohnzuschlag für Überzeitarbeit

¹ Der Arbeitgeber hat den Arbeitnehmern für die Überzeitarbeit einen Lohnzuschlag von wenigstens 25 Prozent auszurichten, (...)

2 Wird Überzeitarbeit im Einverständnis mit dem einzelnen Arbeitnehmer innert eines angemessenen Zeitraums durch Freizeit von gleicher Dauer ausgeglichen, so ist kein Zuschlag auszurichten.

Ruhezeit

Art. 15 Pausen (vgl. ArGV1, Art. 18)

1 Die Arbeit ist durch Pausen von folgender Mindestdauer zu unterbrechen:
a. eine Viertelstunde bei einer täglichen Arbeitszeit von mehr als fünfeinhalb Stunden;
b. eine halbe Stunde bei einer täglichen Arbeitszeit von mehr als sieben Stunden;
c. eine Stunde bei einer täglichen Arbeitszeit von mehr als neun Stunden.

2 Die Pausen gelten als Arbeitszeit, wenn die Arbeitnehmer ihren Arbeitsplatz nicht verlassen dürfen.

Art. 15a Tägliche Ruhezeit

¹ Den Arbeitnehmern ist eine tägliche Ruhezeit von mindestens elf aufeinanderfolgenden Stunden zu gewähren.

² Die Ruhezeit kann für erwachsene Arbeitnehmer einmal in der Woche bis auf acht Stunden herabgesetzt werden, sofern die Dauer von elf Stunden im Durchschnitt von zwei Wochen eingehalten wird.

Art. 16 Verbot der Nachtarbeit
Die Beschäftigung von Arbeitnehmern ausserhalb der betrieblichen Tages- und Abendarbeit nach Artikel 10 (Nachtarbeit) ist untersagt. Vorbehalten bleibt Artikel 17.

Art. 17 Ausnahmen vom Verbot der Nachtarbeit
¹ Ausnahmen vom Verbot der Nachtarbeit bedürfen der Bewilligung.
² Dauernde oder regelmässig wiederkehrende Nachtarbeit wird bewilligt, sofern sie aus technischen oder wirtschaftlichen Gründen unentbehrlich ist.
³ Vorübergehende Nachtarbeit wird bewilligt, sofern ein dringendes Bedürfnis nachgewiesen wird. (...)
⁶ Der Arbeitgeber darf den Arbeitnehmer ohne dessen Einverständnis nicht zu Nachtarbeit heranziehen.

Art. 17a Dauer der Nachtarbeit
¹ Bei Nachtarbeit darf die tägliche Arbeitszeit für den einzelnen Arbeitnehmer neun Stunden nicht überschreiten; sie muss, mit Einschluss der Pausen, innerhalb eines Zeitraumes von zehn Stunden liegen.
² Wird der Arbeitnehmer in höchstens drei von sieben aufeinanderfolgenden Nächten beschäftigt, so darf die tägliche Arbeitszeit unter den Voraussetzungen, welche durch Verordnung festzulegen sind, zehn Stunden betragen; sie muss aber, mit Einschluss der Pausen, innerhalb eines Zeitraumes von zwölf Stunden liegen.

Art. 17b Lohn- und Zeitzuschlag
¹ Dem Arbeitnehmer, der nur vorübergehend Nachtarbeit verrichtet, hat der Arbeitgeber einen Lohnzuschlag von mindestens 25 Prozent zu bezahlen.
² Arbeitnehmer, die dauernd oder regelmässig wiederkehrend Nachtarbeit leisten, haben Anspruch auf eine Kompensation von 10 Prozent der Zeit, während der sie Nachtarbeit geleistet haben. Die Ausgleichsruhezeit ist innerhalb eines Jahres zu gewähren. Für Arbeitnehmer, die regelmässig abends oder morgens höchstens eine Randstunde in der Nachtzeit arbeiten, kann der Ausgleich auch als Lohnzuschlag gewährt werden.
³ Die Ausgleichsruhezeit gemäss Absatz 2 ist nicht zu gewähren, wenn:
a. die durchschnittliche betriebliche Schichtdauer einschliesslich der Pausen sieben Stunden nicht überschreitet, oder
b. die Person, die Nachtarbeit leistet, nur in vier Nächten pro Woche (Vier-Tage-Woche) beschäftigt wird, oder
c. den Arbeitnehmern durch Gesamtarbeitsvertrag oder die analoge Anwendung öffentlich-rechtlicher Vorschriften andere gleichwertige Ausgleichsruhezeiten innerhalb eines Jahres gewährt werden.

Art. 18 Verbot der Sonntagsarbeit
¹ In der Zeit zwischen Samstag 23 Uhr und Sonntag 23 Uhr ist die Beschäftigung von Arbeitnehmern untersagt. Vorbehalten bleibt Artikel 19.

² Der in Absatz 1 festgelegte Zeitraum von 24 Stunden kann um höchstens eine Stunde vorgezogen oder verschoben werden, wenn die Arbeitnehmervertretung im Betrieb oder, wo eine solche nicht besteht, die Mehrheit der betroffenen Arbeitnehmer dem zustimmt.

Art. 19 Ausnahmen vom Verbot der Sonntagsarbeit
¹ Ausnahmen vom Verbot der Sonntagsarbeit bedürfen der Bewilligung.
² Dauernde oder regelmässig wiederkehrende Sonntagsarbeit wird bewilligt, sofern sie aus technischen oder wirtschaftlichen Gründen unentbehrlich ist.
³ Vorübergehende Sonntagsarbeit wird bewilligt, sofern ein dringendes Bedürfnis nachgewiesen wird. Dem Arbeitnehmer ist ein Lohnzuschlag von 50 Prozent zu bezahlen. (....)
⁵ Der Arbeitgeber darf den Arbeitnehmer ohne dessen Einverständnis nicht zu Sonntagsarbeit heranziehen.

Art. 20 Freier Sonntag und Ersatzruhe
(vgl. ArGV1, Art. 21)
¹ Innert zweier Wochen muss wenigstens einmal ein ganzer Sonntag als wöchentlicher Ruhetag unmittelbar vor oder nach der täglichen Ruhezeit freigegeben werden. Vorbehalten bleibt Artikel 24.
² Sonntagsarbeit von einer Dauer bis zu fünf Stunden ist durch Freizeit auszugleichen. Dauert sie länger als fünf Stunden, so ist während der vorhergehenden oder der nachfolgenden Woche im Anschluss an die tägliche Ruhezeit ein auf einen Arbeitstag fallender Ersatzruhetag von mindestens 24 aufeinanderfolgenden Stunden zu gewähren.
³ Der Arbeitgeber darf die Arbeitnehmer während der Ersatzruhe vorübergehend zur Arbeit heranziehen, soweit dies notwendig ist, um dem Verderb von Gütern vorzubeugen oder um Betriebsstörungen zu vermeiden oder zu beseitigen; doch ist die Ersatzruhe spätestens in der folgenden Woche zu gewähren.

Art. 24 Ununterbrochener Betrieb
¹ Der ununterbrochene Betrieb bedarf der Bewilligung.
² Dauernder oder wiederkehrender ununterbrochener Betrieb wird bewilligt, sofern er aus technischen oder wirtschaftlichen Gründen unentbehrlich ist.
³ Vorübergehender ununterbrochener Betrieb wird bewilligt, sofern ein dringendes Bedürfnis nachgewiesen wird. (...)

Art. 27 Sonderbestimmungen für bestimmte Gruppen von Betrieben oder Arbeitnehmern
¹ Bestimmte Gruppen von Betrieben oder Arbeitnehmern können durch Verordnung ganz oder teilweise von den Vorschriften der Artikel 9–17a, 17b Absatz 1, 18–20, 21, 24, 25, 31 und 36 ausgenommen und entsprechenden Sonderbestimmungen unterstellt werden, soweit dies mit Rücksicht auf ihre besonderen Verhältnisse notwendig ist. (...)
¹ᵗᵉʳ In Verkaufsstellen und Dienstleistungsbetrieben in Bahnhöfen, welche auf Grund des grossen Reiseverkehrs Zentren des öffentlichen Verkehrs sind, sowie in Flughäfen dürfen Arbeitnehmerinnen und Arbeitnehmer sonntags beschäftigt werden. (…)

Sonderschutzvorschriften
Jugendliche Arbeitnehmer
Art. 29 Allgemeine Vorschriften
(vgl. ArGV 5, Art. 1, 4, 5, 19)

¹ Als Jugendliche gelten Arbeitnehmer beider Geschlechter bis zum vollendeten 18. Altersjahr.

² Der Arbeitgeber hat auf die Gesundheit der Jugendlichen gebührend Rücksicht zu nehmen und für die Wahrung der Sittlichkeit zu sorgen. Er hat namentlich darauf zu achten, dass die Jugendlichen nicht überanstrengt werden und vor schlechten Einflüssen im Betriebe bewahrt bleiben.

³ Die Verwendung Jugendlicher für bestimmte Arbeiten kann zum Schutze von Leben und Gesundheit oder zur Wahrung der Sittlichkeit durch Verordnung untersagt oder von besonderen Voraussetzungen abhängig gemacht werden.

⁴ Bei der Einstellung eines Jugendlichen hat der Arbeitgeber einen Altersausweis zu verlangen. Durch Verordnung kann bestimmt werden, dass ausserdem ein ärztliches Zeugnis beizubringen ist.

Art. 30 Mindestalter *(vgl. ArGV 5, Art. 10, 11)*

¹ Vor dem vollendeten 15. Altersjahr dürfen Jugendliche nicht beschäftigt werden. (...)

² Durch Verordnung wird bestimmt, für welche Gruppen von Betrieben oder Arbeitnehmern sowie unter welchen Voraussetzungen:

a. Jugendliche im Alter von über 13 Jahren zu Botengängen und leichten Arbeiten herangezogen werden dürfen;

b. Jugendliche im Alter von unter 15 Jahren (...) dürfen. (...)

Art. 31 Arbeits- und Ruhezeit *(vgl. ArGV 5, Art.16,17)*

¹ Die tägliche Arbeitszeit der Jugendlichen darf diejenige der andern im Betriebe beschäftigten Arbeitnehmer und, falls keine anderen Arbeitnehmer vorhanden sind, die ortsübliche Arbeitszeit nicht überschreiten und nicht mehr als neun Stunden betragen. Auf die Arbeitszeit sind allfällige Überzeitarbeit sowie obligatorischer Unterricht, soweit er in die Arbeitszeit fällt, anzurechnen.

² Die Tagesarbeit der Jugendlichen muss, mit Einschluss der Pausen, innerhalb eines Zeitraumes von zwölf Stunden liegen. Jugendliche bis zum vollendeten 16. Altersjahr dürfen höchstens bis 20 Uhr und Jugendliche von mehr als 16 Jahren höchstens bis 22 Uhr beschäftigt werden. (...)

³ Jugendliche dürfen bis zum vollendeten 16. Altersjahr zu Überzeitarbeit nicht eingesetzt werden.

⁴ Der Arbeitgeber darf Jugendliche während der Nacht und an Sonntagen nicht beschäftigen. Ausnahmen können, insbesondere im Interesse der beruflichen Ausbildung (...)durch Verordnung vorgesehen werden.

Art. 32 Besondere Fürsorgepflichten des Arbeitgebers

¹ Erkrankt der Jugendliche, erleidet er einen Unfall oder erweist er sich als gesundheitlich oder sittlich gefährdet, so ist der Inhaber der elterlichen Gewalt oder der Vormund zu benachrichtigen. Bis zum Eintreffen ihrer Weisungen hat der Arbeitgeber die gebotenen Massnahmen zu treffen.

Schwangere Frauen und stillende Mütter
Art. 35 Gesundheitsschutz bei Mutterschaft

¹ Der Arbeitgeber hat schwangere Frauen und stillende Mütter so zu beschäftigen und ihre Arbeitsbedingungen so zu gestalten, dass ihre Gesundheit und die Gesundheit des Kindes nicht beeinträchtigt werden.

² Durch Verordnung kann die Beschäftigung schwangerer Frauen und stillender Mütter für beschwerliche und gefährliche Arbeiten aus gesundheitlichen Gründen untersagt oder von besonderen Voraussetzungen abhängig gemacht werden.

³ Schwangere Frauen und stillende Mütter, die aufgrund der Vorschriften von Absatz 2 bestimmte Arbeiten nicht verrichten können, haben Anspruch auf 80 Prozent des Lohnes, samt einer angemessenen Vergütung für ausfallenden Naturallohn, soweit ihnen der Arbeitgeber keine gleichwertige Ersatzarbeit zuweisen kann.

Art. 35a Beschäftigung bei Mutterschaft
(vgl. ArGV1, Art. 62, 64)

¹ Schwangere und stillende Frauen dürfen nur mit ihrem Einverständnis beschäftigt werden.

2 Schwangere dürfen auf blosse Anzeige hin von der Arbeit fernbleiben oder die Arbeit verlassen. Stillenden Müttern ist die erforderliche Zeit zum Stillen freizugeben.

³ Wöchnerinnen dürfen während acht Wochen nach der Niederkunft nicht und danach bis zur 16. Woche nur mit ihrem Einverständnis beschäftigt werden.

⁴ Schwangere Frauen dürfen ab der 8. Woche vor der Niederkunft zwischen 20 Uhr und 6 Uhr nicht beschäftigt werden.

Art. 35b Ersatzarbeit und Lohnfortzahlung bei Mutterschaft

¹ Der Arbeitgeber hat schwangeren Frauen, die zwischen 20 Uhr und 6 Uhr beschäftigt werden, nach Möglichkeit eine gleichwertige Arbeit zwischen 6 Uhr und 20 Uhr anzubieten. Diese Verpflichtung gilt auch für die Zeit zwischen der 8. und der 16. Woche nach der Niederkunft.

² Frauen, die zwischen 20 Uhr und 6 Uhr beschäftigt werden, haben während der in Absatz 1 festgelegten Zeiträume Anspruch auf 80 Prozent des Lohnes, ohne allfällige Zuschläge für Nachtarbeit, samt einer angemessenen Vergütung für ausfallenden Naturallohn, soweit ihnen keine andere gleichwertige Arbeit angeboten werden kann.

Art. 36 Arbeitnehmer mit Familienpflichten

¹ Bei der Festsetzung der Arbeits- und Ruhezeit ist auf Arbeitnehmer mit Familienpflichten besonders Rücksicht zu nehmen. Als Familienpflichten gelten die Erziehung von Kindern bis 15 Jahren sowie die Betreuung pflegebedürftiger Angehöriger oder nahestehender Personen.

² Diese Arbeitnehmer dürfen nur mit ihrem Einverständnis zu Überzeitarbeit herangezogen werden. Auf ihr Verlangen ist ihnen eine Mittagspause von wenigstens anderthalb Stunden zu gewähren.

³ Der Arbeitgeber hat Arbeitnehmern mit Familienpflichten gegen Vorlage eines ärztlichen Zeugnisses

die zur Betreuung kranker Kinder erforderliche Zeit im Umfang bis zu drei Tagen freizugeben.

Betriebsordnung

Art. 37 Aufstellung
¹ Für industrielle Betriebe ist eine Betriebsordnung aufzustellen.
² Durch Verordnung kann die Aufstellung einer Betriebsordnung auch für nichtindustrielle Betriebe vorgeschrieben werden, soweit die Art des Betriebes oder die Zahl der Arbeitnehmer dies rechtfertigen.
³ Andere nichtindustrielle Betriebe können nach Massgabe der Vorschriften dieses Abschnittes freiwillig eine Betriebsordnung aufstellen.
⁴ Die Betriebsordnung wird zwischen dem Arbeitgeber und einer von den Arbeitnehmern frei gewählten Vertretung schriftlich vereinbart oder vom Arbeitgeber nach Anhören der Arbeitnehmer erlassen.

Art. 38 Inhalt
¹ Die Betriebsordnung hat Bestimmungen über den Gesundheitsschutz und die Unfallverhütung und, soweit notwendig, über die Ordnung im Betrieb und das Verhalten der Arbeitnehmer im Betrieb aufzustellen; Ordnungsstrafen sind nur zulässig, wenn sie in der Betriebsordnung angemessen geregelt sind. (…)

Durchführung des Gesetzes

Pflichten der Arbeitgeber und Arbeitnehmer

Art. 45 Auskunftspflicht
¹ Der Arbeitgeber und seine Arbeitnehmer sowie Personen, die im Auftrag des Arbeitgebers Aufgaben nach diesem Gesetz wahrnehmen, haben den Vollzugs- und Aufsichtsbehörden alle Auskünfte zu erteilen, die diese zur Erfüllung ihrer Aufgaben benötigen.
² Der Arbeitgeber hat den Vollzugs- und Aufsichtsorganen den Zutritt zum Betriebe, die Vornahme von Feststellungen und die Entnahme von Proben zu gestatten.

Art. 46 Verzeichnisse und andere Unterlagen
Der Arbeitgeber hat die Verzeichnisse oder andere Unterlagen, aus denen die für den Vollzug dieses Gesetzes und seiner Verordnungen erforderlichen Angaben ersichtlich sind, den Vollzugs- und Aufsichtsorganen zur Verfügung zu halten. (…)

Art. 47 Bekanntgabe des Stundenplanes und der Arbeitszeitbewilligungen (vgl. ArGV1 Art. 69)
¹ Der Arbeitgeber hat den Arbeitnehmern durch Anschlag oder auf andere geeignete Weise bekanntzugeben:
a. den Stundenplan und die Arbeitszeitbewilligungen sowie
b. die damit zusammenhängenden besonderen Schutzvorschriften. (...)

Strafbestimmungen

Art. 59 Strafrechtliche Verantwortlichkeit des Arbeitgebers
¹ Der Arbeitgeber ist strafbar, wenn er den Vorschriften über
a. den Gesundheitsschutz und die Plangenehmigung vorsätzlich oder fahrlässig zuwiderhandelt;
b. die Arbeits- und Ruhezeit vorsätzlich zuwiderhandelt;
c. den Sonderschutz der jugendlichen oder weiblichen Arbeitnehmer vorsätzlich oder fahrlässig zuwiderhandelt. (...)

Art. 60 Strafrechtliche Verantwortlichkeit des Arbeitnehmers
¹ Der Arbeitnehmer ist strafbar, wenn er den Vorschriften über den Gesundheitsschutz vorsätzlich zuwiderhandelt.
² Gefährdet er dadurch andere Personen ernstlich, so ist auch die fahrlässige Widerhandlung strafbar.

Art. 61 Strafen
¹ Der Arbeitgeber wird mit Geldstrafe bis zu 180 Tagessätzen bestraft.
² Der Arbeitnehmer wird mit Busse bestraft.

Verordnung 1 zum Arbeitsgesetz (ArGV 1) SR 822.111

Arbeits- und Ruhezeiten

Art. 13 Begriff der Arbeitszeit
(Art. 6 Abs. 2, 9–31 ArG)
¹ Als Arbeitszeit im Sinne des Gesetzes gilt die Zeit, während der sich der Arbeitnehmer oder die Arbeitnehmerin zur Verfügung des Arbeitgebers zu halten hat; der Weg zu und von der Arbeit gilt nicht als Arbeitszeit. (...)
² Ist die Arbeit ausserhalb des Arbeitsortes zu leisten, an dem der Arbeitnehmer normalerweise seine Arbeit verrichtet, und fällt dadurch die Wegzeit länger als üblich aus, so stellt die zeitliche Differenz zur normalen Wegzeit Arbeitszeit dar. (...)

Art. 16 Verteilung der Arbeitszeit
(Art. 9 – 15a, 18 –21, 25 Abs. 2, 31 ArG)
¹ Die Woche im Sinne des Gesetzes (Arbeitswoche) beginnt mit dem Montag oder bei mehrschichtigen Systemen in der Sonntag-/Montagnacht und endet mit dem Sonntag. Vorbehalten bleiben die Bestimmungen über den ununterbrochenen Betrieb.
² Für den einzelnen Arbeitnehmer oder die einzelne Arbeitnehmerin darf die Arbeitswoche höchstens 5½ Arbeitstage umfassen. Sie kann auf sechs Arbeitstage ausgedehnt werden, sofern die wöchentlichen freien Halbtage im Einverständnis mit dem Arbeitnehmer oder der Arbeitnehmerin für längstens vier Wochen zusammengelegt werden.
³ Die wöchentliche Arbeitszeit kann auf die einzelnen Arbeitstage und die einzelnen Arbeitnehmer oder Arbeitnehmerinnen oder Gruppen von Arbeitnehmern

ArG

und Arbeitnehmerinnen gleichmässig oder zeitlich verschieden verteilt werden.

Art. 18 Pausen (Art. 15 und 6 Abs. 2 ArG)

¹ Die Pausen können für einzelne Arbeitnehmer oder Arbeitnehmerinnen oder Gruppen von Arbeitnehmern und Arbeitnehmerinnen gleichmässig oder zeitlich verschieden angesetzt werden.

² Die Pausen sind um die Mitte der Arbeitszeit anzusetzen. Entsteht vor oder nach einer Pause eine Teilarbeitszeit von mehr als 5½ Stunden, so ist für diese eine zusätzliche Pause gemäss Artikel 15 des Gesetzes zu gewähren.

³ Pausen von mehr als einer halben Stunde dürfen aufgeteilt werden.

⁴ Bei flexiblen Arbeitszeiten, wie etwa bei der gleitenden Arbeitszeit, ist für die Bemessung der Pausen die durchschnittliche tägliche Arbeitszeit massgebend.

⁵ Arbeitsplatz im Sinne von Artikel 15 Absatz 2 des Gesetzes ist jeder Ort im Betrieb oder ausserhalb des Betriebes, an dem sich der Arbeitnehmer oder die Arbeitnehmerin zur Ausführung der ihm bzw. ihr zugewiesenen Arbeit aufzuhalten hat.

Art. 21 Wöchentlicher Ruhetag sowie Ersatzruhetag für Sonn- und Feiertagsarbeit
(Art. 18–20 ArG)

¹ Wöchentlicher Ruhetag ist grundsätzlich der Sonntag.

² Der wöchentliche Ruhetag und die tägliche Ruhezeit müssen zusammen mindestens 35 aufeinanderfolgende Stunden ergeben.

³ Muss am Sonntag gearbeitet werden, darf der Arbeitnehmer oder die Arbeitnehmerin nicht mehr als an sechs aufeinanderfolgenden Tagen beschäftigt werden. Vorbehalten bleiben die Bestimmungen über den ununterbrochenen Betrieb.

⁴ Arbeitnehmern und Arbeitnehmerinnen, die sonntags arbeiten, dürfen Sonntage, die in ihre Ferienzeit fallen, nicht an die gesetzlich vorgeschriebenen freien Sonntage angerechnet werden.

⁵ Der Ersatzruhetag im Sinn des Artikels 20 Absatz 2 des Gesetzes weist zusammen mit der täglichen Ruhezeit 35 aufeinanderfolgende Stunden auf; er hat in jedem Fall den Zeitraum von 6 Uhr bis 20 Uhr zu umfassen.

⁶ Der Ersatzruhetag darf nicht auf einen Tag fallen, an dem der Arbeitnehmer oder die Arbeitnehmerin üblicherweise seinen bzw. ihren Ruhetag oder freien Tag bezieht.

⁷ Der Freizeitausgleich für geleistete Sonntagsarbeit von bis zu 5 Stunden ist innert vier Wochen vorzunehmen.

Sonderschutz der jugendlichen Arbeitnehmer und Arbeitnehmerinnen

aufgehoben bzw. ersetzt durch Jugendarbeitsschutzverordnung, ArGV 5, gleich anschliessend.

Sonderschutz von Frauen

Art. 62 Gefährliche und beschwerliche Arbeiten bei Schwangerschaft und Mutterschaft
(Art. 35 ArG)

¹ Der Arbeitgeber darf schwangere Frauen und stillende Mütter zu gefährlichen und beschwerlichen Arbeiten nur beschäftigen, wenn auf Grund einer Risikobeurteilung feststeht, dass dabei keine konkrete gesundheitliche Belastung für Mutter und Kind vorliegt, oder wenn eine solche durch geeignete Schutzmassnahmen ausgeschaltet werden kann. (...)

Art. 64 Arbeitsbefreiung und Versetzung
(Art. 35 und 35a ArG)

¹ Schwangere Frauen und stillende Mütter sind auf ihr Verlangen von Arbeiten zu befreien, die für sie beschwerlich sind.

² Frauen, die gemäss ärztlichem Zeugnis in den ersten Monaten nach der Entbindung nicht voll leistungsfähig sind, dürfen nicht zu Arbeiten herangezogen werden, die ihre Leistungsfähigkeit übersteigen.

³ Der Arbeitgeber hat eine schwangere Frau oder eine stillende Mutter an einen für sie ungefährlichen und gleichwertigen Arbeitsplatz zu versetzen, wenn:
a. die Risikobeurteilung eine Gefahr für die Sicherheit und Gesundheit von Mutter oder Kind ergibt und keine geeignete Schutzmassnahme getroffen werden kann; oder
b. feststeht, dass die betroffene Frau Umgang hat mit Stoffen, Mikroorganismen oder Arbeiten ausführt, die mit einem hohen Gefahrenpotenzial nach Artikel 62 Absatz 4 verbunden sind.

Besondere Pflichten der Arbeitgeber und Arbeitnehmer

Art. 69 Bekanntgabe der Arbeitszeiten und der Schutzvorschriften (Art. 47 Abs. 1 ArG)

¹ Bei der Planung für die im Betrieb massgeblichen Arbeitszeiten, wie Rahmeneinsatzzeiten, Pikettdienst, Einsatzpläne, bewilligte Stundenpläne und deren Änderungen sind die Arbeitnehmer und Arbeitnehmerinnen beizuziehen. Über den Zeitpunkt der konkreten Einführung der massgeblichen Arbeitszeiten sind die Arbeitnehmer und Arbeitnehmerinnen möglichst frühzeitig zu informieren, in der Regel zwei Wochen vor einem geplanten Einsatz mit neuen Arbeitszeiten. (...)

Jugendarbeitsschutzverordnung (Verordnung 5 zum Arbeitsgesetz ArGV 5) SR 822.115

Allgemeine Bestimmungen

Art. 1 Gegenstand (Art. 29 Abs. 1 und 2 ArG)
Diese Verordnung regelt den Schutz der Gesundheit und der Sicherheit der jugendlichen Arbeitnehmerinnen und Arbeitnehmer sowie ihrer physischen und psychischen Entwicklung.

Art. 2 Verhältnis zum Arbeitsgesetz
Soweit diese Verordnung keine besonderen Bestimmungen enthält, gelten das Arbeitsgesetz und dessen übrige Verordnungen.

Besondere Tätigkeiten

Art. 4 Gefährliche Arbeiten
(Art. 29 Abs. 3 ArG)

¹ Jugendliche dürfen nicht für gefährliche Arbeiten beschäftigt werden.
² Als gefährlich gelten alle Arbeiten, die ihrer Natur nach oder aufgrund Umstände, unter denen sie verrichtet werden, die Gesundheit, die Ausbildung die Sicherheit der Jugendlichen sowie deren physische und psychische Entwicklung beeinträchtigen können.
³ Das Eidgenössische Volkswirtschaftsdepartement (EVD) legt fest, welche Arbeiten nach der Erfahrung und dem Stand der Technik als gefährlich gelten.

> *Einzelheiten dazu in der **Verordnung des EVD über gefährliche Arbeiten für Jugendliche (822.115.2)***

Art. 5 Bedienung von Gästen in Betrieben der Unterhaltung, Hotels, Restaurants und Cafés
(Art. 29 Abs. 3 ArG)

¹ Jugendliche dürfen nicht beschäftigt werden für die Bedienung von Gästen in Betrieben der Unterhaltung wie Nachtlokalen, Dancings, Diskotheken und Barbetrieben.
² Jugendliche unter 16 Jahren dürfen nicht beschäftigt werden für die Bedienung von Gästen in Hotels, Restaurants und Cafés. Diese Beschäftigung ist zulässig im Rahmen der beruflichen Grundbildung

Arbeits- und Ruhezeit

Art. 10 Tägliche und wöchentliche Höchstarbeitszeit von Jugendlichen unter 13 Jahren
(Art. 30 Abs. 2 Bst. b ArG)

Die Höchstarbeitszeit für Jugendliche unter 13 Jahren beträgt drei Stunden pro Tag und neun Stunden pro Woche.

Art. 11 Tägliche und wöchentliche Höchstarbeitszeiten sowie Pausen für schulpflichtige Jugendliche ab 13 Jahren
(Art. 30 Abs. 2 Bst. a ArG)

Die Höchstarbeitszeiten für schulpflichtige Jugendliche ab 13 Jahren betragen:
a. während der Schulzeit: drei Stunden pro Tag und neun Stunden pro Woche;
b. während der halben Dauer der Schulferien oder während eines Berufswahlpraktikums: acht Stunden pro Tag und 40 Stunden pro Woche, jeweils zwischen 6 Uhr und 18 Uhr, wobei bei mehr als fünf Stunden eine Pause von mindestens einer halben Stunde zu gewähren ist; die Dauer eines einzelnen Berufswahlpraktikums ist auf zwei Wochen begrenzt.

Art. 12 Ausnahmebewilligung für Nachtarbeit
(Art. 17 Abs. 5 und 31 Abs. 4 ArG)

¹ Die Beschäftigung Jugendlicher ab 16 Jahren zwischen 22 und 6 Uhr während höchstens neun Stunden innerhalb von zehn Stunden kann bewilligt werden, sofern:
a. die Beschäftigung in der Nacht unentbehrlich ist, um:
  1. die Ziele einer beruflichen Grundbildung zu erreichen, oder
  2. eine Betriebsstörung infolge höherer Gewalt zu beheben; (…)

Art. 13 Ausnahmebewilligung für Sonntagsarbeit
(Art. 19 Abs. 4 und 31 Abs. 4 ArG)

¹ Die Beschäftigung Jugendlicher ab 16 Jahren an Sonntagen kann bewilligt werden, sofern:
a. die Beschäftigung am Sonntag unentbehrlich ist, um:
  1. die Ziele einer beruflichen Grundbildung zu erreichen, oder
  2. eine Betriebsstörung infolge höherer Gewalt zu beheben;
b. die Arbeit unter der Aufsicht einer erwachsenen und qualifizierten Person ausgeführt wird; und
c. die Beschäftigung am Sonntag den Besuch der Berufsfachschule nicht beeinträchtigt. (…)

Art. 14 Befreiung von der Bewilligungspflicht für Nacht- und Sonntagsarbeit in der beruflichen Grundbildung
(Art. 31 Abs. 4 ArG)

Das EVD legt unter Berücksichtigung der Voraussetzungen nach den Artikeln 12 Absatz 1 und 13 Absatz 1 nach Konsultation der Sozialpartner fest:
a. für welche beruflichen Grundbildungen keine Bewilligung für Nacht- und Sonntagsarbeit nach den Artikeln 12 Absatz 1 und 13 Absatz 1 notwendig ist;
b. den Umfang der Nacht- und Sonntagsarbeit.

> *Regelungen u. a. für die Berufe des Gastgewerbes in der **Verordnung des EVD über die Ausnahmen vom Verbot von Nacht- und Sonntagsarbeit während der beruflichen Grundbildung (822.115.4)***

Art. 16 Tägliche Ruhezeit
(Art. 31 Abs. 2 ArG)

¹ Jugendlichen ist eine zusammenhängende tägliche Ruhezeit von mindestens zwölf Stunden zu gewähren.
² Sie dürfen vor Berufsschultagen oder überbetrieblichen Kursen längstens bis 20 Uhr beschäftigt werden.

Art. 17 Überzeitarbeit
(Art. 31 Abs. 3 ArG)

¹ Jugendliche ab 16 Jahren dürfen nur an Werktagen im Tageszeitraum und im Abendzeitraum bis 22 Uhr zu Überzeitarbeit herangezogen werden.
² Jugendliche dürfen während der beruflichen Grundbildung nicht zu Überzeitarbeit herangezogen werden, ausser wenn dies zur Behebung einer Betriebsstörung infolge höherer Gewalt unentbehrlich ist.

Pflicht des Arbeitgebers zur Information und Anleitung (Art. 29 Abs. 2 ArG)

Art. 19

¹ Der Arbeitgeber muss dafür sorgen, dass alle in seinem Betrieb beschäftigten Jugendlichen von einer befähigten erwachsenen Person ausreichend und angemessen informiert und angeleitet werden, namentlich in Bezug auf Sicherheit und Gesundheitsschutz am Arbeitsplatz. Er muss den Jugendlichen entsprechende Vorschriften und Empfehlungen nach Eintritt in den Betrieb abgeben und erklären.
² Der Arbeitgeber muss die Eltern der Jugendlichen oder die erziehungsberechtigten Personen über die Arbeitsbedingungen, über mögliche Gefahren sowie über die Massnahmen, die für Sicherheit und Gesundheit getroffen werden, informieren.

ATSG

Bundesgesetz über den Allgemeinen Teil des Sozialversicherungsrechts (ATSG) SR 830.1

Anwendungsbereich

Art. 1 Zweck und Gegenstand
Dieses Gesetz koordiniert das Sozialversicherungsrecht des Bundes, indem es:
a. Grundsätze, Begriffe und Institute des Sozialversicherungsrechts definiert;
b. ein einheitliches Sozialversicherungsverfahren festlegt und die Rechtspflege regelt;
c. die Leistungen aufeinander abstimmt;
d. den Rückgriff der Sozialversicherungen auf Dritte ordnet.

Art. 2 Geltungsbereich und Verhältnis zu den einzelnen Sozialversicherungsgesetzen
Die Bestimmungen dieses Gesetzes sind (…) anwendbar, wenn und soweit die einzelnen Sozialversicherungsgesetze es vorsehen

Definitionen allgemeiner Begriffe

Art. 3 Krankheit
[1] Krankheit ist jede Beeinträchtigung der körperlichen, geistigen oder psychischen Gesundheit, die nicht Folge eines Unfalles ist und die eine medizinische Untersuchung oder Behandlung erfordert oder eine Arbeitsunfähigkeit zur Folge hat.
[2] Als Geburtsgebrechen gelten diejenigen Krankheiten, die bei vollendeter Geburt bestehen.

Art. 4 Unfall
Unfall ist die plötzliche, nicht beabsichtigte schädigende Einwirkung eines ungewöhnlichen äusseren Faktors auf den menschlichen Körper, die eine Beeinträchtigung der körperlichen, geistigen oder psychischen Gesundheit oder den Tod zur Folge hat.

Art. 5 Mutterschaft
Mutterschaft umfasst Schwangerschaft und Niederkunft sowie die nachfolgende Erholungszeit der Mutter.

Art. 6 Arbeitsunfähigkeit
Arbeitsunfähigkeit ist die durch eine Beeinträchtigung der körperlichen, geistigen oder psychischen Gesundheit bedingte, volle oder teilweise Unfähigkeit, im bisherigen Beruf oder Aufgabenbereich zumutbare Arbeit zu leisten. Bei langer Dauer wird auch die zumutbare Tätigkeit in einem anderen Beruf oder Aufgabenbereich berücksichtigt.

Art. 7 Erwerbsunfähigkeit
[1] Erwerbsunfähigkeit ist der durch Beeinträchtigung der körperlichen, geistigen oder psychischen Gesundheit verursachte und nach zumutbarer Behandlung und Eingliederung verbleibende ganze oder teilweise Verlust der Erwerbsmöglichkeiten auf dem in Betracht kommenden ausgeglichenen Arbeitsmarkt.
[2] Für die Beurteilung des Vorliegens einer Erwerbsunfähigkeit sind ausschliesslich die Folgen der gesundheitlichen Beeinträchtigung zu berücksichtigen. Eine Erwerbsunfähigkeit liegt zudem nur vor, wenn sie aus objektiver Sicht nicht überwindbar ist.

Art. 8 Invalidität
[1] Invalidität ist die voraussichtlich bleibende oder längere Zeit dauernde ganze oder teilweise Erwerbsunfähigkeit. (…)

Art. 9 Hilflosigkeit
Als hilflos gilt eine Person, die wegen der Beeinträchtigung der Gesundheit für alltägliche Lebensverrichtungen dauernd der Hilfe Dritter oder der persönlichen Überwachung bedarf.

Art. 10 Arbeitnehmerinnen und Arbeitnehmer
Als Arbeitnehmerinnen und Arbeitnehmer gelten Personen, die in unselbstständiger Stellung Arbeit leisten und dafür massgebenden Lohn nach dem jeweiligen Einzelgesetz beziehen.

Art. 11 Arbeitgeber
Arbeitgeber ist, wer Arbeitnehmerinnen und Arbeitnehmer beschäftigt.

Kürzung und Verweigerung von Leistungen

Art. 21
[1] Hat die versicherte Person den Versicherungsfall vorsätzlich oder bei vorsätzlicher Ausübung eines Verbrechens oder Vergehens herbeigeführt oder verschlimmert, so können ihr die Geldleistungen vorübergehend oder dauernd gekürzt oder in schweren Fällen verweigert werden.
[2] Geldleistungen für Angehörige oder Hinterlassene werden nur gekürzt oder verweigert, wenn diese den Versicherungsfall vorsätzlich oder bei vorsätzlicher Ausübung eines Verbrechens oder Vergehens herbeigeführt haben. (…)
[4] Entzieht oder widersetzt sich eine versicherte Person einer zumutbaren Behandlung oder Eingliederung (…) so können ihr die Leistungen vorübergehend oder dauernd gekürzt oder verweigert werden. (...)

Bundesgesetz über die obligatorische Arbeitslosenversicherung und die Insolvenzentschädigung (AVIG) SR 837.0

Zweck

Art. 1a
¹ Das Gesetz will den versicherten Personen einen angemessenen Ersatz garantieren für Erwerbsausfälle wegen:
a. Arbeitslosigkeit;
b. Kurzarbeit;
c. schlechtem Wetter;
d. Zahlungsunfähigkeit des Arbeitgebers.
² Es will drohende Arbeitslosigkeit verhüten, bestehende Arbeitslosigkeit bekämpfen und die rasche und dauerhafte Eingliederung in den Arbeitsmarkt fördern.

Beiträge

Art. 2 Beitragspflicht
¹ Für die Arbeitslosenversicherung (Versicherung) ist beitragspflichtig:
a. der Arbeitnehmer (Art. 10 ATSG), der nach dem Bundesgesetz (...) über die Alters- und Hinterlassenenversicherung (AHVG) obligatorisch versichert und für Einkommen aus unselbstständiger Tätigkeit beitragspflichtig ist;
b. der Arbeitgeber (Art. 11 ATSG), der nach Artikel 12 AHVG beitragspflichtig ist.

Art. 3 Beitragsbemessung und Beitragssatz
¹ Die Beiträge an die Versicherung sind je Arbeitsverhältnis vom massgebenden Lohn im Sinne der AHV-Gesetzgebung zu entrichten.
² Bis zum massgebenden, auf den Monat umgerechneten Höchstbetrag des versicherten Verdienstes der obligatorischen Unfallversicherung beträgt der Beitragssatz 2,2 Prozent. (...)

Art. 5 Beitragszahlung
¹ Der Arbeitgeber zieht den Beitragsanteil des Arbeitnehmers bei jeder Lohnzahlung ab und entrichtet ihn zusammen mit seinem eigenen Anteil der zuständigen AHV-Ausgleichskasse. (...)

Leistungen

Leistungsarten

Art. 7
¹ Zur Verhütung und Bekämpfung der Arbeitslosigkeit leistet die Versicherung finanzielle Beiträge für:
a. eine effiziente Beratung und Vermittlung;
b. arbeitsmarktliche Massnahmen für versicherte Personen;
c. weitere Massnahmen nach diesem Gesetz.
² Die Versicherung richtet folgende Leistungen aus:
a. Arbeitslosenentschädigung;
c. Kurzarbeitsentschädigung;
d. Schlechtwetterentschädigung;
e. Entschädigung bei Zahlungsunfähigkeit des Arbeitgebers (Insolvenzentschädigung).

Arbeitslosenentschädigung
Anspruch

Art. 8 Anspruchsvoraussetzungen
¹ Der Versicherte hat Anspruch auf Arbeitslosenentschädigung, wenn er:
a. ganz oder teilweise arbeitslos ist (Art. 10);
b. einen anrechenbaren Arbeitsausfall erlitten hat (Art. 11);
c. in der Schweiz wohnt (Art. 12);
d. die obligatorische Schulzeit zurückgelegt und weder das Rentenalter der AHV erreicht hat noch eine Altersrente der AHV bezieht.
e. die Beitragszeit erfüllt hat oder von der Erfüllung der Beitragszeit befreit ist (Art. 13 und 14);
f. vermittlungsfähig ist (Art. 15) und
g. die Kontrollvorschriften erfüllt (Art. 17). (...)

Art. 9 Rahmenfristen
¹ Für den Leistungsbezug und für die Beitragszeit gelten, sofern dieses Gesetz nichts anderes vorsieht, zweijährige Rahmenfristen.31
² Die Rahmenfrist für den Leistungsbezug beginnt mit dem ersten Tag, für den sämtliche Anspruchsvoraussetzungen erfüllt sind.
³ Die Rahmenfrist für die Beitragszeit beginnt zwei Jahre vor diesem Tag. (...)

Art. 10 Arbeitslosigkeit
¹ Als ganz arbeitslos gilt, wer in keinem Arbeitsverhältnis steht und eine Vollzeitbeschäftigung sucht.
² Als teilweise arbeitslos gilt, wer:
a. in keinem Arbeitsverhältnis steht und lediglich eine Teilzeitbeschäftigung sucht oder
b. eine Teilzeitbeschäftigung hat und eine Vollzeit- oder eine weitere Teilzeitbeschäftigung sucht.
²ᵇⁱˢ Nicht als teilweise arbeitslos gilt ein Arbeitnehmer, dessen normale Arbeitszeit vorübergehend verkürzt wurde (Kurzarbeit).
³ Der Arbeitsuchende gilt erst dann als ganz oder teilweise arbeitslos, wenn er sich beim Arbeitsamt seines Wohnorts zur Arbeitsvermittlung gemeldet hat. (...)

Art. 11 Anrechenbarer Arbeitsausfall
¹ Der Arbeitsausfall ist anrechenbar, wenn er einen Verdienstausfall zur Folge hat und mindestens zwei aufeinander folgende volle Arbeitstage dauert. (...)

Art. 13 Beitragszeit
¹ Die Beitragszeit hat erfüllt, wer innerhalb der dafür vorgesehenen Rahmenfrist (Art. 9 Abs. 3) während mindestens zwölf Monaten eine beitragspflichtige Beschäftigung ausgeübt hat.
² Angerechnet werden auch:
a. Zeiten, in denen der Versicherte als Arbeitnehmer tätig ist, bevor er das Alter erreicht, von dem an er AHV-Beiträge bezahlen muss;
b. schweizerischer Militär-, Zivil- und Schutzdienst, ferner obligatorische Hauswirtschaftskurse, die

ganztägig und ununterbrochen während mindestens drei Wochen geführt werden;
c. Zeiten, in denen der Versicherte zwar in einem Arbeitsverhältnis steht, aber wegen Krankheit (…) oder Unfalls (…) keinen Lohn erhält und daher keine Beiträge bezahlt;
d. Arbeitsunterbrüche wegen Mutterschaft (…), soweit sie durch Arbeitnehmerschutzbestimmungen vorgeschrieben oder gesamtarbeitsvertraglich vereinbart sind. (…)

Art. 14 Befreiung von der Erfüllung der Beitragszeit

^{1} Von der Erfüllung der Beitragszeit befreit sind Personen, die innerhalb der Rahmenfrist (Art. 9 Abs. 3) während insgesamt mehr als zwölf Monaten nicht in einem Arbeitsverhältnis standen und die Beitragszeit nicht erfüllen konnten wegen:
a. einer Schulausbildung, Umschulung oder Weiterbildung, sofern sie während mindestens zehn Jahren in der Schweiz Wohnsitz hatten;
b. Krankheit (Art. 3 ATSG), Unfall (Art. 4 ATSG) oder Mutterschaft (Art. 5 ATSG), sofern sie während dieser Zeit Wohnsitz in der Schweiz hatten;(…)

^{2} Ebenfalls von der Erfüllung der Beitragszeit befreit sind Personen, die wegen Trennung oder Scheidung der Ehe, wegen Invalidität (Art. 8 ATSG) oder Todes des Ehegatten oder aus ähnlichen Gründen oder wegen Wegfalls einer Invalidenrente gezwungen sind, eine unselbstständige Erwerbstätigkeit aufzunehmen oder zu erweitern. (…)

Art. 15 Vermittlungsfähigkeit

^{1} Der Arbeitslose ist vermittlungsfähig, wenn er bereit, in der Lage und berechtigt ist, eine zumutbare Arbeit anzunehmen und an Eingliederungsmassnahmen teilzunehmen. (…)

^{3} Bestehen erhebliche Zweifel an der Arbeitsfähigkeit eines Arbeitslosen, so kann die kantonale Amtsstelle eine vertrauensärztliche Untersuchung auf Kosten der Versicherung anordnen.

^{4} Der Versicherte, der mit der Bewilligung der kantonalen Amtsstelle eine freiwillige Tätigkeit im Rahmen von Projekten für Arbeitslose ausübt, gilt als vermittlungsfähig.

Art. 16 Zumutbare Arbeit

^{1} Der Versicherte muss zur Schadensminderung grundsätzlich jede Arbeit unverzüglich annehmen.

^{2} Unzumutbar und somit von der Annahmepflicht ausgenommen ist eine Arbeit, die:
a. den berufs- und ortsüblichen, insbesondere den gesamt- oder normalarbeitsvertraglichen Bedingungen nicht entspricht;
b. nicht angemessen auf die Fähigkeiten oder auf die bisherige Tätigkeit des Versicherten Rücksicht nimmt;
c. dem Alter, den persönlichen Verhältnissen oder dem Gesundheitszustand des Versicherten nicht angemessen ist; (…)
f. einen Arbeitsweg von mehr als zwei Stunden je für den Hin- und Rückweg notwendig macht und bei welcher für den Versicherten am Arbeitsort keine angemessene Unterkunft vorhanden ist oder er bei Vorhandensein einer entsprechenden Unterkunft seine Betreuungspflicht gegenüber den Angehörigen nicht ohne grössere Schwierigkeiten erfüllen kann;(…)
i. dem Versicherten einen Lohn einbringt, der geringer ist als 70 Prozent des versicherten Verdienstes,. (…)

Art. 17 Pflichten des Versicherten und Kontrollvorschriften

^{1} Der Versicherte, der Versicherungsleistungen beanspruchen will, muss mit Unterstützung des zuständigen Arbeitsamtes alles Zumutbare unternehmen, um Arbeitslosigkeit zu vermeiden oder zu verkürzen. Insbesondere ist er verpflichtet, Arbeit zu suchen, nötigenfalls auch ausserhalb seines bisherigen Berufes. Er muss seine Bemühungen nachweisen können.

^{2} Der Versicherte muss sich möglichst frühzeitig, spätestens jedoch am ersten Tag, für den er Arbeitslosenentschädigung beansprucht, persönlich bei seiner Wohngemeinde oder der vom Kanton bestimmten zuständigen Amtsstelle zur Arbeitsvermittlung melden und von da an die Kontrollvorschriften des Bundesrates befolgen.

^{3} Der Versicherte muss eine vermittelte zumutbare Arbeit annehmen. Er hat auf Weisung der zuständigen Amtsstelle:
a. an arbeitsmarktlichen Massnahmen teilzunehmen, die seine Vermittlungsfähigkeit fördern;
b. an Beratungsgesprächen und Informationsveranstaltungen (…) teilzunehmen; und
c. die Unterlagen für die Beurteilung seiner Vermittlungsfähigkeit oder der Zumutbarkeit einer Arbeit zu liefern. (…)

Entschädigung

Art. 18 Wartezeiten

^{1} Der Anspruch beginnt nach einer Wartezeit von fünf Tagen kontrollierter Arbeitslosigkeit. Für Personen ohne Unterhaltspflichten gegenüber Kindern unter 25 Jahren beträgt die Wartezeit:
a. 10 Tage bei einem versicherten Verdienst zwischen 60 001.– und 90 000.– Franken;
b. 15 Tage bei einem versicherten Verdienst zwischen 90 001.– und 125 000.– Franken;
c. 20 Tage bei einem versicherten Verdienst über 125 000.– Franken.

^{1bis} Der Bundesrat nimmt zur Vermeidung von Härtefällen bestimmte Versichertengruppen von der Wartezeit aus.

^{2} Personen, die von der Erfüllung der Beitragszeit befreit sind (Art. 14), haben vor dem erstmaligen Bezug in der Rahmenfrist während einer vom Bundesrat festgesetzten besonderen Wartezeit von längstens zwölf Monaten keinen Anspruch auf Arbeitslosenentschädigung. Diese Wartezeit ist zusätzlich zur allgemeinen Wartezeit nach Absatz 1 zu bestehen. (…)

Art. 21 Form der Arbeitslosenentschädigung

Die Arbeitslosenentschädigung wird als Taggeld ausgerichtet. Für eine Woche werden fünf Taggelder ausbezahlt.

Art. 22 Höhe des Taggeldes

^{1} Ein volles Taggeld beträgt 80 Prozent des versicherten Verdienstes. Der Versicherte erhält zudem einen

Zuschlag, der den auf den Tag umgerechneten gesetzlichen Kinder- und Ausbildungszulagen entspricht, auf die er Anspruch hätte, wenn er in einem Arbeitsverhältnis stände. Dieser Zuschlag wird nur ausbezahlt, soweit:
a. die Kinderzulagen dem Versicherten während der Arbeitslosigkeit nicht ausgerichtet werden; und
b. für dasselbe Kind kein Anspruch einer erwerbstätigen Person besteht.

² Ein Taggeld in der Höhe von 70 Prozent des versicherten Verdienstes erhalten Versicherte, die:
a. keine Unterhaltspflicht gegenüber Kindern unter 25 Jahren haben;
b. ein volles Taggeld erreichen, das mehr als 140 Franken beträgt; (…)

Art. 22a Beiträge an die Sozialversicherungen
² Die Kasse zieht den Beitragsanteil des Arbeitnehmers von der Entschädigung ab und entrichtet ihn zusammen mit dem von ihr zu übernehmenden Arbeitgeberanteil der zuständigen AHV-Ausgleichskasse. (…)

Art. 27 Höchstzahl der Taggelder
¹ Innerhalb der Rahmenfrist für den Leistungsbezug (Art. 9 Abs. 2) bestimmt sich die Höchstzahl der Taggelder nach dem Alter der Versicherten sowie nach der Beitragszeit (Art. 9 Abs. 3).
² Die versicherte Person hat Anspruch auf:
a. höchstens 260 Taggelder, wenn sie eine Beitragszeit von insgesamt 12 Monaten nachweisen kann;
b. höchstens 400 Taggelder, wenn sie eine Beitragszeit von insgesamt 18 Monaten nachweisen kann; (…)

Sanktionen

Art. 30 Einstellung in der Anspruchsberechtigung
¹ Der Versicherte ist in der Anspruchsberechtigung einzustellen, wenn er:
a. durch eigenes Verschulden arbeitslos ist;
b. zu Lasten der Versicherung auf Lohn- oder Entschädigungsansprüche gegenüber dem bisherigen Arbeitgeber verzichtet hat;
c. sich persönlich nicht genügend um zumutbare Arbeit bemüht;
d. die Kontrollvorschriften oder die Weisungen der zuständigen Amtsstelle nicht befolgt, (…)
e. unwahre oder unvollständige Angaben gemacht oder in anderer Weise die Auskunfts- oder Meldepflicht verletzt hat; (…)

Kurzarbeitsentschädigung

Art. 31 Anspruchsvoraussetzungen
¹ Arbeitnehmer, deren normale Arbeitszeit verkürzt oder deren Arbeit ganz eingestellt ist, haben Anspruch auf Kurzarbeitsentschädigung, wenn:
a. sie für die Versicherung beitragspflichtig sind oder das Mindestalter für die Beitragspflicht in der AHV noch nicht erreicht haben;
b. der Arbeitsausfall anrechenbar ist (Art. 32);
c. das Arbeitsverhältnis nicht gekündigt ist;
d. der Arbeitsausfall voraussichtlich vorübergehend ist und erwartet werden darf, dass durch Kurzarbeit ihre Arbeitsplätze erhalten werden können. (…)

Art. 34 Bemessung der Kurzarbeitsentschädigung
¹ Die Kurzarbeitsentschädigung beträgt 80 Prozent des anrechenbaren Verdienstausfalls. (…)

Art. 35 Höchstdauer der Kurzarbeitsentschädigung
¹ Innerhalb von zwei Jahren wird die Kurzarbeitsentschädigung während höchstens zwölf Abrechnungsperioden ausgerichtet. Diese Frist gilt für den Betrieb und beginnt mit dem ersten Tag der ersten Abrechnungsperiode, für die Kurzarbeitsentschädigung ausgerichtet wird. (…)

Schlechtwetterentschädigung

Art. 42 Anspruchsvoraussetzungen
¹ Arbeitnehmer in Erwerbszweigen, in denen wetterbedingte Arbeitsausfälle üblich sind, haben Anspruch auf Schlechtwetterentschädigung, wenn:
a. sie für die Versicherung beitragspflichtig sind oder das Mindestalter für die Beitragspflicht in der AHV noch nicht erreicht haben und
b. sie einen anrechenbaren Arbeitsausfall (Art. 43) erleiden.
² Der Bundesrat bestimmt die Erwerbszweige, in denen die Schlechtwetterentschädigung ausgerichtet werden kann. (…)

Art. 44 Bemessung der Schlechtwetterentschädigung
Die Bemessung der Entschädigung richtet sich nach Artikel 34.

Insolvenzentschädigung

Art. 51 Anspruchsvoraussetzungen
¹ Beitragspflichtige Arbeitnehmer von Arbeitgebern, die in der Schweiz der Zwangsvollstreckung unterliegen oder in der Schweiz Arbeitnehmer beschäftigen, haben Anspruch auf Insolvenzentschädigung, wenn:
a. gegen ihren Arbeitgeber der Konkurs eröffnet wird und ihnen in diesem Zeitpunkt Lohnforderungen zustehen oder
b. der Konkurs nur deswegen nicht eröffnet wird, weil sich infolge offensichtlicher Überschuldung des Arbeitgebers kein Gläubiger bereit findet, die Kosten vorzuschiessen, oder
c. sie gegen ihren Arbeitgeber für Lohnforderungen das Pfändungsbegehren gestellt haben. (…)

Art. 52 Umfang der Insolvenzentschädigung
¹ Die Insolvenzentschädigung deckt für das gleiche Arbeitsverhältnis Lohnforderungen für höchstens die letzten vier Monate des Arbeitsverhältnisses, für jeden Monat jedoch nur bis zum Höchstbetrag nach Artikel 3 Absatz 2. Als Lohn gelten auch die geschuldeten Zulagen.

Arbeitsmarktliche Massnahmen

Art. 59a: Grundsätze
¹ Die Versicherung erbringt finanzielle Leistungen für arbeitsmarktliche Massnahmen zu Gunsten von versicherten Personen und von Personen, die von Arbeitslosigkeit bedroht sind.
¹ᵇⁱˢ Arbeitsmarktliche Massnahmen sind Bildungsmassnahmen (2. Abschnitt), Beschäftigungsmassnahmen (3. Abschnitt) und spezielle Massnahmen (4. Abschnitt).

Bundesgesetz über die Berufsbildung (BBG) SR 412.10

Allgemeine Bestimmungen

Art. 1 Grundsatz
^{1} Die Berufsbildung ist eine gemeinsame Aufgabe von Bund, Kantonen und Organisationen der Arbeitswelt (Sozialpartner, Berufsverbände, andere zuständige Organisationen und andere Anbieter der Berufsbildung). Sie streben ein genügendes Angebot im Bereich der Berufsbildung, insbesondere in zukunftsfähigen Berufsfeldern an. (...)

Art. 2 Gegenstand und Geltungsbereich
^{1} Dieses Gesetz regelt für sämtliche Berufsbereiche ausserhalb der Hochschulen:
a. die berufliche Grundbildung, einschliesslich der Berufsmaturität;
b. die höhere Berufsbildung;
c. die berufsorientierte Weiterbildung;
d. die Qualifikationsverfahren, Ausweise und Titel;
e. die Bildung der Berufsbildungsverantwortlichen; (...)

Art. 3 Ziele
Dieses Gesetz fördert und entwickelt:
a. ein Berufsbildungssystem, das den Einzelnen die berufliche und persönliche Entfaltung und die Integration in die Gesellschaft, insbesondere in die Arbeitswelt, ermöglicht und das ihnen die Fähigkeit und die Bereitschaft vermittelt, beruflich flexibel zu sein und in der Arbeitswelt zu bestehen;
b. ein Berufsbildungssystem, das der Wettbewerbsfähigkeit der Betriebe dient;
c. den Ausgleich der Bildungschancen in sozialer und regionaler Hinsicht, die tatsächliche Gleichstellung von Frau und Mann sowie die Beseitigung von Benachteiligungen von Menschen mit Behinderungen;
d. die Durchlässigkeit zwischen verschiedenen Bildungsgängen und -formen innerhalb der Berufsbildung sowie zwischen der Berufsbildung und den übrigen Bildungsbereichen;
e. die Transparenz des Berufsbildungssystems.

Art. 10 Mitspracherechte der Lernenden
Die Anbieter der Bildung in beruflicher Praxis und der schulischen Bildung räumen den Lernenden angemessene Mitspracherechte ein.

Berufliche Grundbildung

Allgemeine Bestimmungen

Art. 12 Vorbereitung auf die berufliche Grundbildung (BBV 7)
Die Kantone ergreifen Massnahmen, die Personen mit individuellen Bildungsdefiziten am Ende der obligatorischen Schulzeit auf die berufliche Grundbildung vorbereiten.

Art. 14 Lehrvertrag (BBV 8)
^{1} Zwischen den Lernenden und den Anbietern der Bildung in beruflicher Praxis wird ein Lehrvertrag abgeschlossen. Er richtet sich nach den Bestimmungen des Obligationenrechts über den Lehrvertrag (Art. 344–346a), soweit dieses Gesetz keine abweichende Regelung enthält.

^{2} Der Lehrvertrag wird am Anfang für die ganze Dauer der beruflichen Grundbildung abgeschlossen. Erfolgt die Bildung in beruflicher Praxis nacheinander in verschiedenen Betrieben, so kann der Vertrag für die Dauer des jeweiligen Bildungsteils abgeschlossen werden.

^{3} Der Lehrvertrag ist von der zuständigen kantonalen Behörde zu genehmigen. Für die Genehmigung dürfen keine Gebühren erhoben werden.

^{4} Wird der Lehrvertrag aufgelöst, so hat der Anbieter von Bildung umgehend die kantonale Behörde und gegebenenfalls die Berufsfachschule zu benachrichtigen.

^{5} Wird ein Betrieb geschlossen oder vermittelt er die berufliche Grundbildung nicht mehr nach den gesetzlichen Vorschriften, so sorgen die kantonalen Behörden nach Möglichkeit dafür, dass eine begonnene Grundausbildung ordnungsgemäss beendet werden kann.

^{6} Wird der Abschluss eines Lehrvertrages unterlassen oder wird dieser nicht oder verspätet zur Genehmigung eingereicht, so unterliegt das Lehrverhältnis dennoch den Vorschriften dieses Gesetzes.

Struktur

Art. 15 Gegenstand (BBV 19)
^{1} Die berufliche Grundbildung dient der Vermittlung und dem Erwerb der Fähigkeiten, Kenntnisse und Fertigkeiten (nachfolgend Qualifikationen), die zur Ausübung einer Tätigkeit in einem Beruf oder in einem Berufs- oder Tätigkeitsfeld (nachfolgend Berufstätigkeit) erforderlich sind.

^{2} Sie umfasst insbesondere die Vermittlung und den Erwerb:
a. der berufsspezifischen Qualifikationen, welche die Lernenden dazu befähigen, eine Berufstätigkeit kompetent und sicher auszuüben;
b. der grundlegenden Allgemeinbildung, welche die Lernenden dazu befähigt, den Zugang zur Arbeitswelt zu finden, darin zu bestehen und sich in die Gesellschaft zu integrieren;
c. der wirtschaftlichen, ökologischen, sozialen und kulturellen Kenntnisse und Fähigkeiten, welche die Lernenden dazu befähigen, zu einer nachhaltigen Entwicklung beizutragen;
d. der Fähigkeit und der Bereitschaft zum lebenslangen Lernen sowie zum selbstständigen Urteilen und Entscheiden.

^{3} Sie schliesst an die obligatorische Schule oder an eine gleichwertige Qualifikation an. Der Bundesrat bestimmt die Kriterien, nach denen ein Mindestalter für den Beginn der beruflichen Grundbildung festgelegt werden kann.

^{4} Die Bildungsverordnungen regeln den obligatorischen Unterricht einer zweiten Sprache.

^{5} Der Sportunterricht richtet sich nach dem Bundesgesetz (...) über die Förderung von Turnen und Sport.

Art. 16 Inhalte, Lernorte, Verantwortlichkeiten (BBV 9, 14)
^{1} Die berufliche Grundbildung besteht aus:
a. Bildung in beruflicher Praxis;
b. allgemeiner und berufskundlicher schulischer Bildung;

c. Ergänzung der Bildung in beruflicher Praxis und schulischer Bildung, wo die zu erlernende Berufstätigkeit dies erfordert.
² Die Vermittlung der beruflichen Grundbildung findet in der Regel an folgenden Lernorten statt:
a. im Lehrbetrieb, im Lehrbetriebsverbund, in Lehrwerkstätten, in Handelsmittelschulen oder in anderen zu diesem Zweck anerkannten Institutionen für die Bildung in beruflicher Praxis;
b. in Berufsfachschulen für die allgemeine und die berufskundliche Bildung;
c. in überbetrieblichen Kursen und vergleichbaren dritten Lernorten für Ergänzungen der beruflichen Praxis und der schulischen Bildung.
³ Die Anteile der Bildung gemäss Absatz 1, ihre organisatorische Ausgestaltung und die zeitliche Aufteilung werden nach den Ansprüchen der Berufstätigkeit in der entsprechenden Bildungsverordnung bestimmt.
⁴ Die Verantwortung gegenüber der lernenden Person bestimmt sich nach dem Lehrvertrag. Wo kein Lehrvertrag besteht, bestimmt sie sich in der Regel nach dem Lernort. (…)

Art. 17 Bildungstypen und Dauer *(BBV 10, 35)*
¹ Die berufliche Grundbildung dauert zwei bis vier Jahre.
² Die zweijährige Grundbildung schliesst in der Regel mit einer Prüfung ab und führt zum eidgenössischen Berufsattest. Sie ist so ausgestaltet, dass die Angebote den unterschiedlichen Voraussetzungen der Lernenden besonders Rechnung tragen.
³ Die drei- bis vierjährige Grundbildung schliesst in der Regel mit einer Lehrabschlussprüfung ab und führt zum eidgenössischen Fähigkeitszeugnis.
⁴ Das eidgenössische Fähigkeitszeugnis führt zusammen mit dem Abschluss einer erweiterten Allgemeinbildung zur Berufsmaturität.
⁵ Die berufliche Grundbildung kann auch durch eine nicht formalisierte Bildung erworben werden; diese wird durch ein Qualifikationsverfahren abgeschlossen.

Art. 18 Berücksichtigung individueller Bedürfnisse
¹ Für besonders befähigte oder vorgebildete Personen sowie für Personen mit Lernschwierigkeiten oder Behinderungen kann die Dauer der beruflichen Grundbildung angemessen verlängert oder verkürzt werden.
² Der Bundesrat erlässt besondere Bestimmungen über die fachkundige individuelle Begleitung von Personen mit Lernschwierigkeiten in zweijährigen beruflichen Grundbildungen.
³ Der Bund kann die fachkundige individuelle Begleitung fördern.

Art. 19 Bildungsverordnungen *(BBV 12)*
¹ Das Bundesamt für Berufsbildung und Technologie (Bundesamt) erlässt Bildungsverordnungen für den Bereich der beruflichen Grundbildung. Es erlässt sie auf Antrag der Organisationen der Arbeitswelt oder, bei Bedarf, von sich aus.
² Die Bildungsverordnungen regeln insbesondere:
a. den Gegenstand und die Dauer der Grundbildung;
b. die Ziele und Anforderungen der Bildung in beruflicher Praxis;
c. die Ziele und Anforderungen der schulischen Bildung;
d. den Umfang der Bildungsinhalte und die Anteile der Lernorte;
e. die Qualifikationsverfahren, Ausweise und Titel.
³ Die Qualifikationsverfahren für die nicht formalisierten Bildungen orientieren sich an den entsprechenden Bildungsverordnungen. (…)

Anbieter

Art. 20 Anbieter der Bildung in beruflicher Praxis
¹ Die Anbieter der Bildung in beruflicher Praxis setzen sich für den bestmöglichen Lernerfolg der Lernenden ein und überprüfen diesen periodisch.
² Sie bedürfen einer Bildungsbewilligung des Kantons; dieser darf keine Gebühren erheben.

Art. 21 Berufsfachschule *(BBV 17, 18)*
¹ Die Berufsfachschule vermittelt die schulische Bildung. Diese besteht aus beruflichem und allgemein bildendem Unterricht.
² Die Berufsfachschule hat einen eigenständigen Bildungsauftrag; sie
a. fördert die Entfaltung der Persönlichkeit und die Sozialkompetenz der Lernenden durch die Vermittlung der theoretischen Grundlagen zur Berufsausübung und durch Allgemeinbildung;
b. berücksichtigt die unterschiedlichen Begabungen und trägt mit speziellen Angeboten den Bedürfnissen besonders befähigter Personen und von Personen mit Lernschwierigkeiten Rechnung;
c. fördert die tatsächliche Gleichstellung von Frau und Mann sowie die Beseitigung von Benachteiligungen von Menschen mit Behinderungen durch entsprechende Bildungsangebote und -formen.
³ Der Besuch der Berufsfachschule ist obligatorisch.
⁴ Die Berufsfachschule kann auch Angebote der höheren Berufsbildung und der berufsorientierten Weiterbildung bereitstellen. (…)
⁵ Die Berufsfachschule kann sich in Zusammenarbeit mit den Organisationen der Arbeitswelt und den Betrieben an überbetrieblichen Kursen und weiteren vergleichbaren dritten Lernorten beteiligen.
⁶ Sie kann Koordinationsaufgaben im Hinblick auf die Zusammenarbeit der an der Berufsbildung Beteiligten übernehmen.

Art. 22 Angebote an Berufsfachschulen *(BBV 20)*
¹ Die Kantone, in denen die Bildung in beruflicher Praxis erfolgt, sorgen für ein bedarfsgerechtes Angebot an Berufsfachschulen.
² Der obligatorische Unterricht ist unentgeltlich.
³ Wer im Lehrbetrieb und in der Berufsfachschule die Voraussetzungen erfüllt, kann Freikurse ohne Lohnabzug besuchen. Der Besuch erfolgt im Einvernehmen mit dem Betrieb. Bei Uneinigkeit entscheidet der Kanton.
⁴ Ist eine lernende Person im Hinblick auf eine erfolgreiche Absolvierung der Berufsfachschule auf Stützkurse angewiesen, so kann die Berufsfachschule im Einvernehmen mit dem Betrieb und mit der lernenden Person den Besuch solcher Kurse anordnen. Bei Uneinigkeit entscheidet der Kanton. Der Besuch erfolgt ohne Lohnabzug. (…)

BBG

Art. 23 Überbetriebliche Kurse und vergleichbare dritte Lernorte *(BBV 21)*
^{1} Die überbetrieblichen Kurse und vergleichbare dritte Lernorte dienen der Vermittlung und dem Erwerb grundlegender Fertigkeiten. Sie ergänzen die Bildung in beruflicher Praxis und die schulische Bildung, wo die zu erlernende Berufstätigkeit dies erfordert. (...)
^{3} Der Besuch der Kurse ist obligatorisch. Die Kantone können auf Gesuch des Anbieters von Bildung in beruflicher Praxis hin Lernende vom Besuch der Kurse befreien, wenn die Bildungsinhalte in einem betrieblichen Bildungszentrum oder in einer Lehrwerkstätte vermittelt werden. (...)

Aufsicht

Art. 24 *(BBV 11)*
^{1} Die Kantone sorgen für die Aufsicht über die berufliche Grundbildung.
^{2} Zur Aufsicht gehören die Beratung und Begleitung der Lehrvertragsparteien und die Koordination zwischen den an der beruflichen Grundbildung Beteiligten. (...)

Eidgenössische Berufsmaturität

Art. 25
^{1} Die eidgenössische Berufsmaturität schafft die Voraussetzungen für ein Studium an einer Fachhochschule.
^{2} Die erweiterte Allgemeinbildung nach Artikel 17 Absatz 4 kann auch nach dem Erwerb des eidgenössischen Fähigkeitszeugnisses erworben werden.
^{3} Die Kantone sorgen für ein bedarfsgerechtes Angebot an Berufsmaturitätsunterricht.
^{4} Der Berufsmaturitätsunterricht an öffentlichen Schulen ist unentgeltlich. Bund und Kantone können private Anbieter unterstützen.
^{5} Der Bundesrat regelt die Berufsmaturität.

Höhere Berufsbildung

Art. 26 Gegenstand
^{1} Die höhere Berufsbildung dient auf der Tertiärstufe der Vermittlung und dem Erwerb der Qualifikationen, die für die Ausübung einer anspruchs- oder einer verantwortungsvolleren Berufstätigkeit erforderlich sind.
^{2} Sie setzt ein eidgenössisches Fähigkeitszeugnis, den Abschluss einer höheren schulischen Allgemeinbildung oder eine gleichwertige Qualifikation voraus.

Art. 27 Formen der höheren Berufsbildung
Die höhere Berufsbildung wird erworben durch:
a. eine eidgenössische Berufsprüfung oder eine eidgenössische höhere Fachprüfung;
b. eine eidgenössisch anerkannte Bildung an einer höheren Fachschule.

Berufsorientierte Weiterbildung

Art. 30 Gegenstand
Die berufsorientierte Weiterbildung dient dazu, durch organisiertes Lernen:
a. bestehende berufliche Qualifikationen zu erneuern, zu vertiefen und zu erweitern oder neue berufliche Qualifikationen zu erwerben;
b. die berufliche Flexibilität zu unterstützen.

Qualifikationsverfahren, Ausweise und Titel

Allgemeine Bestimmungen

Art. 33 Prüfungen und andere Qualifikationsverfahren *(BBV 30-34)*
Die beruflichen Qualifikationen werden nachgewiesen durch eine Gesamtprüfung, eine Verbindung von Teilprüfungen oder durch andere vom Bundesamt anerkannte Qualifikationsverfahren.

Art. 34 Anforderungen an Qualifikationsverfahren
^{1} Der Bundesrat regelt die Anforderungen an die Qualifikationsverfahren. Er stellt die Qualität und die Vergleichbarkeit zwischen den Qualifikationsverfahren sicher. Die in den Qualifikationsverfahren verwendeten Beurteilungskriterien müssen sachgerecht und transparent sein sowie die Chancengleichheit wahren.
^{2} Die Zulassung zu Qualifikationsverfahren ist nicht vom Besuch bestimmter Bildungsgänge abhängig. Das Bundesamt regelt die Zulassungsvoraussetzungen.

Art. 36 Titelschutz
Nur Inhaberinnen und Inhaber eines Abschlusses der beruflichen Grundbildung und der höheren Berufsbildung sind berechtigt, den in den entsprechenden Vorschriften festgelegten Titel zu führen.

Berufliche Grundbildung

Art. 37 Eidgenössisches Berufsattest
^{1} Das eidgenössische Berufsattest erhält, wer die zweijährige Grundbildung mit einer Prüfung abgeschlossen oder ein gleichwertiges Qualifikationsverfahren erfolgreich durchlaufen hat.
^{2} Es wird von der kantonalen Behörde ausgestellt.

Art. 38 Eidgenössisches Fähigkeitszeugnis
^{1} Das eidgenössische Fähigkeitszeugnis erhält, wer die Lehrabschlussprüfung bestanden oder ein gleichwertiges Qualifikationsverfahren erfolgreich durchlaufen hat.
^{2} Es wird von der kantonalen Behörde ausgestellt.

Art. 39 Eidgenössisches Berufsmaturitätszeugnis
^{1} Das eidgenössische Berufsmaturitätszeugnis erhält, wer ein eidgenössisches Fähigkeitszeugnis besitzt und die vom Bund anerkannte Berufsmaturitätsprüfung bestanden oder ein gleichwertiges Qualifikationsverfahren erfolgreich durchlaufen hat.
^{2} Es berechtigt nach den Bestimmungen des Fachhochschulgesetzes (...) zum prüfungsfreien Zugang an eine Fachhochschule. (...)

Art. 40 Durchführung der Qualifikationsverfahren
^{1} Die Kantone sorgen für die Durchführung der Qualifikationsverfahren. (...)

Art. 41 Gebühren *(BBV 39)*
^{1} Für die Prüfungen zum Erwerb des eidgenössischen Fähigkeitszeugnisses, des eidgenössischen Berufsattests und des eidgenössischen Berufsmaturitätszeugnisses dürfen von den Kandidatinnen und Kandidaten und von den Anbietern der Bildung in beruflicher Praxis keine Prüfungsgebühren erhoben werden.
^{2} Für unbegründetes Fernbleiben oder Zurücktreten von der Prüfung und für die Wiederholung der Prüfung sind Gebühren zulässig.

Höhere Berufsbildung

Art. 42 Eidgenössische Berufsprüfung und eidgenössische höhere Fachprüfung

¹ Die eidgenössische Berufsprüfung und die eidgenössische höhere Fachprüfung richten sich nach den Vorschriften über diese Prüfungen (...).

² Der Bund sorgt für die Aufsicht über die Prüfungen.

Art. 43 Fachausweis und Diplom; Registereintrag

¹ Wer die eidgenössische Berufsprüfung bestanden hat, erhält einen Fachausweis.
Wer die eidgenössische höhere Fachprüfung bestanden hat, erhält ein Diplom.

² Der Fachausweis und das Diplom werden vom Bundesamt ausgestellt.

³ Das Bundesamt führt ein öffentliches Register mit den Namen der Inhaberinnen und Inhaber der Fachausweise und der Diplome.

Bildung von Berufsbildungsverantwortlichen

Art. 45 Anforderungen an Berufsbildnerinnen und Berufsbildner

¹ Als Berufsbildnerin oder Berufsbildner gilt, wer in der beruflichen Grundbildung die Bildung in beruflicher Praxis vermittelt.

² Berufsbildnerinnen und Berufsbildner verfügen über eine qualifizierte fachliche Bildung sowie über angemessene pädagogische und methodisch-didaktische Fähigkeiten. (...)

Strafbestimmungen

Art. 62 Zuwiderhandlung und Unterlassung

¹ Mit Busse wird bestraft, wer Personen bildet:
a. ohne Bewilligung nach Artikel 20 Absatz 2;
b. ohne den Lehrvertrag (Art. 14) abzuschliessen.

² Bei leichtem Verschulden kann statt der Busse eine Verwarnung ausgesprochen werden.

Art. 63 Titelanmassung

¹ Mit Busse wird bestraft, wer:
a. einen geschützten Titel führt, ohne die erforderlichen Prüfungen bestanden oder ein gleichwertiges Qualifikationsverfahren erfolgreich durchlaufen zu haben;
b. einen Titel verwendet, der den Eindruck erweckt, er oder sie habe die entsprechende Prüfung bestanden oder ein gleichwertiges Qualifikationsverfahren erfolgreich durchlaufen. (...)

Verordnung über die Berufsbildung (Berufsbildungsverordnung, BBV) 412.101

Berufliche Grundbildung

Allgemeine Bestimmungen

Art. 6 Begriffe

In Ausführung des BBG oder in Ergänzung dazu bedeuten:
a. betrieblich organisierte Grundbildung: Grundbildung, die hauptsächlich in einem Lehrbetrieb oder in einem Lehrbetriebsverbund stattfindet;
b. schulisch organisierte Grundbildung: Grundbildung, die hauptsächlich in einer schulischen Institution stattfindet, namentlich in einer Lehrwerkstätte oder einer Handelsmittelschule;
c. Lehrbetriebsverbund: ein Zusammenschluss von mehreren Betrieben zum Zweck, Lernenden in verschiedenen spezialisierten Betrieben eine umfassende Bildung in beruflicher Praxis zu gewährleisten;
d. Praktikum: eine Bildung in beruflicher Praxis, die in eine schulisch organisierte Grundbildung integriert ist und ausserhalb der Schule absolviert wird.

Art. 7 Vorbereitung auf die berufliche Grundbildung (Art. 12 BBG)

¹ Als Vorbereitung auf die berufliche Grundbildung gelten praxis- und arbeitsweltbezogene Angebote nach Abschluss der obligatorischen Schulzeit, die das Programm der obligatorischen Schule im Hinblick auf die Anforderungen der beruflichen Grundbildung ergänzen.

² Die Vorbereitungsangebote dauern höchstens ein Jahr und werden zeitlich auf das Schuljahr abgestimmt.

³ Sie werden mit einer Beurteilung abgeschlossen.

Art. 8 Lehrvertrag (Art. 14 und Art. 18 Abs. 1 BBG)

¹ Wird ein Lehrvertrag nach Artikel 14 Absatz 2 zweiter Satz BBG nur für einen Bildungsteil abgeschlossen, so müssen zum Zeitpunkt des Lehrbeginns alle Verträge für die einzelnen Bildungsteile unterzeichnet und von der kantonalen Behörde genehmigt sein.

² Findet die Grundbildung in einem Lehrbetriebsverbund statt, so schliesst der Leitbetrieb oder die Leitorganisation mit der lernenden Person den Lehrvertrag ab.

³ Die Probezeit beginnt mit dem Antritt der Grundbildung unter dem entsprechenden Lehrvertrag. Wird ein Lehrvertrag nach Absatz 1 nur für einen Bildungsteil abgeschlossen, so dauert die Probezeit für diesen Teil in der Regel einen Monat.

⁴ Die Bestimmungen über den Lehrvertrag gelten für betrieblich organisierte Grundbildungen auch dann, wenn diese mit einem längeren schulischen Teil beginnen. Die kantonale Behörde kann Ausnahmen vorsehen, wenn sie der lernenden Person garantiert, dass diese nach dem schulischen Teil eine vollständige Grundbildung absolvieren kann.

⁵ Der Lehrbetrieb oder der Lehrbetriebsverbund reicht den unterzeichneten Lehrvertrag der kantonalen Behörde vor Beginn der beruflichen Grundbildung zur Genehmigung ein.

⁶ Die Vertragsparteien verwenden von den Kantonen zur Verfügung gestellte Vertragsformulare. Das Bundesamt stellt sicher, dass die Formulare in der ganzen Schweiz einheitlich sind.

⁷ Über eine vertraglich vereinbarte Verlängerung oder Verkürzung der Bildungsdauer nach Artikel 18 Absatz 1 BBG entscheidet die kantonale Behörde nach Anhörung der Lehrvertragsparteien und der Berufsfachschule.

Art. 9 Standort der betrieblich organisierten Grundbildung *(Art. 16 Abs. 2 Bst. a BBG)*

¹ Als Standort einer betrieblich organisierten Grundbildung gilt der Ort, an dem die betrieblich organisierte Grundbildung hauptsächlich stattfindet. (....)

³ Bei einem Lehrbetriebsverbund ist der Standort des Leitbetriebs oder der Leitorganisation massgebend. (...)

Art. 10 Besondere Anforderungen an die zweijährige Grundbildung *(Art. 17 Abs. 2 und Art. 18 Abs. 2 BBG)*

¹ Die zweijährige Grundbildung vermittelt im Vergleich zu den drei- und vierjährigen Grundbildungen spezifische und einfachere berufliche Qualifikationen. Sie trägt den individuellen Voraussetzungen der Lernenden mit einem besonders differenzierten Lernangebot und angepasster Didaktik Rechnung.

² Die Bildungsverordnungen über die zweijährige Grundbildung berücksichtigen einen späteren Übertritt in eine drei- oder vierjährige Grundbildung.

³ Die zweijährige Grundbildung kann um höchstens ein Jahr verkürzt oder verlängert werden.

⁴ Ist der Bildungserfolg gefährdet, so entscheidet die kantonale Behörde nach Anhörung der lernenden Person und der Anbieter der Bildung über eine fachkundige individuelle Begleitung.

⁵ Die fachkundige individuelle Begleitung umfasst nicht nur schulische, sondern sämtliche bildungsrelevanten Aspekte im Umfeld der lernenden Person.

Art. 11 Aufsicht *(Art. 24 BBG)*

¹ Die kantonale Behörde verweigert die Bildungsbewilligung oder widerruft sie, wenn die Bildung in beruflicher Praxis ungenügend ist, Berufsbildnerinnen und Berufsbildner die gesetzlichen Voraussetzungen nicht erfüllen oder ihre Pflicht verletzen.

² Ist der Erfolg der Grundbildung in Frage gestellt, so trifft die kantonale Behörde nach Anhörung der Beteiligten die notwendigen Vorkehren, um der lernenden Person nach Möglichkeit eine Grundbildung entsprechend ihren Fähigkeiten und Neigungen zu vermitteln.

³ Die kantonale Behörde empfiehlt nötigenfalls den Vertragsparteien, den Lehrvertrag anzupassen, oder unterstützt die lernende Person bei der Suche nach einer anderen beruflichen Grundbildung oder einem anderen Bildungsort.

Bildungsverordnungen

Art. 12 Inhalte *(Art. 19 BBG)*

¹ Die Bildungsverordnungen der beruflichen Grundbildung regeln, über die Gegenstände nach Artikel 19 Absatz 2 BBG hinaus:
a. Zulassungsbedingungen;
b. mögliche Organisationsformen der Bildung in Bezug auf die Vermittlung des Stoffes und auf die persönliche Reife, die für die Ausübung einer Tätigkeit erforderlich ist;
c. Instrumente zur Förderung der Qualität der Bildung wie Bildungspläne und damit verbundene weiterführende Instrumente;
d. allfällige regionale Besonderheiten;
e. Massnahmen zur Arbeitssicherheit und zum Gesundheitsschutz;
f. die inhaltlichen und organisatorischen Anforderungen an die Vermittlung beruflicher Praxis in einer schulischen Institution im Sinne von Artikel 6 Buchstabe b;
g. Organisation, Dauer und Lehrstoff der überbetrieblichen Kurse und vergleichbarer dritter Lernorte sowie ihre Koordination mit der schulischen Bildung.

² In der Regel ist eine zweite Sprache vorzusehen. Diese wird nach den Bedürfnissen der jeweiligen Grundbildung geregelt. (...)

⁴ Die Bildungsverordnungen können Promotionen vorsehen. Diese berücksichtigen die Bildung in beruflicher Praxis und die schulische Bildung. (....)

Bildung in beruflicher Praxis

Art. 14 Lehrbetriebsverbund *(Art. 16 Abs. 2 Bst. a BBG)*

¹ Die an einem Lehrbetriebsverbund beteiligten Betriebe regeln ihre Zuständigkeiten und Verantwortlichkeiten in einem schriftlichen Vertrag.

² Sie benennen einen Leitbetrieb oder eine Leitorganisation, die den Lehrvertrag abschliesst und den Verbund gegenüber aussen vertritt.

³ Die Bildungsbewilligung für den Lehrbetriebsverbund wird dem Leitbetrieb oder der Leitorganisation erteilt.

Schulische Bildung

Art. 17 Berufsfachschule *(Art. 21 BBG)*

¹ Die Berufsfachschule fasst nach Rücksprache mit den zuständigen Organisationen der Arbeitswelt die Grundbildungen zu sinnvollen Einheiten zusammen. Sie trägt dabei dem inhaltlichen Zusammenhang der Berufstätigkeiten und den Besonderheiten der Lernenden Rechnung.

² Die Berufsfachschule bezeichnet Ansprechpersonen für die Lernenden und, gegebenenfalls, für deren Lehrbetrieb.

³ Bei schulischen Leistungen, die den Erfolg der betrieblich organisierten Grundbildung in Frage stellen, oder bei ungenügendem Verhalten der lernenden Person nimmt die Berufsfachschule mit dem Lehrbetrieb Kontakt auf. Zuvor hört sie die lernende Person an.

Art. 18 Obligatorische schulische Bildung *(Art. 21 BBG)*

¹ Die obligatorische schulische Bildung ist für Lernende, die ihre Bildung in beruflicher Praxis in einem Betrieb absolvieren, mindestens tageweise anzusetzen. Dauert sie länger als einen Tag pro Woche, so ist auch der verbleibende Teil zusammenhängend zu erteilen.

² Ein Schultag darf neun Lektionen, einschliesslich der Frei- und Stützkurse, nicht überschreiten.

³ Über Gesuche zur Dispensierung von der obligatorischen schulischen Bildung entscheidet die Berufsfachschule. Sofern sich die Dispensierung auch auf das Qualifikationsverfahren auswirkt, entscheidet die kantonale Behörde.

Art. 19 Allgemeinbildung *Art. 15 Abs. 2 Bst. b BBG)*
¹ Das Bundesamt erlässt Mindestvorschriften für die Allgemeinbildung in den zweijährigen sowie in den drei- bis vierjährigen Grundbildungen.
² Die Mindestvorschriften werden in einem eidgenössischen Rahmenlehrplan oder, bei besonderen Bedürfnissen, in den Bildungsverordnungen konkretisiert.

Art. 20 Freikurse und Stützkurse
(Art. 22 Abs. 3 und 4 BBG)
¹ Freikurse und Stützkurse der Berufsfachschule sind so anzusetzen, dass der Besuch ohne wesentliche Beeinträchtigung der Bildung in beruflicher Praxis möglich ist. Ihr Umfang darf während der Arbeitszeit durchschnittlich einen halben Tag pro Woche nicht übersteigen.
² Die Notwendigkeit des Besuchs von Stützkursen wird periodisch überprüft.
³ Sind Leistungen oder Verhalten in der Berufsfachschule oder im Lehrbetrieb ungenügend, so schliesst die Schule im Einvernehmen mit dem Lehrbetrieb die lernende Person von Freikursen aus. Bei Uneinigkeit entscheidet die kantonale Behörde.
⁴ Die Berufsfachschulen sorgen für ein ausgewogenes Angebot an Frei- und Stützkursen. Sie ermöglichen insbesondere Freikurse in Sprachen.

Überbetriebliche Kurse und vergleichbare dritte Lernorte

Art. 21 *(Art. 23 BBG)*
¹ Die Kantone unterstützen die Organisationen der Arbeitswelt bei der Bildung von Trägerschaften für überbetriebliche Kurse und vergleichbare dritte Lernorte.
³ Der Lehrbetrieb trägt die Kosten, die der lernenden Person aus dem Besuch der überbetrieblichen Kurse und vergleichbarer dritter Lernorte entstehen.

Qualifikationsverfahren, Ausweise und Titel

Art. 30 Anforderungen an Qualifikationsverfahren
(Art. 33 und Art. 34 Abs. 1 BBG)
¹ Für Qualifikationsverfahren gelten folgende Anforderungen:
a. Sie richten sich an den Qualifikationszielen der massgebenden Bildungserlasse aus.
b. Sie bewerten und gewichten die mündlichen, schriftlichen und praktischen Teile ausgewogen im Hinblick auf die Besonderheiten des entsprechenden Qualifikationsfeldes und berücksichtigen die Erfahrungsnoten aus Schule und Praxis.
c. Sie verwenden adäquate und zielgruppengerechte Verfahren zur Feststellung der zu beurteilenden Qualifikationen.
² Die Feststellung einer Qualifikation im Hinblick auf einen Ausweis oder Titel erfolgt auf Grund von abschliessenden fachübergreifenden Prüfungsverfahren oder durch äquivalente Verfahren.

Art. 31 Andere Qualifikationsverfahren
(Art. 33 BBG)
¹ Als andere Qualifikationsverfahren gelten Verfahren, die in der Regel nicht in Bildungserlassen festgelegt, aber geeignet sind, die erforderlichen Qualifikationen festzustellen. (...)

Art. 32 Besondere Zulassungsvoraussetzungen
(Art. 34 Abs. 2 BBG)
Wurden Qualifikationen ausserhalb eines geregelten Bildungsganges erworben, so setzt die Zulassung zum Qualifikationsverfahren eine mindestens fünfjährige berufliche Erfahrung voraus.

Art. 33 Wiederholungen von Qualifikationsverfahren
¹ Wiederholungen von Qualifikationsverfahren sind höchstens zweimal möglich. Bereits früher bestandene Teile müssen nicht wiederholt werden. Die Bildungserlasse können für die Wiederholungspflicht strengere Anforderungen aufstellen.
² Termine für die Wiederholung werden so angesetzt, dass den zuständigen Organen keine unverhältnismässigen Mehrkosten entstehen.

Art. 34 Bewertung *(Art. 34 Abs. 1 BBG)*
¹ Die Leistungen in den Qualifikationsverfahren werden in ganzen oder halben Noten ausgedrückt. 6 ist die höchste, 1 die tiefste Note. Noten unter 4 stehen für ungenügende Leistungen.
² Andere als halbe Noten sind nur für Durchschnitte aus den Bewertungen zulässig, die sich aus einzelnen Positionen der entsprechenden Bildungserlasse ergeben. Die Durchschnitte werden auf höchstens eine Dezimalstelle gerundet.
³ Die Bildungserlasse können andere Bewertungssysteme vorsehen.

Art. 35 Abschlussprüfungen der beruflichen Grundbildung *(Art. 17 BBG)*
¹ Für die Durchführung der Abschlussprüfungen der beruflichen Grundbildung setzt die kantonale Behörde Prüfungsexpertinnen und -experten ein. Die zuständigen Organisationen der Arbeitswelt haben ein Vorschlagsrecht.
² Die Prüfungsexpertinnen und -experten halten die Resultate sowie ihre Beobachtungen während des Qualifikationsverfahrens schriftlich fest, einschliesslich Einwände der Kandidatinnen und Kandidaten.
³ Benötigt eine Kandidatin oder ein Kandidat auf Grund einer Behinderung besondere Hilfsmittel oder mehr Zeit, so wird dies angemessen gewährt. (...)
⁵ Die für die Durchführung der Abschlussprüfungen zuständigen Organe entscheiden durch Verfügung über die Erteilung eines eidgenössischen Fähigkeitszeugnisses oder eines eidgenössischen Berufsattests.

Art. 39 Kostenbeteiligung *(Art. 41 BBG)*
¹ Materialkosten und Raummieten fallen nicht unter die Prüfungsgebühren nach Artikel 41 BBG und dürfen den Anbietern von Bildung in beruflicher Praxis ganz oder teilweise in Rechnung gestellt werden.
² Bei Qualifikationsverfahren von Personen ausserhalb eines Bildungsverhältnisses der beruflichen Grundbildung kann die Behörde das erforderliche Material und allfällige zusätzlich entstehende Kosten den Kandidatinnen und Kandidaten ganz oder teilweise in Rechnung stellen.

Betäubungsmittelgesetz (BetmG) SR 812.121

Allgemeine Bestimmungen

Art. 1

¹ Betäubungsmittel im Sinne dieses Gesetzes sind abhängigkeitserzeugende Stoffe und Präparate der Wirkungstypen Morphin, Kokain, Cannabis.

² Zu den Betäubungsmitteln im Sinne von Absatz 1 gehören insbesondere:
a. Rohmaterialien
   1. Opium,
   2. Mohnstroh, das zur Herstellung von Stoffen oder Präparaten dient, die unter die Gruppen b 1, c oder d dieses Absatzes fallen,
   3. Kokablatt,
   4. Hanfkraut;
b. Wirkstoffe
   1. die Phenantren-Alkaloide des Opiums sowie ihre Derivate und Salze, die zur Abhängigkeit (Toxikomanie) führen,
   2. Ekgonin sowie seine Derivate und Salze, die zur Abhängigkeit führen,
   3. das Harz der Drüsenhaare des Hanfkrautes;
c. Weitere Stoffe, die eine ähnliche Wirkung haben wie die Stoffe der Gruppen a oder b dieses Absatzes;
d. Präparate, die Stoffe der Gruppen a, b oder c dieses Absatzes enthalten.

³ Den Betäubungsmitteln im Sinne dieses Gesetzes sind abhängigkeitserzeugende psychotrope Stoffe gleichgestellt. Darunter fallen:
a. Halluzinogene wie Lysergid und Mescalin;
b. zentrale Stimulantien vom Wirkungstyp des Amphetamins;
c. zentral dämpfende Stoffe vom Wirkungstyp der Barbiturate oder Benzodiazepine;
d. weitere Stoffe, die eine den Stoffen der Gruppe a–c dieses Absatzes ähnliche Wirkung haben;
e. Präparate, die Stoffe der Gruppe a–d dieses Absatzes enthalten.

⁴ Das Schweizerisches Heilmittelinstitut (Institut) erstellt das Verzeichnis der Stoffe und Präparate im Sinne der Absätze 2 und 3.

Strafbestimmungen

Art. 19

1. Wer unbefugt alkaloidhaltige Pflanzen oder Hanfkraut zur Gewinnung von Betäubungsmitteln anbaut,

wer unbefugt Betäubungsmittel herstellt, auszieht, umwandelt oder verarbeitet,

wer sie unbefugt lagert, versendet, befördert, einführt, ausführt oder durchführt,

wer sie unbefugt anbietet, verteilt, verkauft, vermittelt, verschafft, verordnet, in Verkehr bringt oder abgibt,

wer sie unbefugt besitzt, aufbewahrt, kauft oder sonstwie erlangt,

wer hiezu Anstalten trifft,

wer den unerlaubten Verkehr mit Betäubungsmitteln finanziert oder seine Finanzierung vermittelt,

wer öffentlich zum Betäubungsmittelkonsum auffordert oder öffentlich Gelegenheit zum Erwerb oder Konsum von Betäubungsmitteln bekannt gibt,

wird, wenn er die Tat vorsätzlich begeht, mit Freiheitsstrafe bis zu drei Jahren oder Geldstrafe bestraft. In schweren Fällen ist die Strafe Freiheitsstrafe nicht unter einem Jahr, womit eine Geldstrafe verbunden werden kann

2. Ein schwerer Fall liegt insbesondere vor, wenn der Täter
a. weiss oder annehmen muss, dass sich die Widerhandlung auf eine Menge von Betäubungsmitteln bezieht, welche die Gesundheit vieler Menschen in Gefahr bringen kann;
b. als Mitglied einer Bande handelt, die sich zur Ausübung des unerlaubten Betäubungsmittelverkehrs zusammengefunden hat;
c. durch gewerbsmässigen Handel einen grossen Umsatz oder einen erheblichen Gewinn erzielt.

3. Werden die Widerhandlungen nach Ziffer 1 fahrlässig begangen, so ist die Strafe Freiheitsstrafe bis zu einem Jahr oder Geldstrafe

4. Der Täter ist gemäss den Bestimmungen der Ziffern 1 und 2 auch strafbar, wenn er die Tat im Ausland begangen hat, in der Schweiz angehalten und nicht ausgeliefert wird, und wenn die Tat auch am Begehungsort strafbar ist.

Art. 19a

1. Wer unbefugt Betäubungsmittel vorsätzlich konsumiert oder wer zum eigenen Konsum eine Widerhandlung im Sinne von Artikel 19 begeht, wird mit Busse bestraft.

2. In leichten Fällen kann das Verfahren eingestellt oder von einer Strafe abgesehen werden. Es kann eine Verwarnung ausgesprochen werden.

3. Untersteht oder unterzieht sich der Täter wegen Konsums von Betäubungsmitteln einer ärztlich beaufsichtigten Betreuung, so kann von einer Strafverfolgung abgesehen werden. Das Strafverfahren wird durchgeführt, wenn sich der Täter der Betreuung oder der Behandlung entzieht.

4. Ist der Täter von Betäubungsmitteln abhängig, so kann ihn der Richter in eine Heilanstalt einweisen. (...)

Art. 19b

Wer nur den eigenen Konsum vorbereitet oder Betäubungsmittel zur Ermöglichung des gleichzeitigen und gemeinsamen Konsums unentgeltlich abgibt, ist nicht strafbar, wenn es sich um geringfügige Mengen handelt.

Art. 19c

Wer jemanden zum unbefugten Betäubungsmittelkonsum vorsätzlich anstiftet oder anzustiften versucht, wird mit Busse bestraft.

Bundesgesetz über die berufliche Alters-, Hinterlassenen und Invalidenvorsorge (BVG) 831.40

Zweck und Geltungsbereich

Art. 1 Zweck
¹ Berufliche Vorsorge umfasst alle Massnahmen auf kollektiver Basis, die den älteren Menschen, den Hinterbliebenen und Invaliden beim Eintreten eines Versicherungsfalles (Alter, Tod oder Invalidität) zusammen mit den Leistungen der eidgenössischen Alters-, Hinterlassenen- und Invalidenversicherung (AHV/IV) die Fortsetzung der gewohnten Lebenshaltung in angemessener Weise erlauben. (...)

Art. 2 Obligatorische Versicherung der Arbeitnehmer und der Arbeitslosen
¹ Arbeitnehmer, die das 17. Altersjahr überschritten haben und bei einem Arbeitgeber einen Jahreslohn von mehr als 18 990 *(heute 20 880)* Franken beziehen (Art. 7), unterstehen der obligatorischen Versicherung. (...)
³ Bezüger von Taggeldern der Arbeitslosenversicherung unterstehen für die Risiken Tod und Invalidität der obligatorischen Versicherung. (...)

Art. 4 Freiwillige Versicherung
¹ Arbeitnehmer und Selbständigerwerbende, die der obligatorischen Versicherung nicht unterstellt sind, können sich nach diesem Gesetz freiwillig versichern lassen. (...)

Obligatorische Versicherung der Arbeitnehmer

Voraussetzungen der obligatorischen Versicherung

Art. 7 Mindestlohn und Alter
¹ Arbeitnehmer, die bei einem Arbeitgeber einen Jahreslohn von mehr als 18 990 *(heute 20 880)* Franken beziehen, unterstehen ab 1. Januar nach Vollendung des 17. Altersjahres für die Risiken Tod und Invalidität, ab 1. Januar nach Vollendung des 24. Altersjahres auch für das Alter der obligatorischen Versicherung.
² Dieser Lohn entspricht dem massgebenden Lohn nach dem Bundesgesetz (...) über die Alters- und Hinterlassenenversicherung (...).

Art. 8 Koordinierter Lohn
¹ Zu versichern ist der Teil des Jahreslohnes von 22 155 bis und mit 75 960 Franken *(heute: von 24 360 bis und mit 83 520 Franken)*. Dieser Teil wird koordinierter Lohn genannt.
² Beträgt der koordinierte Lohn weniger als 3165 *(heute 3 480)* Franken im Jahr, so muss er auf diesen Betrag aufgerundet werden.
³ Sinkt der Jahreslohn vorübergehend wegen Krankheit, Unfall, Arbeitslosigkeit, Mutterschaft oder aus ähnlichen Gründen, so behält der bisherige koordinierte Lohn mindestens solange Gültigkeit, als die Lohnfortzahlungspflicht des Arbeitgebers nach Artikel 324a des Obligationenrechts bestehen würde oder ein Mutterschaftsurlaub nach Artikel 329f des Obligationenrechts dauert. Die versicherte Person kann jedoch die Herabsetzung des koordinierten Lohnes verlangen.

Art. 9 Anpassung an die AHV
Der Bundesrat kann die (...) Grenzbeträge den Erhöhungen der einfachen minimalen Altersrente der AHV anpassen. Bei der obern Grenze des koordinierten Lohnes kann dabei auch die allgemeine Lohnentwicklung berücksichtigt werden.

Art. 10 Beginn und Ende der obligatorischen Versicherung
¹ Die obligatorische Versicherung beginnt mit dem Antritt des Arbeitsverhältnisses, für Bezüger von Taggeldern der Arbeitslosenversicherung mit dem Tag, für den erstmals eine Arbeitslosenentschädigung ausgerichtet wird.
² Unter Vorbehalt von Artikel 8 Absatz 3 endet die Versicherungspflicht, wenn:
a. das ordentliche Rentenalter erreicht wird (Art. 13);
b. das Arbeitsverhältnis aufgelöst wird;
c. der Mindestlohn unterschritten wird;
d. der Anspruch auf Taggelder der Arbeitslosenversicherung wegen des Ablaufs der Rahmenfrist endet.
³ Für die Risiken Tod und Invalidität bleibt der Arbeitnehmer während eines Monats nach Auflösung des Vorsorgeverhältnisses bei der bisherigen Vorsorgeeinrichtung versichert. Wird vorher ein neues Vorsorgeverhältnis begründet, so ist die neue Vorsorgeeinrichtung zuständig.

Vorsorgepflicht des Arbeitgebers

Art. 11 Anschluss an eine Vorsorgeeinrichtung
¹ Der Arbeitgeber, der obligatorisch zu versichernde Arbeitnehmer beschäftigt, muss eine in das Register für die berufliche Vorsorge eingetragene Vorsorgeeinrichtung errichten oder sich einer solchen anschliessen. (...)

Versicherungsleistungen

Altersleistungen

Art. 13 Leistungsanspruch
¹ Anspruch auf Altersleistungen haben:
a. Männer, die das 65. Altersjahr zurückgelegt haben;
b. Frauen, die das 62. *(heute 64.)* Altersjahr zurückgelegt haben.

Art. 14 Höhe der Altersrente
¹ Die Altersrente wird in Prozenten des Altersguthabens (Umwandlungssatz) berechnet, das der Versicherte bei Erreichen des Rentenalters erworben hat.
² Der Mindestumwandlungssatz beträgt 6,8 Prozent für das ordentliche Rentenalter 65 von Frau *(heute 64)* und Mann. (...)

Art. 15 Altersguthaben
¹ Das Altersguthaben besteht aus:
a. den Altersgutschriften samt Zinsen für die Zeit, während der der Versicherte der Vorsorgeeinrichtung angehört hat, oder längstens bis zum Erreichen des ordentlichen Rentenalters;

b. den Altersguthaben samt Zinsen, die von den vorhergehenden Einrichtungen überwiesen und dem Versicherten gutgeschrieben worden sind.

² Der Bundesrat legt den Mindestzins fest. (…)

Art. 16 Altersgutschriften
Die Altersgutschriften werden jährlich in Prozenten des koordinierten Lohnes berechnet. Dabei gelten folgende Ansätze:

Altersjahr	Ansatz in Prozenten des koordinierten Lohnes
25–34	7
35–44	10
45–54	15
55–65	18

Art. 17 Kinderrente
Versicherte, denen eine Altersrente zusteht, haben für jedes Kind, das im Falle ihres Todes eine Waisenrente beanspruchen könnte, Anspruch auf eine Kinderrente in Höhe der Waisenrente.

Hinterlassenenleistungen

Art. 18 Voraussetzungen
Ein Anspruch auf Hinterlassenenleistungen besteht nur, wenn der Verstorbene:
a. im Zeitpunkt des Todes oder bei Eintritt der Arbeitsunfähigkeit, deren Ursache zum Tode geführt hat, versichert war; oder (…)

Art. 19 Überlebender Ehegatte
¹ Der überlebende Ehegatte hat Anspruch auf eine Witwen- oder Witwerrente, wenn er beim Tod des Ehegatten:
a. für den Unterhalt mindestens eines Kindes aufkommen muss; oder
b. älter als 45 Jahre ist und die Ehe mindestens fünf Jahre gedauert hat.

² Der überlebende Ehegatte, der keine der Voraussetzungen nach Absatz 1 erfüllt, hat Anspruch auf eine einmalige Abfindung in Höhe von drei Jahresrenten. (…)

Art. 19a Eingetragene Partnerinnen oder Partner
Überlebende eingetragene Partnerinnen oder Partner haben die gleiche Rechtsstellung wie Witwer.

Art. 20 Waisen
Die Kinder des Verstorbenen haben Anspruch auf Waisenrenten, Pflegekinder nur, wenn der Verstorbene für ihren Unterhalt aufzukommen hatte.

Art. 20a Weitere begünstigte Personen
¹ Die Vorsorgeeinrichtung kann in ihrem Reglement neben den Anspruchsberechtigten nach den Artikeln 19 und 20 folgende begünstigte Personen für die Hinterlassenenleistungen vorsehen:
a. natürliche Personen, die vom Versicherten in erheblichem Masse unterstützt worden sind, oder die Person, die mit diesem in den letzten fünf Jahren bis zu seinem Tod ununterbrochen eine Lebensgemeinschaft geführt hat oder die für den Unterhalt eines oder mehrerer gemeinsamer Kinder aufkommen muss; (…)

Art. 21 Höhe der Rente
¹ Beim Tod eines Versicherten beträgt die Witwen- oder Witwerrente 60 Prozent, die Waisenrente 20 Prozent der vollen Invalidenrente, auf die der Versicherte Anspruch gehabt hätte. (…)

Invalidenleistungen

Art. 23 Leistungsanspruch
Anspruch auf Invalidenleistungen haben Personen, die:
a. im Sinne der IV zu mindestens 40 Prozent invalid sind und bei Eintritt der Arbeitsunfähigkeit, deren Ursache zur Invalidität geführt hat, versichert waren; (…)

Art. 24 Höhe der Rente
¹ Der Versicherte hat Anspruch auf:
a. eine volle Invalidenrente, wenn er im Sinne der IV zu mindestens 70 Prozent invalid ist;
b. eine Dreiviertelsrente, wenn er zu mindestens 60 Prozent invalid ist;
c. eine halbe Rente, wenn er mindestens zur Hälfte invalid ist;
d. eine Viertelsrente, wenn er mindestens zu 40 Prozent invalid ist. (…)

Finanzierung der Vorsorgeeinrichtungen

Art. 65 Grundsatz
¹ Die Vorsorgeeinrichtungen müssen jederzeit Sicherheit dafür bieten, dass sie die übernommenen Verpflichtungen erfüllen können.
² Sie regeln das Beitragssystem und die Finanzierung so, dass die Leistungen im Rahmen dieses Gesetzes bei Fälligkeit erbracht werden können. (…)

Art. 66 Aufteilung der Beiträge
¹ Die Vorsorgeeinrichtung legt die Höhe der Beiträge des Arbeitgebers und der Arbeitnehmer in den reglementarischen Bestimmungen fest. Der Beitrag des Arbeitgebers muss mindestens gleich hoch sein wie die gesamten Beiträge aller seiner Arbeitnehmer. Ein höherer Anteil des Arbeitgebers kann nur mit dessen Einverständnis festgelegt werden.
² Der Arbeitgeber schuldet der Vorsorgeeinrichtung die gesamten Beiträge. (…)

Grenzbeträge nach BVG 2011

Ab 1. Januar 2011 gelten für die obligatorische berufliche Vorsorge folgende Grenzbeträge:

Mindestjahreslohn	20 880 Franken
Minimaler koordinierter Lohn	3 480 Franken
Koordinationsabzug	24 360 Franken
Obere Limite des Jahreslohns	83 520 Franken

Quelle: Merkblatt 1.2011, http://www.ahv-iv.info

Bundesgesetz über den Erwerbsersatz für Dienstleistende und bei Mutterschaft (Erwerbsersatzgesetz, EOG) 834.1

Der Entschädigungsanspruch für Dienstleistende

Art. 1a
¹ Personen, die in der schweizerischen Armee oder im Rotkreuzdienst Dienst leisten, haben für jeden besoldeten Diensttag Anspruch auf eine Entschädigung.
² Personen, die Zivildienst leisten, haben für jeden anrechenbaren Diensttag gemäss dem Zivildienstgesetz (…) Anspruch auf eine Entschädigung.
²ᵇⁱˢ Personen, welche nach der schweizerischen Militärgesetzgebung rekrutiert werden, haben für jeden besoldeten Rekrutierungstag Anspruch auf eine Entschädigung.
³ Personen, die Schutzdienst leisten, haben für jeden ganzen Tag, für den sie Sold im Sinne von Artikel 22 Absatz 1 des Zivilschutzgesetzes (…) beziehen, Anspruch auf eine Entschädigung.
⁴ Teilnehmer an eidgenössischen und kantonalen Leiterkursen von Jugend und Sport (…) sind den in Absatz 1 genannten Personen gleichgestellt.
⁵ Die in den Absätzen 1–4 genannten Personen werden in diesem Gesetz als Dienstleistende bezeichnet.

Die Entschädigungsarten

Art. 4 Grundentschädigung
Alle Dienstleistenden haben Anspruch auf die Grundentschädigung.

Art. 6 Kinderzulagen
¹ Anspruch auf Kinderzulagen haben die Dienstleistenden für jedes Kind (…), welches das 18. Altersjahr noch nicht vollendet hat. Für Kinder, die noch in Ausbildung begriffen sind, können die Kinderzulagen bis zum vollendeten 25. Altersjahr beansprucht werden. (…)

Art. 7 Zulage für Betreuungskosten
¹ Dienstleistende, die mit einem oder mehreren Kindern (Art. 6) unter 16 Jahren im gemeinsamen Haushalt leben, haben Anspruch auf eine Zulage für Betreuungskosten, wenn sie den Nachweis erbringen, dass wegen des Dienstes solche zusätzlichen Kosten für die Kinderbetreuung angefallen sind und der Dienst mindestens zwei zusammenhängende Tage umfasst.

Die Bemessung der Entschädigungen

Art. 9 Grundentschädigung während der Rekrutenschule und gleichgestellten Dienstzeiten
¹ Während der Rekrutierung, der Rekrutenschule und der Grundausbildung von Personen, die ihre Dienstpflicht ohne Unterbruch erfüllen (Durchdiener), beträgt die tägliche Grundentschädigung 25 Prozent des Höchstbetrages der Gesamtentschädigung.
² Für Stellungspflichtige, Rekruten und Durchdiener in Grundausbildung, die Anspruch auf Kinderzulagen haben, wird die tägliche Grundentschädigung nach Artikel 10 bemessen.
³ Der zivildienstleistenden Person, die keine Rekrutenschule absolviert hat, stehen für die Anzahl Tage des Zivildienstes, die der Dauer einer Rekrutenschule entsprechen, 25 Prozent des Höchstbetrages der Gesamtentschädigung zu. Eine teilweise absolvierte Rekrutenschule wird angerechnet. Absatz 2 ist sinngemäss anwendbar.
⁴ Während der Grundausbildung im Zivilschutz beträgt die tägliche Grundentschädigung 25 Prozent des Höchstbetrages der Gesamtentschädigung. Absatz 2 ist sinngemäss anwendbar. Der Bundesrat erlässt Vorschriften für Dienstleistende, die eine militärische Grundausbildung teilweise oder ganz absolviert haben.

Art. 10 Grundentschädigung während der anderen Dienste
¹ Während Diensten, die nicht unter Artikel 9 fallen, beträgt die tägliche Grundentschädigung 80 Prozent des durchschnittlichen vordienstlichen Erwerbseinkommens. (…).

Art. 11 Berechnung der Entschädigung
¹ Grundlage für die Ermittlung des durchschnittlichen vordienstlichen Erwerbseinkommens bildet das Einkommen, von dem die Beiträge nach dem Bundesgesetz (…) über die Alters- und Hinterlassenenversicherung (AHVG) erhoben werden. (…)

Art. 13 Kinderzulage
Die Kinderzulage beträgt für jedes Kind 8 Prozent des Höchstbetrages der Gesamtentschädigung.

Art. 16a Höchstbetrag der Gesamtentschädigung
¹ Der Höchstbetrag der Gesamtentschädigung beträgt 215 *(heute 245)* Franken im Tag.
² Der Bundesrat kann frühestens nach je zwei Jahren den Höchstbetrag der Gesamtentschädigung auf Jahresbeginn der Lohnentwicklung anpassen, wenn sich das Lohnniveau, das für die letzte Festsetzung massgebend war, in dieser Zeit um mindestens 12 Prozent geändert hat.

Die Mutterschaftsentschädigung

Art. 16b Anspruchsberechtigte
¹ Anspruchsberechtigt ist eine Frau, die:
a. während der neun Monate unmittelbar vor der Niederkunft im Sinne des AHVG obligatorisch versichert war;
b. in dieser Zeit mindestens fünf Monate lang eine Erwerbstätigkeit ausgeübt hat; und
c. im Zeitpunkt der Niederkunft:
   1. Arbeitnehmerin im Sinne von Artikel 10 ATSG ist;
   2. Selbständigerwerbende im Sinne von Artikel 12 ATSG ist; oder
   3. im Betrieb des Ehemannes mitarbeitet und einen Barlohn bezieht. (…)

EOG

Art. 16c Beginn des Anspruchs
¹ Der Entschädigungsanspruch entsteht am Tag der Niederkunft.
² Bei längerem Spitalaufenthalt des neu geborenen Kindes kann die Mutter beantragen, dass die Mutterschaftsentschädigung erst ausgerichtet wird, wenn das Kind nach Hause kommt.

Art. 16d Ende des Anspruchs
Der Anspruch endet am 98. Tag nach seinem Beginn. Er endet vorzeitig, wenn die Mutter ihre Erwerbstätigkeit wieder aufnimmt oder wenn sie stirbt.

Art. 16e Höhe und Bemessung der Entschädigung
¹ Die Mutterschaftsentschädigung wird als Taggeld ausgerichtet.
² Das Taggeld beträgt 80 Prozent des durchschnittlichen Erwerbseinkommens, welches vor Beginn des Entschädigungsanspruchs erzielt wurde. (…)

Art. 16f Höchstbetrag
¹ Die Mutterschaftsentschädigung beträgt höchstens 172 *(heute 196)* Franken im Tag. Artikel 16a Absatz 2 gilt sinngemäss.
2 Die Mutterschaftsentschädigung wird gekürzt, soweit sie den Höchstbetrag nach Absatz 1 übersteigt.

Verschiedene Bestimmungen

Art. 17 Geltendmachung des Anspruches
¹ Leistungsberechtigte machen ihren Anspruch bei der zuständigen Ausgleichskasse geltend. Unterlassen sie dies, so sind dazu befugt:
a. ihre Angehörigen, falls die Leistungsberechtigten ihren Unterhalts- oder Unterstützungspflichten ihnen gegenüber nicht nachkommen;
b. der Arbeitgeber, soweit er der leistungsberechtigten Person während der Dauer des Anspruchs einen Lohn ausrichtet.

Art. 19 Auszahlung der Entschädigungen
¹ Die Entschädigung wird den Leistungsberechtigten ausbezahlt; es gelten jedoch folgende Ausnahmen:
a. Auf Verlangen der leistungsberechtigten Person wird die Entschädigung den Angehörigen ausbezahlt.
b. Kommen Leistungsberechtigte ihren Unterhaltspflichten nicht nach, werden Entschädigungen, die für die Unterhaltsberechtigten bestimmt sind, auf Gesuch hin diesen selbst oder ihren gesetzlichen Vertretern ausgerichtet; dies gilt in Abweichung von Artikel 20 Absatz 1 ATSG auch wenn keine Abhängigkeit von der öffentlichen oder privaten Fürsorge besteht.
² Die Entschädigung wird von der Ausgleichskasse, bei welcher der Anspruch geltend zu machen ist, ausgerichtet. Haben Leistungsberechtigte vor dem Beginn des Anspruchs eine unselbständige Erwerbstätigkeit ausgeübt, so wird die Entschädigung durch den Arbeitgeber ausbezahlt, falls keine besonderen Gründe für eine Auszahlung durch die Ausgleichskasse vorliegen.

Art. 19a Beiträge an Sozialversicherungen
¹ Auf der Entschädigung werden Beiträge bezahlt:
a. an die Alters- und Hinterlassenenversicherung;
b. an die Invalidenversicherung;
c. an die Erwerbsersatzordnung;
d. gegebenenfalls an die Arbeitslosenversicherung.

¹ᵇⁱˢ Die Beiträge sind je zur Hälfte von den Leistungsberechtigten und vom Ausgleichsfonds der Erwerbsersatzordnung zu tragen.

Die Finanzierung

Art. 26 Grundsatz
Die auf Grund dieses Gesetzes zu erbringenden Leistungen werden finanziert durch
a. Zuschläge zu den Beiträgen gemäss AHVG;
b. Mittel des Ausgleichsfonds der Erwerbsersatzordnung.

Art. 27 Zuschläge zu den Beiträgen der Alters- und Hinterlassenenversicherung
¹ Beitragspflichtig sind die in den Artikeln 3 und 12 des AHVG genannten Versicherten und Arbeitgeber mit Ausnahme der freiwillig Versicherten.
² Für die Bemessung der Beiträge sind die Bestimmungen des AHVG sinngemäss anwendbar. Der Bundesrat setzt die Höhe der Beiträge (…) fest. Die Beiträge vom Einkommen aus einer Erwerbstätigkeit dürfen jedoch 0,5 Prozent nicht übersteigen *(seit 1. Januar 2011: 0.5 Prozent)*. Die Nichterwerbstätigen entrichten je nach ihren sozialen Verhältnissen einen Beitrag, der im Minimum 15 *(heute 23)* Franken und im Maximum 500 Franken im Jahr nicht überschreiten darf. (…)

Leistungen der EO (2011)

Entschädigung für Dienstleistende

Dienst leistende Personen	Entschädigung		
	In % des Erwerbseinkommens	Mindestbetrag Franken pro Tag	Höchstbetrag Franken pro Tag
Rekruten	-	62	62
Erwerbstätige	80 % 80 % *	62 111 *	196 196 *
Nichterwerbstätige	-	62 111 *	62 111 *

* Entschädigung bei bestimmten Gradänderungsdiensten

Mutterschaftsentschädigung

In % des Erwerbseinkommens	maximale Auszahlung Franken pro Tag	(maximale) Anzahl Taggelder
80 %	196	98

Quelle: Merkblätter Leistungen der EO, http://www.avs-ai.info *(Dienstleistungen)*

Bundesgesetz über die Invalidenversicherung (IVG) 831.20

Zweck

Art. 1a
Die Leistungen dieses Gesetzes sollen:
a. die Invalidität mit geeigneten, einfachen und zweckmässigen Eingliederungsmassnahmen verhindern, vermindern oder beheben;
b. die verbleibenden ökonomischen Folgen der Invalidität im Rahmen einer angemessenen Deckung des Existenzbedarfs ausgleichen;
c. zu einer eigenverantwortlichen und selbstbestimmten Lebensführung der betroffenen Versicherten beitragen.

Die versicherten Personen

Art. 1b
Versichert nach Massgabe dieses Gesetzes sind Personen, die gemäss den Artikeln 1*a* und 2 des Bundesgesetzes (…) über die Alters- und Hinterlassenenversicherung (AHVG) obligatorisch oder freiwillig versichert sind.

Die Beiträge

Art. 2   Beitragspflicht
Beitragspflichtig sind die in den Artikeln 3 und 12 AHVG genannten Versicherten und Arbeitgeber.

Art. 3   Beitragsbemessung und -bezug
^{1} Für die Beitragsbemessung gilt sinngemäss das AHVG. Die Beiträge vom Einkommen aus einer Erwerbstätigkeit betragen 1,4 Prozent. (…)

Die Leistungen

Die allgemeinen Voraussetzungen

Art. 4   Invalidität
^{1} Die Invalidität (Art. 8 ATSG) kann Folge von Geburtsgebrechen, Krankheit oder Unfall sein.
^{2} Die Invalidität gilt als eingetreten, sobald sie die für die Begründung des Anspruchs auf die jeweilige Leistung erforderliche Art und Schwere erreicht hat.

Art. 7   Pflichten der versicherten Person
^{1} Die versicherte Person muss alles ihr Zumutbare unternehmen, um die Dauer und das Ausmass der Arbeitsunfähigkeit (Art. 6 ATSG) zu verringern und den Eintritt einer Invalidität (Art. 8 ATSG) zu verhindern. (…)

Art. 7b   Sanktionen
^{1} Die Leistungen können nach Artikel 21 Absatz 4 ATSG gekürzt oder verweigert werden, wenn die versicherte Person den Pflichten nach Artikel 7 dieses Gesetzes oder nach Artikel 43 Absatz 2 ATSG nicht nachgekommen ist. (…)

Eingliederungsmassnahmen und Taggelder

Der Anspruch

Art. 8   Grundsatz
^{1} Invalide oder von einer Invalidität (Art. 8 ATSG) bedrohte Versicherte haben Anspruch auf Eingliederungsmassnahmen, soweit:
a. diese notwendig und geeignet sind, die Erwerbsfähigkeit oder die Fähigkeit, sich im Aufgabenbereich zu betätigen, wieder herzustellen, zu erhalten oder zu verbessern; und
b. die Voraussetzungen für den Anspruch auf die einzelnen Massnahmen erfüllt sind.
^{1bis} Der Anspruch auf Eingliederungsmassnahmen besteht unabhängig von der Ausübung einer Erwerbstätigkeit vor Eintritt der Invalidität. Bei der Festlegung der Massnahmen ist die gesamte noch zu erwartende Dauer des Erwerbslebens zu berücksichtigen.
^{2} Nach Massgabe der Artikel 13 und 21 besteht der Anspruch auf Leistungen unabhängig von der Möglichkeit einer Eingliederung ins Erwerbsleben oder in den Aufgabenbereich.
^{3} Die Eingliederungsmassnahmen bestehen in:
a. medizinischen Massnahmen;
a^{bis} Integrationsmassnahmen zur Vorbereitung auf die berufliche Eingliederung;
b. Massnahmen beruflicher Art (Berufsberatung, erstmalige berufliche Ausbildung, Umschulung, Arbeitsvermittlung, Kapitalhilfe);
d. der Abgabe von Hilfsmitteln;

Die medizinischen Massnahmen

Art. 12   Anspruch im Allgemeinen
^{1} Versicherte haben bis zum vollendeten 20. Altersjahr Anspruch auf medizinische Massnahmen, die nicht auf die Behandlung des Leidens an sich, sondern unmittelbar auf die Eingliederung ins Erwerbsleben oder in den Aufgabenbereich gerichtet und geeignet sind, die Erwerbsfähigkeit oder die Fähigkeit, sich im Aufgabenbereich zu betätigen, dauernd und wesentlich zu verbessern oder vor wesentlicher Beeinträchtigung zu bewahren.

Art. 13   Anspruch bei Geburtsgebrechen
^{1} Versicherte haben bis zum vollendeten 20. Altersjahr Anspruch auf die zur Behandlung von Geburtsgebrechen (Art. 3 Abs. 2 ATSG) notwendigen medizinischen Massnahmen. (…)

Die Massnahmen beruflicher Art

Art. 15   Berufsberatung
Versicherte, die infolge Invalidität in der Berufswahl oder in der Ausübung ihrer bisherigen Tätigkeit behindert sind, haben Anspruch auf Berufsberatung.

Art. 17   Umschulung
^{1} Der Versicherte hat Anspruch auf Umschulung auf eine neue Erwerbstätigkeit, wenn die Umschulung infolge Invalidität notwendig ist und dadurch die Erwerbsfähigkeit voraussichtlich erhalten oder verbessert werden kann.
^{2} Der Umschulung auf eine neue Erwerbstätigkeit ist die Wiedereinschulung in den bisherigen Beruf gleichgestellt.

Art. 18 Arbeitsvermittlung
¹ Arbeitsunfähige (Art. 6 ATSG) Versicherte, welche eingliederungsfähig sind, haben Anspruch auf:
a. aktive Unterstützung bei der Suche eines geeigneten Arbeitsplatzes;
b. begleitende Beratung im Hinblick auf die Aufrechterhaltung ihres Arbeitsplatzes. (…)

Art. 18a Einarbeitungszuschuss
¹ Versicherten, die im Rahmen der Arbeitsvermittlung einen Arbeitsplatz gefunden haben, kann während der erforderlichen Anlern- oder Einarbeitungszeit, längstens jedoch während 180 Tagen, ein Einarbeitungszuschuss entrichtet werden. (…)

V. Die Hilfsmittel

Art. 21 Anspruch
¹ Der Versicherte hat im Rahmen einer vom Bundesrat aufzustellenden Liste Anspruch auf jene Hilfsmittel, deren er für die Ausübung der Erwerbstätigkeit oder der Tätigkeit im Aufgabenbereich, zur Erhaltung oder Verbesserung der Erwerbsfähigkeit, für die Schulung, die Aus- und Weiterbildung oder zum Zwecke der funktionellen Angewöhnung bedarf. Kosten für Zahnprothesen, Brillen und Schuheinlagen werden nur übernommen, wenn diese Hilfsmittel eine wesentliche Ergänzung medizinischer Eingliederungsmassnahmen bilden.
² Der Versicherte, der infolge seiner Invalidität für die Fortbewegung, für die Herstellung des Kontaktes mit der Umwelt oder für die Selbstsorge kostspieliger Geräte bedarf, hat im Rahmen einer vom Bundesrat aufzustellenden Liste ohne Rücksicht auf die Erwerbsfähigkeit Anspruch auf solche Hilfsmittel.

Die Taggelder

Art. 22 Anspruch
¹ Versicherte haben während der Durchführung von Eingliederungsmassnahmen nach Artikel 8 Absatz 3 Anspruch auf ein Taggeld, wenn sie an wenigstens drei aufeinander folgenden Tagen wegen der Massnahmen verhindert sind, einer Arbeit nachzugehen, oder in ihrer gewohnten Tätigkeit zu mindestens 50 Prozent arbeitsunfähig (Art. 6 ATSG) sind. (…)
² Das Taggeld besteht aus einer Grundentschädigung, auf die alle Versicherten Anspruch haben, und einem Kindergeld für Versicherte mit Kindern.

Art. 23 Grundentschädigung
¹ Die Grundentschädigung beträgt 80 Prozent des letzten ohne gesundheitliche Einschränkung erzielten Erwerbseinkommens, jedoch nicht mehr als 80 Prozent des Höchstbetrages (…) *(z. Z. 346 Franken pro Tag)*.

Die Renten

Der Anspruch

Art. 28 Grundsatz
¹ Anspruch auf eine Rente haben Versicherte, die:
a. ihre Erwerbsfähigkeit oder die Fähigkeit, sich im Aufgabenbereich zu betätigen, nicht durch zumutbare Eingliederungsmassnahmen wieder herstellen, erhalten oder verbessern können;

b. während eines Jahres ohne wesentlichen Unterbruch durchschnittlich mindestens 40 Prozent arbeitsunfähig (Art. 6 ATSG) gewesen sind; und
c. nach Ablauf dieses Jahres zu mindestens 40 Prozent invalid (Art. 8 ATSG) sind.

² Die Rente wird nach dem Grad der Invalidität wie folgt abgestuft:

Invaliditätsgrad	Rentenanspruch in Bruchteilen einer ganzen Rente
mindestens 40 Prozent	ein Viertel
mindestens 50 Prozent	ein Zweitel
mindestens 60 Prozent	drei Viertel
mindestens 70 Prozent	ganze Rente

Art. 37 Höhe der Invalidenrenten
¹ Die Invalidenrenten entsprechen den Altersrenten der Alters- und Hinterlassenenversicherung. (…)

Die Hilflosenentschädigung

Art. 42 Anspruch
¹ Versicherte mit Wohnsitz und gewöhnlichem Aufenthalt (Art. 13 ATSG) in der Schweiz, die hilflos (Art. 9 ATSG) sind, haben Anspruch auf eine Hilflosenentschädigung. (…)
² Es ist zu unterscheiden zwischen schwerer, mittelschwerer und leichter Hilflosigkeit.

Die Finanzierung

Die Aufbringung der Mittel

Art. 77 Grundsatz
¹ Die auf Grund dieses Gesetzes zu erbringenden Leistungen werden finanziert durch:
a. die Beiträge der Versicherten und der Arbeitgeber gemäss den Artikeln 2 und 3;
b. die Beiträge des Bundes;
b^bis Einnahmen, die sich aus der für die Versicherung bestimmten Anhebung der Mehrwertsteuersätze ergeben; (…)

IV-Renten ab 1. Januar 2011

Skala 44¹: (Auszug)
Monatliche Vollrenten: Beträge in Franken

	Invalidenrente			
	1/1	3/4	1/2	1/4
Minimum	1'160	870	580	290
Maximum	2'320	1'740	1'160	580

¹ Diese Rentenskala ist Teil der Ausführungsbestimmungen des Bundesrates, der namentlich auch die Anpassung an die Teuerung – in der Regel alle 2 Jahre - vorzunehmen hat.
Quelle: Monatliche Vollrenten, Skala 44,
http://www.avs-ai.info *(Dienstleistungen)*

Bundesgesetz über den Konsumkredit (KKG)   SR 221.214.1

Begriffe

Art. 1 Konsumkreditvertrag

¹ Der Konsumkreditvertrag ist ein Vertrag, durch den eine kreditgebende Person (Kreditgeberin) einer Konsumentin oder einem Konsumenten einen Kredit in Form eines Zahlungsaufschubs, eines Darlehens oder einer ähnlichen Finanzierungshilfe gewährt oder zu gewähren verspricht.

² Als Konsumkreditverträge gelten auch:

a. Leasingverträge über bewegliche, dem privaten Gebrauch des Leasingnehmers dienende Sachen, die vorsehen, dass die vereinbarten Leasingraten erhöht werden, falls der Leasingvertrag vorzeitig aufgelöst wird;

b. Kredit- und Kundenkarten sowie Überziehungskredite, wenn sie mit einer Kreditoption verbunden sind; als Kreditoption gilt die Möglichkeit, den Saldo einer Kredit- oder Kundenkarte in Raten zu begleichen.

Art. 2 Kreditgeberin

Als Kreditgeberin gilt jede natürliche oder juristische Person, die gewerbsmässig Konsumkredite gewährt.

Art. 3 Konsumentin oder Konsument

Als Konsumentin oder Konsument gilt jede natürliche Person, die einen Konsumkreditvertrag zu einem Zweck abschliesst, der nicht ihrer beruflichen oder gewerblichen Tätigkeit zugerechnet werden kann.

Art. 5 Gesamtkosten des Kredits für die Konsumentin oder den Konsumenten

Als Gesamtkosten des Kredits für die Konsumentin oder den Konsumenten gelten sämtliche Kosten, einschliesslich der Zinsen und sonstigen Kosten, welche die Konsumentin oder der Konsument für den Kredit zu bezahlen hat.

Art. 6 Effektiver Jahreszins

Der effektive Jahreszins drückt die Gesamtkosten des Kredits für die Konsumentin oder den Konsumenten in Jahresprozenten des gewährten Kredits aus.

Geltungsbereich

Art. 7 Ausschluss

¹ Dieses Gesetz gilt nicht für:

a. Kreditverträge oder Kreditversprechen, die direkt oder indirekt grundpfandgesichert sind;

b. Kreditverträge oder Kreditversprechen, die durch hinterlegte banktibliche Sicherheiten oder durch ausreichende Vermögenswerte, welche die Konsumentin oder der Konsument bei der Kreditgeberin hält, gedeckt sind;

c. Kredite, die zins- und gebührenfrei gewährt oder zur Verfügung gestellt werden;

d. Kreditverträge, nach denen keine Zinsen in Rechnung gestellt werden, sofern die Konsumentin oder der Konsument sich bereit erklärt, den Kredit auf einmal zurückzuzahlen;

e. Verträge über Kredite von weniger als 500 Franken oder mehr als 80 000 Franken;

f. Kreditverträge, nach denen die Konsumentin oder der Konsument den Kredit entweder innert höchstens drei Monaten oder in nicht mehr als vier Raten innert höchstens zwölf Monaten zurückzahlen muss;
(...)

² Der Bundesrat kann die Beträge gemäss Absatz 1 Buchstabe e den veränderten Verhältnissen anpassen.

Form und Inhalt des Vertrags

Art. 9 Barkredite

¹ Konsumkreditverträge sind schriftlich abzuschliessen; die Konsumentin oder der Konsument erhält eine Kopie des Vertrags.

² Der Vertrag muss angeben:

a. den Nettobetrag des Kredits;

b. den effektiven Jahreszins oder, wenn dies nicht möglich ist, den Jahreszins und die bei Vertragsschluss in Rechnung gestellten Kosten;

c. die Bedingungen, unter denen der Zinssatz und die Kosten nach Buchstabe b geändert werden können;

d. die Elemente der Gesamtkosten des Kredits, die für die Berechnung des effektiven Jahreszinses nicht berücksichtigt worden sind (...);

e. die allfällige Höchstgrenze des Kreditbetrags;

f. die Rückzahlungsmodalitäten, insbesondere den Betrag, die Anzahl und die zeitlichen Abstände oder den Zeitpunkt der Zahlungen, welche die Konsumentin oder der Konsument zur Tilgung des Kredits und zur Entrichtung der Zinsen und sonstigen Kosten vornehmen muss, sowie, wenn möglich, den Gesamtbetrag dieser Zahlungen;

g. dass die Konsumentin oder der Konsument bei vorzeitiger Rückzahlung Anspruch auf Erlass der Zinsen und auf eine angemessene Ermässigung der Kosten hat, die auf die nicht beanspruchte Kreditdauer entfallen;

h. das Widerrufsrecht und die Widerrufsfrist (Art. 16);

i. die allfällig verlangten Sicherheiten;

j. den pfändbaren Teil des Einkommens, der der Kreditfähigkeitsprüfung zu Grunde gelegt worden ist (...).

Art. 10 Verträge zur Finanzierung des Erwerbs von Waren oder Dienstleistungen

Dient der Kreditvertrag der Finanzierung des Erwerbs von Waren oder Dienstleistungen, so muss er auch folgende Angaben enthalten:

a. die Beschreibung der Waren oder Dienstleistungen;

b. den Barzahlungspreis und den Preis, der im Rahmen des Kreditvertrags zu bezahlen ist;

c. die Höhe der allfälligen Anzahlung, die Anzahl, die Höhe und die Fälligkeit der Teilzahlungen oder das Verfahren, nach dem diese Elemente bestimmt werden können, falls sie bei Vertragsschluss noch nicht bekannt sind;

d. den Namen der Eigentümerin oder des Eigentümers der Waren, falls das Eigentum daran nicht unmittelbar auf die Konsumentin oder den Konsumenten übergeht, und die Bedingungen, unter denen die Ware in das Eigentum der Konsumentin oder des Konsumenten übergeht;
e. den Hinweis auf die allfällig verlangte Versicherung und, falls die Wahl des Versicherers nicht der Konsumentin oder dem Konsumenten überlassen ist, die Versicherungskosten.

Art. 11 Leasingverträge

¹ Leasingverträge sind schriftlich abzuschliessen; der Leasingnehmer erhält eine Kopie des Vertrags.

² Der Vertrag muss angeben:

a. die Beschreibung der Leasingsache und ihren Barkaufpreis im Zeitpunkt des Vertragsabschlusses;
b. die Anzahl, die Höhe und die Fälligkeit der Leasingraten;
c. die Höhe einer allfälligen Kaution;
d. den Hinweis auf die allfällig verlangte Versicherung und, falls die Wahl des Versicherers nicht dem Leasingnehmer überlassen ist, die Versicherungskosten;
e. den effektiven Jahreszins;
f. den Hinweis auf das Widerrufsrecht und die Widerrufsfrist;
g. eine nach anerkannten Grundsätzen erstellte Tabelle, aus der hervorgeht, was der Leasingnehmer bei einer vorzeitigen Beendigung des Leasingvertrags zusätzlich zu den bereits entrichteten Leasingraten zu bezahlen hat und welchen Restwert die Leasingsache zu diesem Zeitpunkt hat;
h. die Elemente, die der Kreditfähigkeitsprüfung zu Grunde gelegt worden sind (....).

Art. 12 Überziehungskredit auf laufendem Konto oder Kredit- und Kundenkartenkonto mit Kreditoption

¹ Verträge, mit denen eine Kreditgeberin einen Kredit in Form eines Überziehungskredits auf laufendem Konto oder auf einem Kredit- und Kundenkartenkonto mit Kreditoption gewährt, sind schriftlich abzuschliessen; die Konsumentin oder der Konsument erhält eine Kopie des Vertrags.

² Der Vertrag muss angeben:

a. die Höchstgrenze des Kreditbetrags;
b. den Jahreszins und die bei Vertragsabschluss in Rechnung gestellten Kosten sowie die Bedingungen, unter denen diese geändert werden können;
c. die Modalitäten einer Beendigung des Vertrags;
d. die Elemente, die der Kreditfähigkeitsprüfung zu Grunde gelegt worden sind (Art. 30 Abs. 1); Einzelheiten können in einem vom Kredit- oder Kundenkartenvertrag getrennten Schriftstück festgehalten werden; dieses bildet einen integrierenden Bestandteil des Vertrags.

³ Während der Vertragsdauer ist die Konsumentin oder der Konsument über jede Änderung des Jahreszinses oder der in Rechnung gestellten Kosten unverzüglich zu informieren; diese Information kann in Form eines Kontoauszugs erfolgen.

⁴ Wird eine Kontoüberziehung stillschweigend akzeptiert und das Konto länger als drei Monate überzogen, so ist die Konsumentin oder der Konsument zu informieren über:

a. den Jahreszins und die in Rechnung gestellten Kosten;
b. alle diesbezüglichen Änderungen.

Art. 13 Zustimmung des gesetzlichen Vertreters

¹ Ist die Konsumentin oder der Konsument minderjährig, so bedarf der Konsumkreditvertrag zu seiner Gültigkeit der schriftlichen Zustimmung der gesetzlichen Vertreterin oder des gesetzlichen Vertreters.

² Die Zustimmung ist spätestens abzugeben, wenn die Konsumentin oder der Konsument den Vertrag unterzeichnet.

Art. 14 Höchstzinssatz

Der Bundesrat legt den höchstens zulässigen Zinssatz nach Artikel 9 Absatz 2 Buchstabe b fest. Er berücksichtigt dabei die von der Nationalbank ermittelten, für die Refinanzierung des Konsumkreditgeschäftes massgeblichen Zinssätze. Der Höchstzinssatz soll in der Regel 15 Prozent nicht überschreiten.

Art. 15 Nichtigkeit

¹ Die Nichteinhaltung der Artikel 9–11, 12 Absätze 1, 2 und 4 Buchstabe a, 13 und 14 bewirkt die Nichtigkeit des Konsumkreditvertrags.

² Ist der Konsumkreditvertrag nichtig, so hat die Konsumentin oder der Konsument die bereits empfangene oder beanspruchte Kreditsumme bis zum Ablauf der Kreditdauer zurückzuzahlen, schuldet aber weder Zinsen noch Kosten.

³ Die Kreditsumme ist in gleich hohen Teilzahlungen zurückzuzahlen. Wenn der Vertrag keine längeren Zeitabstände vorsieht, liegen die Teilzahlungen jeweils einen Monat auseinander.

⁴ Bei einem Leasingvertrag hat die Konsumentin oder der Konsument den ihr oder ihm überlassenen Gegenstand zurückzugeben und die Raten zu zahlen, die bis zu diesem Zeitpunkt geschuldet sind. Ein damit nicht abgedeckter Wertverlust geht zu Lasten der Leasinggeberin.

Art. 16 Widerrufsrecht

¹ Die Konsumentin oder der Konsument kann den Antrag zum Vertragsabschluss oder die Annahmeerklärung innerhalb von sieben Tagen schriftlich widerrufen. Kein Widerrufsrecht besteht im Falle von Artikel 12 Absatz 4.

² Die Widerrufsfrist beginnt zu laufen, sobald die Konsumentin oder der Konsument nach den Artikeln 9 Absatz 1, 11 Absatz 1 oder 12 Absatz 1 eine Kopie des Vertrags erhalten hat. Die Frist ist eingehalten, wenn die Widerrufserklärung am siebenten Tag der Post übergeben wird.

³ Ist das Darlehen bereits vor dem Widerruf des Vertrags ausbezahlt worden, so gilt Artikel 15 Absätze 2 und 3. Im Falle eines Abzahlungskaufs, einer auf Kredit beanspruchten Dienstleistung oder eines Leasingvertrags gilt Artikel 40*f* des Obligationenrechts.

Rechte und Pflichten der Parteien

Art. 17 Vorzeitige Rückzahlung

¹ Die Konsumentin oder der Konsument kann die Pflichten aus dem Konsumkreditvertrag vorzeitig erfüllen.

² In diesem Fall besteht ein Anspruch auf Erlass der Zinsen und auf eine angemessene Ermässigung der Kosten, die auf die nicht beanspruchte Kreditdauer entfallen.

³ Der Leasingnehmer kann mit einer Frist von mindestens 30 Tagen auf Ende einer dreimonatigen Leasingdauer kündigen. Der Anspruch des Leasinggebers auf Entschädigung richtet sich nach der Tabelle gemäss Artikel 11 Absatz 2 Buchstabe g.

Art. 18 Verzug

¹ Die Kreditgeberin kann vom Vertrag zurücktreten, wenn Teilzahlungen ausstehend sind, die mindestens 10 Prozent des Nettobetrags des Kredits beziehungsweise des Barzahlungspreises ausmachen.

² Der Leasinggeber kann vom Vertrag zurücktreten, wenn Teilzahlungen ausstehend sind, die mehr als drei monatlich geschuldete Leasingraten ausmachen.

³ Der Verzugszins darf den für den Konsumkredit oder Leasingvertrag vereinbarten Zinssatz (Art. 9 Abs. 2 Bst. b) nicht übersteigen.

Kreditfähigkeit

Art. 22 Grundsatz

Die Kreditfähigkeitsprüfung bezweckt die Vermeidung einer Überschuldung der Konsumentin oder des Konsumenten infolge eines Konsumkreditvertrags.

Art. 25 Meldepflicht

¹ Die Kreditgeberin muss der Informationsstelle den von ihr gewährten Konsumkredit melden.

² Sie muss der Informationsstelle auch melden, wenn Teilzahlungen ausstehend sind, die mindestens 10 Prozent des Nettobetrags des Kredits beziehungsweise des Barzahlungspreises ausmachen (Art. 18 Abs. 1). (...)

Art. 26 Meldepflicht bei Leasing

¹ Bei einem Leasingvertrag meldet die Kreditgeberin der Informationsstelle:
a. die Höhe der Leasingverpflichtung;
b. die Vertragsdauer;
c. die monatlichen Leasingraten.

² Sie muss der Informationsstelle auch melden, wenn drei Leasingraten ausstehen.

Art. 27 Meldepflicht bei Kredit- und Kundenkartenkonti

¹ Hat die Konsumentin oder der Konsument dreimal hintereinander von der Kreditoption Gebrauch gemacht, so ist der ausstehende Betrag der Informationsstelle zu melden. Keine Pflicht zur Meldung besteht, wenn der ausstehende Betrag unter 3000 Franken liegt.

² Der Bundesrat wird ermächtigt, die in Absatz 1 genannte Meldelimite von 3000 Franken mittels Verordnung periodisch der Entwicklung des schweizerischen Indexes der Konsumentenpreise anzupassen.

Art. 28 Prüfung der Kreditfähigkeit

¹ Die Kreditgeberin muss vor Vertragsabschluss nach Artikel 31 die Kreditfähigkeit der Konsumentin oder des Konsumenten prüfen.

² Die Konsumentin oder der Konsument gilt dann als kreditfähig, wenn sie oder er den Konsumkredit zurückzahlen kann, ohne den nicht pfändbaren Teil des Einkommens nach Artikel 93 Absatz 1 des Bundesgesetzes vom 11. April 1889⁶ über Schuldbetreibung und Konkurs beanspruchen zu müssen.

³ Der pfändbare Teil des Einkommens wird nach den Richtlinien über die Berechnung des Existenzminimums des Wohnsitzkantons der Konsumentin oder des Konsumenten ermittelt. Bei der Ermittlung zu berücksichtigen sind in jedem Fall:
a. der tatsächlich geschuldete Mietzins;
b. die nach Quellensteuertabelle geschuldeten Steuern;
c. Verpflichtungen, die bei der Informationsstelle gemeldet sind.

⁴ Bei der Beurteilung der Kreditfähigkeit muss von einer Amortisation des Konsumkredits innerhalb von 36 Monaten ausgegangen werden, selbst wenn vertraglich eine längere Laufzeit vereinbart worden ist. Dies gilt auch für frühere Konsumkredite, soweit diese noch nicht zurückbezahlt worden sind.

Art. 29 Prüfung der Kreditfähigkeit

¹ Der Leasinggeber muss vor Vertragsabschluss die Kreditfähigkeit des Leasingnehmers prüfen.

² Die Kreditfähigkeit ist zu bejahen, wenn der Leasingnehmer die Leasingraten ohne Beanspruchung des nicht pfändbaren Teils des Einkommens 28 Absätze 2 und 3 finanzieren kann oder wenn Vermögenswerte, die dem Leasingnehmer gehören, die Zahlung der Leasingraten sicherstellen.

Art. 31 Bedeutung der Angaben der Konsumentin oder des Konsumenten

¹ Die Kreditgeberin darf sich auf die Angaben der Konsumentin oder des Konsumenten zu den finanziellen Verhältnissen (...) oder zu den wirtschaftlichen Verhältnissen (...) verlassen.

² Vorbehalten bleiben Angaben, die offensichtlich unrichtig sind oder denjenigen der Informationsstelle widersprechen.

³ Zweifelt die Kreditgeberin an der Richtigkeit der Angaben der Konsumentin oder des Konsumenten, so muss sie deren Richtigkeit anhand einschlägiger amtlicher oder privater Dokumente wie des Auszugs aus dem Betreibungsregister oder eines Lohnausweises überprüfen.

Art. 32 Sanktion

¹ Verstösst die Kreditgeberin in schwerwiegender Weise gegen die Artikel 28, 29 (...), so verliert sie die von ihr gewährte Kreditsumme samt Zinsen und Kosten. Die Konsumentin oder der Konsument kann bereits erbrachte Leistungen nach den Regeln über die ungerechtfertigte Bereicherung zurückfordern.

² Verstösst die Kreditgeberin gegen Artikel 25, 26 oder 27 Absatz 1 oder in geringfügiger Weise gegen die Artikel 28, 29 (...), so verliert sie nur die Zinsen und die Kosten.

Bundesgesetz über die Krankenversicherung (KVG) 832.10

Allgemeine Bestimmungen

Art. 1a Geltungsbereich
¹ Dieses Gesetz regelt die soziale Krankenversicherung. Sie umfasst die obligatorische Krankenpflegeversicherung und eine freiwillige Taggeldversicherung.
² Die soziale Krankenversicherung gewährt Leistungen bei:
a. Krankheit (Art. 3 ATSG9);
b. Unfall (Art. 4 ATSG), soweit dafür keine Unfallversicherung aufkommt;
c. Mutterschaft (Art. 5 ATSG).

Obligatorische Krankenpflegeversicherung

Versicherungspflicht

Allgemeine Bestimmungen

Art. 3 Versicherungspflichtige Personen
¹ Jede Person mit Wohnsitz in der Schweiz muss sich innert drei Monaten nach der Wohnsitznahme oder der Geburt in der Schweiz für Krankenpflege versichern oder von ihrem gesetzlichen Vertreter beziehungsweise ihrer gesetzlichen Vertreterin versichern lassen. (…)

Art. 4 Wahl des Versicherers
¹ Die versicherungspflichtigen Personen können unter den Versicherern nach Artikel 11 frei wählen.
² Die Versicherer müssen in ihrem örtlichen Tätigkeitsbereich jede versicherungspflichtige Person aufnehmen.

Art. 5 Beginn und Ende der Versicherung
¹ Bei rechtzeitigem Beitritt (Art. 3 Abs. 1) beginnt die Versicherung im Zeitpunkt der Geburt oder der Wohnsitznahme in der Schweiz. Der Bundesrat setzt den Versicherungsbeginn für die Personen nach Artikel 3 Absatz 3 fest.
² Bei verspätetem Beitritt beginnt die Versicherung im Zeitpunkt des Beitritts. Bei nicht entschuldbarer Verspätung entrichtet die versicherte Person einen Prämienzuschlag. Der Bundesrat legt dafür die Richtsätze fest und berücksichtigt dabei die Höhe der Prämien am Wohnort der versicherten Person und die Dauer der Verspätung. (..)

Art. 7 Wechsel des Versicherers
¹ Die versicherte Person kann unter Einhaltung einer dreimonatigen Kündigungsfrist den Versicherer auf das Ende eines Kalendersemesters wechseln.
² Bei der Mitteilung der neuen Prämie kann die versicherte Person den Versicherer unter Einhaltung einer einmonatigen Kündigungsfrist auf das Ende des Monats wechseln, welcher der Gültigkeit der neuen Prämie vorangeht. Der Versicherer muss die neuen, vom Bundesamt für Gesundheit (Bundesamt) genehmigten Prämien jeder versicherten Person mindestens zwei Monate im Voraus mitteilen und dabei auf das Recht, den Versicherer zu wechseln, hinweisen. (…)
⁵ Das Versicherungsverhältnis endet beim bisherigen Versicherer erst, wenn ihm der neue Versicherer mitgeteilt hat, dass die betreffende Person bei ihm ohne Unterbrechung des Versicherungsschutzes versichert ist.

Ruhen der Unfalldeckung

Art. 8 Grundsatz
¹ Die Deckung für Unfälle kann sistiert werden bei Versicherten, die nach dem Unfallversicherungsgesetz (…) obligatorisch für dieses Risiko voll gedeckt sind. Der Versicherer veranlasst das Ruhen auf Antrag der versicherten Person, wenn diese nachweist, dass sie voll nach dem UVG versichert ist. Die Prämie wird entsprechend herabgesetzt.
² Die Unfälle sind nach diesem Gesetz gedeckt, sobald die Unfalldeckung nach dem UVG ganz oder teilweise aufhört.

Leistungen

Umschreibung des Leistungsbereichs

Art. 24 Grundsatz
Die obligatorische Krankenpflegeversicherung übernimmt die Kosten für die Leistungen gemäss den Artikeln 25–31 nach Massgabe der in den Artikeln 32–34 festgelegten Voraussetzungen.

Art. 25 Allgemeine Leistungen bei Krankheit
¹ Die obligatorische Krankenpflegeversicherung übernimmt die Kosten für die Leistungen, die der Diagnose oder Behandlung einer Krankheit und ihrer Folgen dienen.
² Diese Leistungen umfassen:
a. die Untersuchungen und Behandlungen, die ambulant, stationär oder in einem Pflegeheim sowie die Pflegeleistungen, die in einem Spital durchgeführt werden von:
  1. Ärzten oder Ärztinnen,
  2. Chiropraktoren oder Chiropraktorinnen,
  3. Personen, die auf Anordnung oder im Auftrag eines Arztes oder einer Ärztin beziehungsweise eines Chiropraktors oder einer Chiropraktorin Leistungen erbringen;
b. die ärztlich oder unter den vom Bundesrat bestimmten Voraussetzungen von Chiropraktoren oder Chiropraktorinnen verordneten Analysen, Arzneimittel und der Untersuchung oder Behandlung dienenden Mittel und Gegenstände;
c. einen Beitrag an die Kosten von ärztlich angeordneten Badekuren;
d. die ärztlich durchgeführten oder angeordneten Massnahmen der medizinischen Rehabilitation;
e. den Aufenthalt im Spital entsprechend dem Standard der allgemeinen Abteilung;
f^{bis}. den Aufenthalt bei Entbindung in einem Geburtshaus (Art. 29);
g. einen Beitrag an die medizinisch notwendigen Transportkosten sowie an die Rettungskosten;
h. die Leistung der Apotheker und Apothekerinnen bei der Abgabe von nach Buchstabe b verordneten Arzneimitteln.

Art. 25a Pflegeleistungen bei Krankheit
¹ Die obligatorische Krankenpflegeversicherung leistet einen Beitrag an die Pflegeleistungen, welche aufgrund einer ärztlichen Anordnung und eines ausgewiesenen Pflegebedarfs ambulant, auch in Tages- oder Nachtstrukturen, oder im Pflegeheim erbracht werden.

Art. 26 Medizinische Prävention
Die obligatorische Krankenpflegeversicherung übernimmt die Kosten für bestimmte Untersuchungen zur frühzeitigen Erkennung von Krankheiten sowie für vorsorgliche Massnahmen zugunsten von Versicherten, die in erhöhtem Masse gefährdet sind. Die Untersuchungen oder vorsorglichen Massnahmen werden von einem Arzt oder einer Ärztin durchgeführt oder angeordnet.

Art. 27 Geburtsgebrechen
Die obligatorische Krankenpflegeversicherung übernimmt bei Geburtsgebrechen (Art. 3 Abs. 2 ATSG72), die nicht durch die Invalidenversicherung gedeckt sind, die Kosten für die gleichen Leistungen wie bei Krankheit.

Art. 28 Unfälle
Die obligatorische Krankenpflegeversicherung übernimmt bei Unfällen (…) die Kosten für die gleichen Leistungen wie bei Krankheit.

Art. 29 Mutterschaft
¹ Die obligatorische Krankenpflegeversicherung übernimmt neben den Kosten für die gleichen Leistungen wie bei Krankheit die Kosten der besonderen Leistungen bei Mutterschaft. (…)

Art. 30 Strafloser Abbruch der Schwangerschaft
Bei straflosem Abbruch einer Schwangerschaft (…) übernimmt die obligatorische Krankenpflegeversicherung die Kosten für die gleichen Leistungen wie bei Krankheit.

Art. 31 Zahnärztliche Behandlungen
¹ Die obligatorische Krankenpflegeversicherung übernimmt die Kosten der zahnärztlichen Behandlung, wenn diese:
a. durch eine schwere, nicht vermeidbare Erkrankung des Kausystems bedingt ist; oder
b. durch eine schwere Allgemeinerkrankung oder ihre Folgen bedingt ist; oder
c. zur Behandlung einer schweren Allgemeinerkrankung oder ihrer Folgen notwendig ist.

² Sie übernimmt auch die Kosten der Behandlung von Schäden des Kausystems, die durch einen Unfall nach Artikel 1 Absatz 2 Buchstabe b verursacht worden sind.

Voraussetzungen und Umfang der Kostenübernahme

Art. 32 Voraussetzungen
¹ Die Leistungen nach den Artikeln 25–31 müssen wirksam, zweckmässig und wirtschaftlich sein. Die Wirksamkeit muss nach wissenschaftlichen Methoden nachgewiesen sein. (…)

Art. 33 Bezeichnung der Leistungen
¹ Der Bundesrat kann die von Ärzten und Ärztinnen oder von Chiropraktoren und Chiropraktorinnen erbrachten Leistungen bezeichnen, deren Kosten von der obligatorischen Krankenpflegeversicherung nicht oder nur unter bestimmten Bedingungen übernommen werden. (…)

Leistungserbringer

Wahl des Leistungserbringers und Kostenübernahme

Art. 41
¹ Die Versicherten können für die ambulante Behandlung unter den zugelassenen Leistungserbringern, die für die Behandlung ihrer Krankheit geeignet sind, frei wählen. Der Versicherer übernimmt die Kosten höchstens nach dem Tarif, der am Wohn- oder Arbeitsort der versicherten Person oder in deren Umgebung gilt.
¹ᵇⁱˢ Die versicherte Person kann für die stationäre Behandlung unter den Spitälern frei wählen, die auf der Spitalliste ihres Wohnkantons oder jener des Standortkantons aufgeführt sind (Listenspital). Der Versicherer und der Wohnkanton übernehmen bei stationärer Behandlung in einem Listenspital die Vergütung anteilsmässig nach Artikel 49a höchstens nach dem Tarif, der in einem Listenspital des Wohnkantons für die betreffende Behandlung gilt. (…)
³ Beansprucht die versicherte Person bei einer stationären Behandlung aus medizinischen Gründen ein nicht auf der Spitalliste des Wohnkantons aufgeführtes Spital, so übernehmen der Versicherer und der Wohnkanton die Vergütung anteilsmässig (…). Mit Ausnahme des Notfalls ist dafür eine Bewilligung des Wohnkantons notwendig. (…)

Schuldner der Vergütung; Rechnungsstellung

Art. 42 Grundsatz
¹ Haben Versicherer und Leistungserbringer nichts anderes vereinbart, so schulden die Versicherten den Leistungserbringern die Vergütung der Leistung. Die Versicherten haben in diesem Fall gegenüber dem Versicherer einen Anspruch auf Rückerstattung (System des *Tiers garant*). (…)
² Versicherer und Leistungserbringer können vereinbaren, dass der Versicherer die Vergütung schuldet (System des *Tiers payant*). (…)
³ Der Leistungserbringer muss dem Schuldner eine detaillierte und verständliche Rechnung zustellen. Er muss ihm auch alle Angaben machen, die er benötigt, um die Berechnung der Vergütung und die Wirtschaftlichkeit der Leistung überprüfen zu können. Im System des *Tiers payant* erhält die versicherte Person eine Kopie der Rechnung, die an den Versicherer gegangen ist. Bei stationärer Behandlung weist das Spital die auf Kanton und Versicherer entfallenden Anteile je gesondert aus. (…)

Finanzierung

Prämien der Versicherten

Art. 61 Grundsätze
¹ Der Versicherer legt die Prämien für seine Versicherten fest. Soweit dieses Gesetz keine Ausnahme vorsieht, erhebt der Versicherer von seinen Versicherten die gleichen Prämien.
² Der Versicherer kann die Prämien nach den ausgewiesenen Kostenunterschieden kantonal und regional

abstufen. Massgebend ist der Wohnort der versicherten Person. Das Bundesamt legt die Regionen für sämtliche Versicherer einheitlich fest.

[3] Für Versicherte bis zum vollendeten 18. Altersjahr (Kinder) hat der Versicherer eine tiefere Prämie festzusetzen als für ältere Versicherte (Erwachsene). Er ist berechtigt, dies auch für die Versicherten zu tun, die das 25. Altersjahr noch nicht vollendet haben (junge Erwachsene).

[3bis] Der Bundesrat kann die Prämienermässigungen nach Absatz 3 festlegen.(...)

Art. 62 Besondere Versicherungsformen

[1] Der Versicherer kann die Prämien für Versicherungen mit eingeschränkter Wahl des Leistungserbringers nach Artikel 41 Absatz 4 vermindern.

[2] Der Bundesrat kann weitere Versicherungsformen zulassen, namentlich solche, bei denen:
a. die Versicherten die Möglichkeit erhalten, sich gegen eine Prämienermässigung stärker als nach Artikel 64 an den Kosten zu beteiligen;
b. die Höhe der Prämie der Versicherten sich danach richtet, ob sie während einer bestimmten Zeit Leistungen in Anspruch genommen haben oder nicht. (...)

Kostenbeteiligung

Art. 64

[1] Die Versicherten beteiligen sich an den Kosten der für sie erbrachten Leistungen.

[2] Diese Kostenbeteiligung besteht aus:
a. einem festen Jahresbetrag (Franchise); und
b. 10 Prozent der die Franchise übersteigenden Kosten (Selbstbehalt).

[3] Der Bundesrat bestimmt die Franchise und setzt für den Selbstbehalt einen jährlichen Höchstbetrag fest.

[4] Für Kinder wird keine Franchise erhoben, und es gilt die Hälfte des Höchstbetrages des Selbstbehaltes. Sind mehrere Kinder einer Familie beim gleichen Versicherer versichert, so sind für sie zusammen höchstens die Franchise und der Höchstbetrag des Selbstbehaltes für eine erwachsene Person zu entrichten.

[5] Die Versicherten leisten zudem einen nach der finanziellen Belastung der Familie abgestuften Beitrag an die Kosten des Aufenthalts im Spital. Der Bundesrat setzt den Beitrag fest.(...)

[7] Auf den Leistungen bei Mutterschaft darf der Versicherer keine Kostenbeteiligung erheben. (...)

Nichtbezahlung von Prämien und Kostenbeteiligungen

Art. 64a

[1] Bezahlt die versicherte Person fällige Prämien oder Kostenbeteiligungen nicht, so hat der Versicherer sie schriftlich zu mahnen, ihr eine Nachfrist von dreissig Tagen einzuräumen und sie auf die Folgen des Zahlungsverzuges (Abs. 2) hinzuweisen.

[2] Bezahlt die versicherte Person trotz Mahnung nicht und wurde im Betreibungsverfahren ein Fortsetzungsbegehren bereits gestellt, so schiebt der Versicherer die Übernahme der Kosten für die Leistungen auf, bis die ausstehenden Prämien, Kostenbeteiligungen, Verzugszinse und Betreibungskosten vollständig bezahlt sind. Gleichzeitig benachrichtigt der Versicherer die für die Einhaltung der Versicherungspflicht zuständige kantonale Stelle über den Leistungsaufschub.

[3] Sind die ausstehenden Prämien, Kostenbeteiligungen, Verzugszinse und Betreibungskosten vollständig bezahlt, so hat der Versicherer die Kosten für die Leistungen während der Zeit des Aufschubes zu übernehmen.

[4] Solange säumige Versicherte die ausstehenden Prämien, Kostenbeteiligungen, Verzugszinse und Betreibungskosten nicht vollständig bezahlt haben, können sie in Abweichung von Artikel 7 den Versicherer nicht wechseln. (...)

Prämienverbilligung durch Beiträge der öffentlichen Hand

Art. 65 Prämienverbilligung durch die Kantone

[1] Die Kantone gewähren den Versicherten in bescheidenen wirtschaftlichen Verhältnissen Prämienverbilligungen. (...)

[1bis] Für untere und mittlere Einkommen verbilligen die Kantone die Prämien von Kindern und jungen Erwachsenen in Ausbildung um mindestens 50 Prozent.

[4] Die Kantone informieren die Versicherten regelmässig über das Recht auf Prämienverbilligung.

Kostenbeteiligung nach KVG und VO für 2011

Versicherte	Selbstbehalt		ordentliche Jahres-franchise	höhere Wahlfranchise	
	in %	max. Fr./Jahr		Kostenbetei-ligung pro Jahr	Max.Rabatte pro Jahr
Kinder, Jugendliche bis 18 Jahren	10 %	350	–	100 bis 600	70 bis 420
Erwachsene bis 25 Jahren in Ausbildung	10%	700	300	spez. Franchise-Angebote möglich	
Erwachsene	10%	700	300	500 bis 2 500	140 bis 1 540
Mütter: Leistungen bei Mutterschaft	–	–	–	–	–

Quelle: Art. 64 KVG, Art. 103 KVV und
BAG: Die obligatorische Krankenkasse kurz erklärt, www.bag.admin.ch/themen/krankenversicherung

Bundesgesetz über die eingetragene Partnerschaft gleichgeschlechtlicher Paare (Partnerschaftsgesetz, PartG) SR 211.231

Allgemeine Bestimmungen

Art. 1 Gegenstand
Dieses Gesetz regelt die Begründung, die Wirkungen und die Auflösung der eingetragenen Partnerschaft gleichgeschlechtlicher Paare.

Art. 2 Grundsatz
¹ Zwei Personen gleichen Geschlechts können ihre Partnerschaft eintragen lassen.
² Sie verbinden sich damit zu einer Lebensgemeinschaft mit gegenseitigen Rechten und Pflichten.
³ Der Personenstand lautet: «in eingetragener Partnerschaft».

Die Eintragung der Partnerschaft

Art. 3 Voraussetzungen
1 Beide Partnerinnen oder Partner müssen das 18. Altersjahr zurückgelegt haben und urteilsfähig sein.
2 Eine entmündigte Person braucht die Zustimmung ihres gesetzlichen Vertreters. Sie kann gegen die Verweigerung dieser Zustimmung das Gericht anrufen.

Art. 4 Eintragungshindernisse
¹ Verwandte in gerader Linie, Geschwister sowie Halbgeschwister können keine eingetragene Partnerschaft eingehen.
² Beide Partnerinnen oder Partner müssen nachweisen, dass sie nicht bereits in eingetragener Partnerschaft leben oder verheiratet sind.

Wirkungen der eingetragenen Partnerschaft

Art. 12 Beistand und Rücksicht
Die beiden Partnerinnen oder Partner leisten einander Beistand und nehmen aufeinander Rücksicht.

Art. 13 Unterhalt
¹ Die beiden Partnerinnen oder Partner sorgen gemeinsam nach ihren Kräften für den gebührenden Unterhalt ihrer Gemeinschaft.
² Können sie sich nicht verständigen, so setzt das Gericht auf Antrag die Geldbeiträge an den Unterhalt fest. Diese können für die Zukunft und für das Jahr vor Einreichung des Begehrens gefordert werden. (…)

Art. 14 Gemeinsame Wohnung
¹ Eine Partnerin oder ein Partner kann nur mit der ausdrücklichen Zustimmung der oder des andern einen Mietvertrag kündigen, die gemeinsame Wohnung veräussern oder durch andere Rechtsgeschäfte die Rechte an den gemeinsamen Wohnräumen beschränken.
² Kann die Zustimmung nicht eingeholt werden oder wird sie ohne triftigen Grund verweigert, so kann das Gericht angerufen werden.

Art. 15 Vertretung der Gemeinschaft
¹ Jede Partnerin und jeder Partner vertritt während des Zusammenlebens die Gemeinschaft für deren laufende Bedürfnisse.
² Für die übrigen Bedürfnisse der Gemeinschaft kann eine Partnerin oder ein Partner diese nur vertreten, wenn:
a. die Ermächtigung der andern Person oder des Gerichts vorliegt; oder
b. das Interesse der Gemeinschaft keinen Aufschub des Geschäfts duldet und die andere Person wegen Krankheit, Abwesenheit oder aus ähnlichen Gründen nicht zustimmen kann.
³ Jede Partnerin und jeder Partner verpflichtet sich persönlich und, soweit die Handlungen nicht für Dritte erkennbar über die Vertretungsbefugnis hinausgehen, solidarisch auch die andere Person.
⁴ Wird die Befugnis zur Vertretung der Gemeinschaft überschritten oder erweist sich eine Partnerin oder ein Partner als unfähig, die Vertretung auszuüben, so kann das Gericht die Vertretungsbefugnis auf Antrag ganz oder teilweise entziehen. Gutgläubigen Dritten gegenüber ist der Entzug nur wirksam, wenn er auf Anordnung des Gerichts veröffentlicht worden ist.

Art. 16 Auskunftpflicht
¹ Die Partnerinnen oder Partner müssen einander auf Verlangen über Einkommen, Vermögen und Schulden Auskunft geben. (…)

Besondere Wirkungen

Art. 26 Eheschliessung
Eine Person, die in eingetragener Partnerschaft lebt, kann keine Ehe eingehen.

Art. 27 Kinder der Partnerin oder des Partners
¹ Hat eine Person Kinder, so steht ihre Partnerin oder ihr Partner ihr in der Erfüllung der Unterhaltspflicht und in der Ausübung der elterlichen Sorge in angemessener Weise bei und vertritt sie, wenn die Umstände es erfordern. Elternrechte bleiben jedoch in allen Fällen gewahrt. (…)

Art. 28 Adoption und Fortpflanzungsmedizin
Personen, die in einer eingetragenen Partnerschaft leben, sind weder zur Adoption noch zu fortpflanzungsmedizinischen Verfahren zugelassen.

Gerichtliche Auflösung der eingetragenen Partnerschaft

Art. 29 Gemeinsames Begehren
¹ Verlangen die beiden Partnerinnen oder Partner gemeinsam die Auflösung der eingetragenen Partnerschaft, so hört das Gericht sie an und prüft, ob das Begehren auf freiem Willen und reiflicher Überlegung beruht und ob eine Vereinbarung über die Auflösung genehmigt werden kann.
² Trifft dies zu, so spricht das Gericht die Auflösung der eingetragenen Partnerschaft aus. (…)

Art. 30 Klage
Jede Partnerin oder jeder Partner kann die Auflösung der eingetragenen Partnerschaft verlangen, wenn die Partnerinnen oder Partner zum Zeitpunkt der Klageerhebung seit mindestens einem Jahr getrennt leben.

Schweizerisches Strafgesetzbuch (StGB) SR 311.0

Erstes Buch:
Allgemeine Bestimmungen
Erster Teil: Verbrechen und Vergehen

Geltungsbereich

Art. 1 Keine Sanktion ohne Gesetz
Eine Strafe oder Massnahme darf nur wegen einer Tat verhängt werden, die das Gesetz ausdrücklich unter Strafe stellt.

Art. 9 Persönlicher Geltungsbereich
² Für Personen, welche zum Zeitpunkt der Tat das 18. Altersjahr noch nicht vollendet haben, bleiben die Vorschriften des Jugendstrafgesetzes (JStG, SR 311.1) vorbehalten.

Strafbarkeit

Art. 10 Verbrechen und Vergehen: Begriff
¹ Dieses Gesetz unterscheidet die Verbrechen von den Vergehen nach der Schwere der Strafen, mit der die Taten bedroht sind.
² Verbrechen sind Taten, die mit Freiheitsstrafe von mehr als drei Jahren bedroht sind.
³ Vergehen sind Taten, die mit Freiheitsstrafe bis zu drei Jahren oder mit Geldstrafe bedroht sind.

Art. 12 Vorsatz und Fahrlässigkeit: Begriffe
¹ Bestimmt es das Gesetz nicht ausdrücklich anders, so ist nur strafbar, wer ein Verbrechen oder Vergehen vorsätzlich begeht.
² Vorsätzlich begeht ein Verbrechen oder Vergehen, wer die Tat mit Wissen und Willen ausführt. Vorsätzlich handelt bereits, wer die Verwirklichung der Tat für möglich hält und in Kauf nimmt.
³ Fahrlässig begeht ein Verbrechen oder Vergehen, wer die Folge seines Verhaltens aus pflichtwidriger Unvorsichtigkeit nicht bedenkt oder darauf nicht Rücksicht nimmt. Pflichtwidrig ist die Unvorsichtigkeit, wenn der Täter die Vorsicht nicht beachtet, zu der er nach den Umständen und nach seinen persönlichen Verhältnissen verpflichtet ist.

Art. 30 Strafantrag: Antragsrecht
¹ Ist eine Tat nur auf Antrag strafbar, so kann jede Person, die durch sie verletzt worden ist, die Bestrafung des Täters beantragen.
² Ist die verletzte Person handlungsunfähig, so ist ihr gesetzlicher Vertreter zum Antrag berechtigt. Ist sie bevormundet, so steht das Antragsrecht auch der Vormundschaftsbehörde zu.
³ Ist die verletzte Person unmündig oder entmündigt, so ist auch sie zum Antrag berechtigt, wenn sie urteilsfähig ist.
⁴ Stirbt die verletzte Person, ohne dass sie den Strafantrag gestellt oder auf den Strafantrag ausdrücklich verzichtet hat, so steht das Antragsrecht jedem Angehörigen zu.
⁵ Hat eine antragsberechtigte Person ausdrücklich auf den Antrag verzichtet, so ist ihr Verzicht endgültig.

Art. 31 Antragsfrist
Das Antragsrecht erlischt nach Ablauf von drei Monaten. Die Frist beginnt mit dem Tag, an welchem der antragsberechtigten Person der Täter bekannt wird.

Strafen und Massnahmen

Geldstrafe, gemeinnützige Arbeit, Freiheitsstrafe

Art. 34 Geldstrafe: Bemessung
¹ Bestimmt es das Gesetz nicht anders, so beträgt die Geldstrafe höchstens 360 Tagessätze. Das Gericht bestimmt deren Zahl nach dem Verschulden des Täters.
² Ein Tagessatz beträgt höchstens 3000 Franken. Das Gericht bestimmt die Höhe des Tagessatzes nach den persönlichen und wirtschaftlichen Verhältnissen des Täters im Zeitpunkt des Urteils, namentlich nach Einkommen und Vermögen, Lebensaufwand, allfälligen Familien- und Unterstützungspflichten sowie nach dem Existenzminimum. (…)

Art. 35 Vollzug
¹ Die Vollzugsbehörde bestimmt dem Verurteilten eine Zahlungsfrist von einem bis zu zwölf Monaten. Sie kann Ratenzahlung anordnen und auf Gesuch die Fristen verlängern. (…)

Art. 36 Ersatzfreiheitsstrafe
¹ Soweit der Verurteilte die Geldstrafe nicht bezahlt und sie auf dem Betreibungsweg (…) uneinbringlich ist, tritt an die Stelle der Geldstrafe eine Freiheitsstrafe. Ein Tagessatz entspricht einem Tag Freiheitsstrafe. Die Ersatzfreiheitsstrafe entfällt, soweit die Geldstrafe nachträglich bezahlt wird.

Art. 37 Gemeinnützige Arbeit: Inhalt
¹ Das Gericht kann mit Zustimmung des Täters an Stelle einer Freiheitsstrafe von weniger als sechs Monaten oder einer Geldstrafe bis zu 180 Tagessätzen gemeinnützige Arbeit von höchstens 720 Stunden anordnen.
² Die gemeinnützige Arbeit ist zu Gunsten sozialer Einrichtungen, Werken in öffentlichem Interesse oder hilfsbedürftiger Personen zu leisten. Sie ist unentgeltlich.

Art. 38 Vollzug
Die Vollzugsbehörde bestimmt dem Verurteilten eine Frist von höchstens zwei Jahren, innerhalb der er die gemeinnützige Arbeit zu leisten hat.

Art. 39 Umwandlung
¹ Soweit der Verurteilte die gemeinnützige Arbeit trotz Mahnung nicht entsprechend dem Urteil oder den von der zuständigen Behörde festgelegten Bedingungen und Auflagen leistet, wandelt sie das Gericht in Geld- oder Freiheitsstrafe um.
² Vier Stunden gemeinnütziger Arbeit entsprechen einem Tagessatz Geldstrafe oder einem Tag Freiheitsstrafe.
³ Freiheitsstrafe darf nur angeordnet werden, wenn zu erwarten ist, dass eine Geldstrafe nicht vollzogen werden kann.

Art. 40 Freiheitsstrafe: Im Allgemeinen
Die Dauer der Freiheitsstrafe beträgt in der Regel mindestens sechs Monate; die Höchstdauer beträgt 20 Jahre. Wo es das Gesetz ausdrücklich bestimmt, dauert die Freiheitsstrafe lebenslänglich.

Art. 41 Kurze unbedingte Freiheitsstrafe
^{1} Das Gericht kann auf eine vollziehbare Freiheitsstrafe von weniger als sechs Monaten nur erkennen, wenn die Voraussetzungen für eine bedingte Strafe (Art. 42) nicht gegeben sind und zu erwarten ist, dass eine Geldstrafe oder gemeinnützige Arbeit nicht vollzogen werden kann. (…)

Bedingte und teilbedingte Strafen

Art. 42 Bedingte Strafen
^{1} Das Gericht schiebt den Vollzug einer Geldstrafe, von gemeinnütziger Arbeit oder einer Freiheitsstrafe von mindestens sechs Monaten und höchstens zwei Jahren in der Regel auf, wenn eine unbedingte Strafe nicht notwendig erscheint, um den Täter von der Begehung weiterer Verbrechen oder Vergehen abzuhalten.
^{2} Wurde der Täter innerhalb der letzten fünf Jahre vor der Tat zu einer bedingten oder unbedingten Freiheitsstrafe von mindestens sechs Monaten oder zu einer Geldstrafe von mindestens 180 Tagessätzen verurteilt, so ist der Aufschub nur zulässig, wenn besonders günstige Umstände vorliegen.
^{3} Die Gewährung des bedingten Strafvollzuges kann auch verweigert werden, wenn der Täter eine zumutbare Schadenbehebung unterlassen hat.
^{4} Eine bedingte Strafe kann mit einer unbedingten Geldstrafe oder mit einer Busse nach Artikel 106 verbunden werden

Art. 43 Teilbedingte Strafen
^{1} Das Gericht kann den Vollzug einer Geldstrafe, von gemeinnütziger Arbeit oder einer Freiheitsstrafe von mindestens einem Jahr und höchstens drei Jahren nur teilweise aufschieben, wenn dies notwendig ist, um dem Verschulden des Täters genügend Rechnung zu tragen.
^{2} Der unbedingt vollziehbare Teil darf die Hälfte der Strafe nicht übersteigen.
^{3} Bei der teilbedingten Freiheitsstrafe muss sowohl der aufgeschobene wie auch der zu vollziehende Teil mindestens sechs Monate betragen. (…)

Art. 44 Gemeinsame Bestimmungen: Probezeit
^{1} Schiebt das Gericht den Vollzug einer Strafe ganz oder teilweise auf, so bestimmt es dem Verurteilten eine Probezeit von zwei bis fünf Jahren.
^{2} Für die Dauer der Probezeit kann das Gericht Bewährungshilfe anordnen und Weisungen erteilen.
^{3} Das Gericht erklärt dem Verurteilten die Bedeutung und die Folgen der bedingten und der teilbedingten Strafe.

Art. 45 Bewährung
Hat sich der Verurteilte bis zum Ablauf der Probezeit bewährt, so wird die aufgeschobene Strafe nicht mehr vollzogen.

Art. 46 Nichtbewährung
^{1} Begeht der Verurteilte während der Probezeit ein Verbrechen oder Vergehen und ist deshalb zu erwarten, dass er weitere Straftaten verüben wird, so widerruft das Gericht die bedingte Strafe oder den bedingten Teil der Strafe. (…)
^{2} Ist nicht zu erwarten, dass der Verurteilte weitere Straftaten begehen wird, so verzichtet das Gericht auf einen Widerruf. Es kann den Verurteilten verwarnen oder die Probezeit um höchstens die Hälfte der im Urteil festgesetzten Dauer verlängern. Für die Dauer der verlängerten Probezeit kann das Gericht Bewährungshilfe anordnen und Weisungen erteilen. (…).

Die Strafzumessung

Art. 47 Grundsatz
^{1} Das Gericht misst die Strafe nach dem Verschulden des Täters zu. Es berücksichtigt das Vorleben und die persönlichen Verhältnisse sowie die Wirkung der Strafe auf das Leben des Täters.
^{2} Das Verschulden wird nach der Schwere der Verletzung oder Gefährdung des betroffenen Rechtsguts, nach der Verwerflichkeit des Handelns, den Beweggründen und Zielen des Täters sowie danach bestimmt, wie weit der Täter nach den inneren und äusseren Umständen in der Lage war, die Gefährdung oder Verletzung zu vermeiden.

Therapeutische Massnahmen und Verwahrung

Art. 56 Grundsätze
^{1} Eine Massnahme ist anzuordnen, wenn:
a. eine Strafe allein nicht geeignet ist, der Gefahr weiterer Straftaten des Täters zu begegnen;
b. ein Behandlungsbedürfnis des Täters besteht oder die öffentliche Sicherheit dies erfordert. (…)

Art. 59 Stationäre therapeutische Massnahmen
   Behandlung von psychischen Störungen
^{1} Ist der Täter psychisch schwer gestört, so kann das Gericht eine stationäre Behandlung anordnen, wenn:
a. der Täter ein Verbrechen oder Vergehen begangen hat, das mit seiner psychischen Störung in Zusammenhang steht; und
b. zu erwarten ist, dadurch lasse sich der Gefahr weiterer mit seiner psychischen Störung in Zusammenhang stehender Taten begegnen.
^{2} Die stationäre Behandlung erfolgt in einer geeigneten psychiatrischen Einrichtung oder einer Massnahmevollzugseinrichtung.

Art. 60 Suchtbehandlung
^{1} Ist der Täter von Suchtstoffen oder in anderer Weise abhängig, so kann das Gericht eine stationäre Behandlung anordnen, wenn:
a. der Täter ein Verbrechen oder Vergehen begangen hat, das mit seiner Abhängigkeit in Zusammenhang steht; und
b. zu erwarten ist, dadurch lasse sich der Gefahr weiterer mit der Abhängigkeit in Zusammenhang stehender Taten begegnen.
^{2} Das Gericht trägt dem Behandlungsgesuch und der Behandlungsbereitschaft des Täters Rechnung.
^{3} Die Behandlung erfolgt in einer spezialisierten Einrichtung oder, wenn nötig, in einer psychiatrischen Klinik. Sie ist den besonderen Bedürfnissen des Täters und seiner Entwicklung anzupassen.

Art. 63 Ambulante Behandlung
¹ Ist der Täter psychisch schwer gestört, ist er von Suchtstoffen oder in anderer Weise abhängig, so kann das Gericht anordnen, dass er nicht stationär, sondern ambulant behandelt wird, wenn:
a. der Täter eine mit Strafe bedrohte Tat verübt, die mit seinem Zustand in Zusammenhang steht; und
b. zu erwarten ist, dadurch lasse sich der Gefahr weiterer mit dem Zustand des Täters in Zusammenhang stehender Taten begegnen.
² Das Gericht kann den Vollzug einer zugleich ausgesprochenen unbedingten Freiheitsstrafe, einer durch Widerruf vollziehbar erklärten Freiheitsstrafe sowie einer durch Rückversetzung vollziehbar gewordenen Reststrafe zu Gunsten einer ambulanten Behandlung aufschieben, um der Art der Behandlung Rechnung zu tragen. Es kann für die Dauer der Behandlung Bewährungshilfe anordnen und Weisungen erteilen.

Art. 63b Vollzug der aufgeschobenen Freiheitsstrafe
¹ Ist die ambulante Behandlung erfolgreich abgeschlossen, so wird die aufgeschobene Freiheitsstrafe nicht mehr vollzogen.
² Wird die ambulante Behandlung wegen Aussichtslosigkeit (…), Erreichen der gesetzlichen Höchstdauer (…) oder Erfolglosigkeit (…) aufgehoben, so ist die aufgeschobene Freiheitsstrafe zu vollziehen.

Art. 64 Verwahrung
¹ Das Gericht ordnet die Verwahrung an, wenn der Täter einen Mord, eine vorsätzliche Tötung, eine schwere Körperverletzung, eine Vergewaltigung, einen Raub, eine Geiselnahme, eine Brandstiftung, eine Gefährdung des Lebens oder eine andere mit einer Höchststrafe von fünf oder mehr Jahren bedrohte Tat begangen hat, durch die er die physische, psychische oder sexuelle Integrität einer andern Person schwer beeinträchtigt hat oder beeinträchtigen wollte, und wenn:
a. auf Grund der Persönlichkeitsmerkmale des Täters, der Tatumstände und seiner gesamten Lebensumstände ernsthaft zu erwarten ist, dass er weitere Taten dieser Art begeht; oder
b. auf Grund einer anhaltenden oder lang dauernden psychischen Störung von erheblicher Schwere, mit der die Tat in Zusammenhang stand, ernsthaft zu erwarten ist, dass der Täter weitere Taten dieser Art begeht und die Anordnung einer Massnahme nach Artikel 59 keinen Erfolg verspricht.
¹ᵇⁱˢ Das Gericht ordnet die lebenslängliche Verwahrung an, wenn der Täter einen Mord, eine vorsätzliche Tötung, eine schwere Körperverletzung, einen Raub, eine Vergewaltigung, eine sexuelle Nötigung, eine Freiheitsberaubung oder Entführung, eine Geiselnahme, Menschenhandel, Völkermord, ein Verbrechen gegen die Menschlichkeit oder ein Kriegsverbrechen (...) begangen hat und wenn die folgenden Voraussetzungen erfüllt sind:
a. Der Täter hat mit dem Verbrechen die physische, psychische oder sexuelle Integrität einer anderen Person besonders schwer beeinträchtigt oder beeinträchtigen wollen.
b. Beim Täter besteht eine sehr hohe Wahrscheinlichkeit, dass er erneut eines dieser Verbrechen begeht.
c. Der Täter wird als dauerhaft nicht therapierbar eingestuft, weil die Behandlung langfristig keinen Erfolg verspricht.
² Der Vollzug der Freiheitsstrafe geht der Verwahrung voraus. Die Bestimmungen über die bedingte Entlassung aus der Freiheitsstrafe (…) sind nicht anwendbar.
³ Ist schon während des Vollzugs der Freiheitsstrafe zu erwarten, dass der Täter sich in Freiheit bewährt, so verfügt das Gericht die bedingte Entlassung aus der Freiheitsstrafe frühestens auf den Zeitpunkt hin, an welchem der Täter zwei Drittel der Freiheitsstrafe oder 15 Jahre der lebenslänglichen Freiheitsstrafe verbüsst hat. (…)

Andere Massnahmen

Art. 69 Einziehung: Sicherheitseinziehung
¹ Das Gericht verfügt ohne Rücksicht auf die Strafbarkeit einer bestimmten Person die Einziehung von Gegenständen, die zur Begehung einer Straftat gedient haben oder bestimmt waren oder die durch eine Straftat hervorgebracht worden sind, wenn diese Gegenstände die Sicherheit von Menschen, die Sittlichkeit oder die öffentliche Ordnung gefährden.
² Das Gericht kann anordnen, dass die eingezogenen Gegenstände unbrauchbar gemacht oder vernichtet werden.

Zweiter Teil: Übertretungen

Art. 103 Begriff
Übertretungen sind Taten, die mit Busse bedroht sind.

Art. 106 Busse
¹ Bestimmt es das Gesetz nicht anders, so ist der Höchstbetrag der Busse 10 000 Franken.
² Der Richter spricht im Urteil für den Fall, dass die Busse schuldhaft nicht bezahlt wird, eine Ersatzfreiheitsstrafe von mindestens einem Tag und höchstens drei Monaten aus.
³ Das Gericht bemisst Busse und Ersatzfreiheitsstrafe je nach den Verhältnissen des Täters so, dass dieser die Strafe erleidet, die seinem Verschulden angemessen ist.

Art. 107 Gemeinnützige Arbeit
¹ Das Gericht kann mit Zustimmung des Täters an Stelle der ausgesprochenen Busse gemeinnützige Arbeit bis zu 360 Stunden anordnen.
² Die Vollzugsbehörde bestimmt eine Frist von höchstens einem Jahr, innerhalb der die gemeinnützige Arbeit zu leisten ist.
³ Leistet der Verurteilte die gemeinnützige Arbeit trotz Mahnung nicht, so ordnet das Gericht die Vollstreckung der Busse an.

Zweites Buch: Besondere Bestimmungen
Strafbare Handlungen gegen Leib und Leben

Art. 111 Vorsätzliche Tötung
Wer vorsätzlich einen Menschen tötet, ohne dass eine der besondern Voraussetzungen der nachfolgenden Artikel zutrifft, wird mit Freiheitsstrafe nicht unter fünf Jahren bestraft.

Art. 112 Mord
Handelt der Täter besonders skrupellos, sind namentlich sein Beweggrund, der Zweck der Tat oder die Art

der Ausführung besonders verwerflich, so ist die Strafe lebenslängliche Freiheitsstrafe oder Freiheitsstrafe nicht unter zehn Jahren.

Art. 113 Totschlag
Handelt der Täter in einer nach den Umständen entschuldbaren heftigen Gemütsbewegung oder unter grosser seelischer Belastung, so ist die Strafe Freiheitsstrafe von einem Jahr bis zu zehn Jahren.

Art. 117 Fahrlässige Tötung
Wer fahrlässig den Tod eines Menschen verursacht, wird mit Freiheitsstrafe bis zu drei Jahren oder Geldstrafe bestraft.

Art. 122 Schwere Körperverletzung
Wer vorsätzlich einen Menschen lebensgefährlich verletzt,

wer vorsätzlich den Körper, ein wichtiges Organ oder Glied eines Menschen verstümmelt oder ein wichtiges Organ oder Glied unbrauchbar macht, einen Menschen bleibend arbeitsunfähig, gebrechlich oder geisteskrank macht, das Gesicht eines Menschen arg und bleibend entstellt,

wer vorsätzlich eine andere schwere Schädigung des Körpers oder der körperlichen oder geistigen Gesundheit eines Menschen verursacht,

wird mit Freiheitsstrafe bis zu zehn Jahren oder Geldstrafe nicht unter 180 Tagessätzen bestraft.

Art. 125 Fahrlässige Körperverletzung
[1] Wer fahrlässig einen Menschen am Körper oder an der Gesundheit schädigt, wird, auf Antrag, mit Freiheitsstrafe bis zu drei Jahren oder Geldstrafe bestraft.

[2] Ist die Schädigung schwer, so wird der Täter von Amtes wegen verfolgt.

Strafbare Handlungen gegen das Vermögen

Art. 139 Diebstahl
1. Wer jemandem eine fremde bewegliche Sache zur Aneignung wegnimmt, um sich oder einen andern damit unrechtmässig zu bereichern, wird mit Freiheitsstrafe bis zu fünf Jahren oder Geldstrafe bestraft.

2. Der Dieb wird mit Freiheitsstrafe bis zu zehn Jahren oder Geldstrafe nicht unter 90 Tagessätzen bestraft, wenn er gewerbsmässig stiehlt.

3. Der Dieb wird mit Freiheitsstrafe bis zu zehn Jahren oder Geldstrafe nicht unter 180 Tagessätzen bestraft,

wenn er den Diebstahl als Mitglied einer Bande ausführt, die sich zur fortgesetzten Verübung von Raub oder Diebstahl zusammengefunden hat,

wenn er zum Zweck des Diebstahls eine Schusswaffe oder eine andere gefährliche Waffe mit sich führt oder wenn er sonst wie durch die Art, wie er den Diebstahl begeht, seine besondere Gefährlichkeit offenbart.

4. Der Diebstahl zum Nachteil eines Angehörigen oder Familiengenossen wird nur auf Antrag verfolgt.

Art. 146 Betrug
[1] Wer in der Absicht, sich oder einen andern unrechtmässig zu bereichern, jemanden durch Vorspiegelung oder Unterdrückung von Tatsachen arglistig irreführt oder ihn in einem Irrtum arglistig bestärkt und so den Irrenden zu einem Verhalten bestimmt, wodurch dieser sich selbst oder einen andern am Vermögen schädigt, wird mit Freiheitsstrafe bis zu fünf Jahren oder Geldstrafe bestraft.

[2] Handelt der Täter gewerbsmässig, so wird er mit Freiheitsstrafe bis zu zehn Jahren oder Geldstrafe nicht unter 90 Tagessätzen bestraft.

[3] Der Betrug zum Nachteil eines Angehörigen oder Familiengenossen wird nur auf Antrag verfolgt.

Strafbare Handlungen gegen die sexuelle Integrität

Art. 187 Sexuelle Handlungen mit Kindern
1. Wer mit einem Kind unter 16 Jahren eine sexuelle Handlung vornimmt, es zu einer solchen Handlung verleitet oder es in eine sexuelle Handlung einbezieht, wird mit Freiheitsstrafe bis zu fünf Jahren oder Geldstrafe bestraft.

2. Die Handlung ist nicht strafbar, wenn der Altersunterschied zwischen den Beteiligten nicht mehr als drei Jahre beträgt.

3. Hat der Täter zur Zeit der Tat das 20. Altersjahr noch nicht zurückgelegt und liegen besondere Umstände vor oder ist die verletzte Person mit ihm die Ehe oder eine eingetragene Partnerschaft eingegangen, so kann die zuständige Behörde von der Strafverfolgung, der Überweisung an das Gericht oder der Bestrafung absehen.

4. Handelte der Täter in der irrigen Vorstellung, das Kind sei mindestens 16 Jahre alt, hätte er jedoch bei pflichtgemässer Vorsicht den Irrtum vermeiden können, so ist die Strafe Freiheitsstrafe bis zu drei Jahren oder Geldstrafe.

Art. 188 Sexuelle Handlungen mit Abhängigen
1. Wer mit einer unmündigen Person von mehr als 16 Jahren, die von ihm durch ein Erziehungs-, Betreuungs- oder Arbeitsverhältnis oder auf andere Weise abhängig ist, eine sexuelle Handlung vornimmt, indem er diese Abhängigkeit ausnützt, wer eine solche Person unter Ausnützung ihrer Abhängigkeit zu einer sexuellen Handlung verleitet, wird mit Freiheitsstrafe bis zu drei Jahren oder Geldstrafe bestraft. (…)

Art. 189 Sexuelle Nötigung
[1] Wer eine Person zur Duldung einer beischlafsähnlichen oder einer anderen sexuellen Handlung nötigt, namentlich indem er sie bedroht, Gewalt anwendet, sie unter psychischen Druck setzt oder zum Widerstand unfähig macht, wird mit Freiheitsstrafe bis zu zehn Jahren oder Geldstrafe bestraft.
[2] …aufgehoben

[3] Handelt der Täter grausam, verwendet er namentlich eine gefährliche Waffe oder einen anderen gefährlichen Gegenstand, so ist die Strafe Freiheitsstrafe nicht unter drei Jahren.

Art. 190 Vergewaltigung
[1] Wer eine Person weiblichen Geschlechts zur Duldung des Beischlafs nötigt, namentlich indem er sie bedroht, Gewalt anwendet, sie unter psychischen Druck setzt oder zum Widerstand unfähig macht, wird mit Freiheitsstrafe von einem Jahr bis zu zehn Jahren bestraft.
[2] aufgehoben

[3] Handelt der Täter grausam, verwendet er namentlich eine gefährliche Waffe oder einen anderen gefährlichen

Gegenstand, so ist die Strafe Freiheitsstrafe nicht unter drei Jahren.

Art. 197 Pornografie
1. Wer pornografische Schriften, Ton- oder Bildaufnahmen, Abbildungen, andere Gegenstände solcher Art oder pornografische Vorführungen einer Person unter 16 Jahren anbietet, zeigt, überlässt, zugänglich macht oder durch Radio oder Fernsehen verbreitet, wird mit Freiheitsstrafe bis zu drei Jahren oder Geldstrafe bestraft.
2. Wer Gegenstände oder Vorführungen im Sinne von Ziffer 1 öffentlich ausstellt oder zeigt oder sie sonst jemandem unaufgefordert anbietet, wird mit Busse bestraft.
Wer die Besucher von Ausstellungen oder Vorführungen in geschlossenen Räumen im Voraus auf deren pornografischen Charakter hinweist, bleibt straflos.
3. Wer Gegenstände oder Vorführungen im Sinne von Ziffer 1, die sexuelle Handlungen mit Kindern oder mit Tieren, menschlichen Ausscheidungen oder Gewalttätigkeiten zum Inhalt haben, herstellt, einführt, lagert, in Verkehr bringt, anpreist, ausstellt, anbietet, zeigt, überlässt oder zugänglich macht, wird mit Freiheitsstrafe bis zu drei Jahren oder Geldstrafe bestraft. Die Gegenstände werden eingezogen.
3bis. Mit Freiheitsstrafe bis zu einem Jahr oder mit Geldstrafe wird bestraft, wer Gegenstände oder Vorführungen im Sinne von Ziffer 1, die sexuelle Handlungen mit Kindern oder Tieren oder sexuelle Handlungen mit Gewalttätigkeiten zum Inhalt haben, erwirbt, sich über elektronische Mittel oder sonst wie beschafft oder besitzt. Die Gegenstände werden eingezogen. (...)

Art. 198 Sexuelle Belästigungen
Wer vor jemandem, der dies nicht erwartet, eine sexuelle Handlung vornimmt und dadurch Ärgernis erregt, wer jemanden tätlich oder in grober Weise durch Worte sexuell belästigt, wird, auf Antrag, mit Busse bestraft.

Art. 200 Gemeinsame Begehung
Wird eine strafbare Handlung dieses Titels gemeinsam von mehreren Personen ausgeführt, so kann der Richter die Strafe erhöhen, darf jedoch das höchste Mass der angedrohten Strafe nicht um mehr als die Hälfte überschreiten. Dabei ist er an das gesetzliche Höchstmass der Strafart gebunden.

Verbrechen und Vergehen gegen den öffentlichen Frieden

Art. 261bis Rassendiskriminierung
Wer öffentlich gegen eine Person oder eine Gruppe von Personen wegen ihrer Rasse, Ethnie oder Religion zu Hass oder Diskriminierung aufruft,
wer öffentlich Ideologien verbreitet, die auf die systematische Herabsetzung oder Verleumdung der Angehörigen einer Rasse, Ethnie oder Religion gerichtet sind,
wer mit dem gleichen Ziel Propagandaaktionen organisiert, fördert oder daran teilnimmt,
wer öffentlich durch Wort, Schrift, Bild, Gebärden, Tätlichkeiten oder in anderer Weise eine Person oder eine Gruppe von Personen wegen ihrer Rasse, Ethnie oder Religion in einer gegen die Menschenwürde verstossenden Weise herabsetzt oder diskriminiert oder aus einem dieser Gründe Völkermord oder andere Verbrechen gegen die Menschlichkeit leugnet, gröblich verharmlost oder zu rechtfertigen sucht,
wer eine von ihm angebotene Leistung, die für die Allgemeinheit bestimmt ist, einer Person oder einer Gruppe von Personen wegen ihrer Rasse, Ethnie oder Religion verweigert,
wird mit Freiheitsstrafe bis zu drei Jahren oder Geldstrafe bestraft.

Verbrechen und Vergehen gegen die Rechtspflege

Art. 303 Falsche Anschuldigung
1. Wer einen Nichtschuldigen wider besseres Wissen bei der Behörde eines Verbrechens oder eines Vergehens beschuldigt, in der Absicht, eine Strafverfolgung gegen ihn herbeizuführen,
wer in anderer Weise arglistige Veranstaltungen trifft, in der Absicht, eine Strafverfolgung gegen einen Nichtschuldigen herbeizuführen,
wird mit Freiheitsstrafe oder Geldstrafe bestraft.
2. Betrifft die falsche Anschuldigung eine Übertretung, so ist die Strafe Freiheitsstrafe bis zu drei Jahren oder Geldstrafe.

Art. 307 Falsches Zeugnis. Falsches Gutachten. Falsche Übersetzung
[1] Wer in einem gerichtlichen Verfahren als Zeuge, Sachverständiger, Übersetzer oder Dolmetscher zur Sache falsch aussagt, einen falschen Befund oder ein falsches Gutachten abgibt oder falsch übersetzt, wird mit Freiheitsstrafe bis zu fünf Jahren oder Geldstrafe bestraft. (...)

Drittes Buch: Einführung und Anwendung des Gesetzes

Art. 333 Anwendung des Allgemeinen Teils auf andere Bundesgesetze
[1] Die allgemeinen Bestimmungen dieses Gesetzes finden auf Taten, die in andern Bundesgesetzen mit Strafe bedroht sind, insoweit Anwendung, als diese Bundesgesetze nicht selbst Bestimmungen aufstellen.
[2] In den anderen Bundesgesetzen werden ersetzt:
a. Zuchthaus durch Freiheitsstrafe von mehr als einem Jahr;
b. Gefängnis durch Freiheitsstrafe bis zu drei Jahren oder Geldstrafe;
c. Gefängnis unter sechs Monaten durch Geldstrafe, wobei einem Monat Freiheitsstrafe 30 Tagessätze Geldstrafe zu höchstens 3000 Franken entsprechen. (...)

Bundesgesetz über das Jugendstrafrecht (Jugendstrafgesetz, JStG) 311.1

Grundsätze und Geltungsbereich

Art. 1 Gegenstand und Verhältnis zum Strafgesetzbuch
¹ Dieses Gesetz:
a. regelt die Sanktionen, welche gegenüber Personen zur Anwendung kommen, die vor Vollendung des 18. Altersjahres eine nach dem Strafgesetzbuch (StGB) oder einem andern Bundesgesetz mit Strafe bedrohte Tat begangen haben; (…)

Art. 2 Grundsätze
¹ Wegleitend für die Anwendung dieses Gesetzes sind der Schutz und die Erziehung des Jugendlichen.
² Den Lebens- und Familienverhältnissen des Jugendlichen sowie der Entwicklung seiner Persönlichkeit ist besondere Beachtung zu schenken.

Art. 3 Persönlicher Geltungsbereich
¹ Dieses Gesetz gilt für Personen, die zwischen dem vollendeten 10. und dem vollendeten 18. Altersjahr eine mit Strafe bedrohte Tat begangen haben. (…)

Art. 4 Taten vor dem 10. Altersjahr
Stellt die zuständige Behörde im Laufe eines Verfahrens fest, dass eine Tat von einem Kind unter zehn Jahren begangen worden ist, so benachrichtigt sie die gesetzlichen Vertreter des Kindes. Liegen Anzeichen dafür vor, dass das Kind besondere Hilfe benötigt, so ist auch die Vormundschaftsbehörde oder die durch das kantonale Recht bezeichnete Fachstelle für Jugendhilfe zu benachrichtigen.

Untersuchung

Art. 5 Vorsorgliche Anordnung von Schutzmassnahmen
Während der Untersuchung kann die zuständige Behörde vorsorglich die Schutzmassnahmen nach den Artikeln 12–15 anordnen.

Art. 9 Abklärung der persönlichen Verhältnisse, Beobachtung und Begutachtung
¹ Soweit dies für den Entscheid über die Anordnung einer Schutzmassnahme oder Strafe erforderlich ist, klärt die zuständige Behörde die persönlichen Verhältnisse des Jugendlichen ab, namentlich in Bezug auf Familie, Erziehung, Schule und Beruf. Zu diesem Zweck kann sie auch eine ambulante oder stationäre Beobachtung anordnen. (…)

Schutzmassnahmen und Strafen

Allgemeine Voraussetzungen

Art. 10 Anordnung der Schutzmassnahmen
¹ Hat der Jugendliche eine mit Strafe bedrohte Tat begangen und ergibt die Abklärung, dass er einer besonderen erzieherischen Betreuung oder therapeutischen Behandlung bedarf, so ordnet die urteilende Behörde die nach den Umständen erforderlichen Schutzmassnahmen an, unabhängig davon, ob er schuldhaft gehandelt hat. (…)

Art. 11 Anordnung der Strafen
¹ Hat der Jugendliche schuldhaft gehandelt, so verhängt die urteilende Behörde zusätzlich zu einer Schutzmassnahme oder als einzige Rechtsfolge eine Strafe. (…)
² Schuldhaft handeln kann nur der Jugendliche, der fähig ist, das Unrecht seiner Tat einzusehen und nach dieser Einsicht zu handeln.

Schutzmassnahmen

Art. 12 Aufsicht
¹ Besteht Aussicht darauf, dass die Inhaber der elterlichen Sorge oder die Pflegeeltern die erforderlichen Vorkehrungen treffen, um eine geeignete erzieherische Betreuung oder therapeutische Behandlung des Jugendlichen sicherzustellen, so bestimmt die urteilende Behörde eine geeignete Person oder Stelle, der Einblick und Auskunft zu geben ist. Die urteilende Behörde kann den Eltern Weisungen erteilen.

Art. 13 Persönliche Betreuung
¹ Genügt eine Aufsicht nach Artikel 12 nicht, so bestimmt die urteilende Behörde eine geeignete Person, welche die Eltern in ihrer Erziehungsaufgabe unterstützt und den Jugendlichen persönlich betreut.
² Die urteilende Behörde kann der mit der Betreuung betrauten Person bestimmte Befugnisse bezüglich der Erziehung, Behandlung und Ausbildung des Jugendlichen übertragen und die elterliche Sorge entsprechend beschränken. Sie kann sie in Abweichung von Artikel 323 Absatz 1 des Zivilgesetzbuches (ZGB) auch mit der Verwaltung des Erwerbseinkommens des Jugendlichen beauftragen. (…)

Art. 14 Ambulante Behandlung
¹ Leidet der Jugendliche unter psychischen Störungen, ist er in seiner Persönlichkeitsentwicklung beeinträchtigt oder ist er von Suchtstoffen oder in anderer Weise abhängig, so kann die urteilende Behörde anordnen, dass er ambulant behandelt wird.
² Die ambulante Behandlung kann mit der Aufsicht (Art. 12) oder der persönlichen Betreuung (Art. 13) oder der Unterbringung in einer Erziehungseinrichtung (Art. 15 Abs. 1) verbunden werden.

Art. 15 Unterbringung Inhalt und Voraussetzungen
¹ Kann die notwendige Erziehung und Behandlung des Jugendlichen nicht anders sichergestellt werden, so ordnet die urteilende Behörde die Unterbringung an. Diese erfolgt namentlich bei Privatpersonen oder in Erziehungs- oder Behandlungseinrichtungen, die in der Lage sind, die erforderliche erzieherische oder therapeutische Hilfe zu leisten.
² Die urteilende Behörde darf die Unterbringung in einer geschlossenen Einrichtung nur anordnen, wenn sie:
a. für den persönlichen Schutz oder für die Behandlung der psychischen Störung des Jugendlichen unumgänglich ist; oder
b. für den Schutz Dritter vor schwer wiegender Gefährdung durch den Jugendlichen notwendig ist. (…)

StGB

Art. 19 Beendigung der Massnahmen
¹ Die Vollzugsbehörde prüft jährlich, ob und wann die Massnahme aufgehoben werden kann. Sie hebt sie auf, wenn ihr Zweck erreicht ist oder feststeht, dass sie keine erzieherischen oder therapeutischen Wirkungen mehr entfaltet.
² Alle Massnahmen enden mit Vollendung des 22. Altersjahres. (…)

Strafen

Art. 22 Verweis
¹ Die urteilende Behörde spricht den Jugendlichen schuldig und erteilt ihm einen Verweis, wenn dies voraussichtlich genügt, um den Jugendlichen von weiteren Straftaten abzuhalten. Der Verweis besteht in einer förmlichen Missbilligung der Tat.
² Die urteilende Behörde kann dem Jugendlichen zusätzlich eine Probezeit von sechs Monaten bis zu zwei Jahren und damit verbundene Weisungen auferlegen. Begeht der Jugendliche während der Probezeit schuldhaft eine mit Strafe bedrohte Tat oder missachtet er die Weisungen, so kann die urteilende Behörde eine andere Strafe als einen Verweis verhängen.

Art. 23 Persönliche Leistung
¹ Der Jugendliche kann zu einer persönlichen Leistung zu Gunsten von sozialen Einrichtungen, von Werken im öffentlichen Interesse, von hilfsbedürftigen Personen oder des Geschädigten mit deren Zustimmung verpflichtet werden. Die Leistung hat dem Alter und den Fähigkeiten des Jugendlichen zu entsprechen. Sie wird nicht entschädigt.
² Als persönliche Leistung kann auch die Teilnahme an Kursen oder ähnlichen Veranstaltungen angeordnet werden.
³ Die persönliche Leistung dauert höchstens zehn Tage. Für Jugendliche, die zur Zeit der Tat das 15. Altersjahr vollendet und ein Verbrechen oder ein Vergehen begangen haben, kann die persönliche Leistung bis zu einer Dauer von drei Monaten angeordnet und mit der Verpflichtung verbunden werden, sich an einem bestimmten Ort aufzuhalten. (…)
⁴ Wird die Leistung nicht fristgemäss oder mangelhaft erbracht, so ermahnt die vollziehende Behörde den Jugendlichen unter Ansetzung einer letzten Frist. (…)
⁶ Bleibt die Mahnung ohne Erfolg und hat der Jugendliche zur Zeit der Tat das 15. Altersjahr vollendet, so erkennt die urteilende Behörde:
a. an Stelle einer Leistung bis zu zehn Tagen auf Busse;
b. an Stelle einer Leistung über zehn Tagen auf Busse oder Freiheitsentzug; der Freiheitsentzug darf die Dauer der umgewandelten Leistung nicht übersteigen.

Art. 24 Busse
¹ Der Jugendliche, der zur Zeit der Tat das 15. Altersjahr vollendet hat, kann mit Busse bestraft werden. Diese beträgt höchstens 2000 Franken. Sie ist unter Berücksichtigung der persönlichen Verhältnisse des Jugendlichen festzusetzen.
² Die Vollzugsbehörde bestimmt die Zahlungsfrist; sie kann Erstreckungen und Teilzahlungen gewähren.
³ Auf Gesuch des Jugendlichen kann die Vollzugsbehörde die Busse ganz oder teilweise in eine persönliche Leistung umwandeln, ausser wenn die Busse an Stelle einer nicht erbrachten persönlichen Leistung ausgesprochen wurde.

Art. 25 Freiheitsentzug Inhalt und Voraussetzungen
¹ Der Jugendliche, der nach Vollendung des 15. Altersjahres ein Verbrechen oder ein Vergehen begangen hat, kann mit Freiheitsentzug von einem Tag bis zu einem Jahr bestraft werden.
² Der Jugendliche, der zur Zeit der Tat das 16. Altersjahr vollendet hat, wird mit Freiheitsentzug bis zu vier Jahren bestraft, wenn er:
a. ein Verbrechen begangen hat, das nach dem für Erwachsene anwendbaren Recht mit Freiheitsstrafe nicht unter drei Jahren bedroht ist; (…)

Art. 26 Umwandlung in persönliche Leistung
Auf Gesuch des Jugendlichen kann die urteilende Behörde einen Freiheitsentzug bis zu drei Monaten in eine persönliche Leistung von gleicher Dauer umwandeln, ausser wenn der Freiheitsentzug an Stelle nicht erbrachter persönlicher Leistungen ausgesprochen wurde. Die Umwandlung kann sofort für die ganze Dauer oder nachträglich für den Rest des Freiheitsentzuges angeordnet werden.

Art. 27 Vollzug
² Der Freiheitsentzug ist in einer Einrichtung für Jugendliche zu vollziehen, in der jeder Jugendliche entsprechend seiner Persönlichkeit erzieherisch betreut und insbesondere auf die soziale Eingliederung nach der Entlassung vorbereitet wird.
³ Die Einrichtung muss geeignet sein, die Persönlichkeitsentwicklung des Jugendlichen zu fördern. Ist ein Schulbesuch, eine Lehre oder eine Erwerbstätigkeit ausserhalb der Einrichtung nicht möglich, so ist dem Jugendlichen in der Einrichtung selbst der Beginn, die Fortsetzung und der Abschluss einer Ausbildung oder eine Erwerbstätigkeit zu ermöglichen.
⁴ Eine therapeutische Behandlung ist sicherzustellen, sofern der Jugendliche ihrer bedarf und für sie zugänglich ist.
⁵ Dauert der Freiheitsentzug länger als ein Monat, so begleitet eine geeignete, von der Einrichtung unabhängige Person den Jugendlichen und hilft ihm, seine Interessen wahrzunehmen.
⁶ Für den Vollzug von Strafen können private Einrichtungen beigezogen werden.

Art. 28 Bedingte Entlassung aus dem Freiheitsentzug : Gewährung
¹ Hat der Jugendliche die Hälfte, mindestens aber zwei Wochen des Freiheitsentzugs verbüsst, so kann ihn die Vollzugsbehörde bedingt entlassen, wenn nicht anzunehmen ist, er werde weitere Verbrechen oder Vergehen begehen.

Art. 29 Probezeit
¹ Die Vollzugsbehörde auferlegt dem bedingt entlassenen Jugendlichen eine Probezeit, deren Dauer dem Strafrest entspricht, jedoch mindestens sechs Monate und höchstens zwei Jahre beträgt. (…)

Art. 30 Bewährung
Hat sich der bedingt entlassene Jugendliche bis zum Ablauf der Probezeit bewährt, so ist er endgültig entlassen.

Strassenverkehrsgesetz (SVG)   SR 741.01

Fahrzeuge und Fahrzeugführer

Art. 14 Lernfahr- und Führerausweis
¹ Der Führerausweis wird erteilt, wenn die amtliche Prüfung ergeben hat, dass der Bewerber die Verkehrsregeln kennt und Fahrzeuge der Kategorie, für die der Ausweis gilt, sicher zu führen versteht. Motorradfahrer sind vor Erteilung des Lernfahrausweises über die Verkehrsregeln zu prüfen.

² Lernfahr- und Führerausweis dürfen nicht erteilt werden, wenn der Bewerber
a. das vom Bundesrat festgesetzte Mindestalter noch nicht erreicht hat;
b. nicht über eine körperliche und geistige Leistungsfähigkeit verfügt, die zum sicheren Führen von Motorfahrzeugen ausreicht;
c. an einer die Fahreignung ausschliessenden Sucht leidet;
d. nach seinem bisherigen Verhalten nicht Gewähr bietet, dass er als Motorfahrzeugführer die Vorschriften beachten und auf die Mitmenschen Rücksicht nehmen würde.

²ᵇⁱˢ Wer ein Motorfahrzeug geführt hat, ohne einen Führerausweis zu besitzen, erhält während mindestens sechs Monaten nach der Widerhandlung weder Lernfahr- noch Führerausweis. Erreicht die Person das Mindestalter erst nach der Widerhandlung, so beginnt die Sperrfrist ab diesem Zeitpunkt.

³ Bestehen Bedenken über die Eignung eines Führers, so ist er einer neuen Prüfung zu unterwerfen.

⁴ Jeder Arzt kann Personen, die wegen körperlicher oder geistiger Krankheiten oder Gebrechen oder wegen Süchten zur sicheren Führung von Motorfahrzeugen nicht fähig sind, der Aufsichtsbehörde für Ärzte und der für Erteilung und Entzug des Führerausweises zuständigen Behörde melden.

Art. 16 Entzug der Ausweise
¹ Ausweise und Bewilligungen sind zu entziehen, wenn festgestellt wird, dass die gesetzlichen Voraussetzungen zur Erteilung nicht oder nicht mehr bestehen; sie können entzogen werden, wenn die mit der Erteilung im Einzelfall verbundenen Beschränkungen oder Auflagen missachtet werden.

² Nach Widerhandlungen gegen die Strassenverkehrsvorschriften, bei denen das Verfahren nach dem Ordnungsbussengesetz (...) ausgeschlossen ist, wird der Lernfahr- oder Führerausweis entzogen oder eine Verwarnung ausgesprochen.

³ Bei der Festsetzung der Dauer des Lernfahr- oder Führerausweisentzugs sind die Umstände des Einzelfalls zu berücksichtigen, namentlich die Gefährdung der Verkehrssicherheit, das Verschulden, der Leumund als Motorfahrzeugführer sowie die berufliche Notwendigkeit, ein Motorfahrzeug zu führen. Die Mindestentzugsdauer darf jedoch nicht unterschritten werden.

⁴ Der Fahrzeugausweis kann auf angemessene Dauer entzogen werden:
a. wenn Ausweis oder Kontrollschilder missbräuchlich verwendet wurden;
b. solange die Verkehrssteuern oder -gebühren für Fahrzeuge desselben Halters nicht entrichtet sind. (..)

Art. 16a Verwarnung oder Führerausweisentzug nach einer leichten Widerhandlung
¹ Eine leichte Widerhandlung begeht, wer:
a. durch Verletzung von Verkehrsregeln eine geringe Gefahr für die Sicherheit anderer hervorruft und ihn dabei nur ein leichtes Verschulden trifft;
b. in angetrunkenem Zustand, jedoch nicht mit einer qualifizierten Blutalkoholkonzentration (Art. 55 Abs. 6) ein Motorfahrzeug lenkt und dabei keine anderen Widerhandlungen gegen die Strassenverkehrsvorschriften begeht.

² Nach einer leichten Widerhandlung wird der Lernfahr- oder Führerausweis für mindestens einen Monat entzogen, wenn in den vorangegangenen zwei Jahren der Ausweis entzogen war oder eine andere Administrativmassnahme verfügt wurde.

³ Die fehlbare Person wird verwarnt, wenn in den vorangegangenen zwei Jahren der Ausweis nicht entzogen war und keine andere Administrativmassnahme verfügt wurde.

⁴ In besonders leichten Fällen wird auf jegliche Massnahme verzichtet.

Art. 16b Führerausweisentzug nach einer mittelschweren Widerhandlung
¹ Eine mittelschwere Widerhandlung begeht, wer:
a. durch Verletzung von Verkehrsregeln eine Gefahr für die Sicherheit anderer hervorruft oder in Kauf nimmt;
b. in angetrunkenem Zustand, jedoch mit einer nicht qualifizierten Blutalkoholkonzentration (Art. 55 Abs. 6) ein Motorfahrzeug lenkt und dabei zusätzlich eine leichte Widerhandlung gegen die Strassenverkehrsvorschriften begeht;
c. ein Motorfahrzeug führt, ohne den Führerausweis für die entsprechende Kategorie zu besitzen;
d. ein Motorfahrzeug zum Gebrauch entwendet hat.

² Nach einer mittelschweren Widerhandlung wird der Lernfahr- oder Führerausweis entzogen für:
a. mindestens einen Monat;
b. mindestens vier Monate, wenn in den vorangegangenen zwei Jahren der Ausweis einmal wegen einer schweren oder mittelschweren Widerhandlung entzogen war;
c. mindestens neun Monate, wenn in den vorangegangenen zwei Jahren der Ausweis zweimal wegen mindestens mittelschweren Widerhandlungen entzogen war;
d. mindestens 15 Monate, wenn in den vorangegangenen zwei Jahren der Ausweis zweimal wegen schweren Widerhandlungen entzogen war;
e. unbestimmte Zeit, mindestens aber für zwei Jahre, wenn in den vorangegangenen zehn Jahren der Ausweis dreimal wegen mindestens mittelschweren Widerhandlungen entzogen war; auf diese Massnahme wird verzichtet, wenn die betroffene Person während mindestens fünf Jahren nach Ablauf eines

Ausweisentzugs keine Widerhandlung, für die eine Administrativmassnahme ausgesprochen wurde, begangen hat;
f. immer, wenn in den vorangegangenen fünf Jahren der Ausweis nach Buchstabe e oder Artikel 16c Absatz 2 Buchstabe d entzogen war.

Art. 16c Führerausweisentzug nach einer schweren Widerhandlung

¹ Eine schwere Widerhandlung begeht, wer:
a. durch grobe Verletzung von Verkehrsregeln eine ernstliche Gefahr für die Sicherheit anderer hervorruft oder in Kauf nimmt;
b. in angetrunkenem Zustand mit einer qualifizierten Blutalkoholkonzentration (Art. 55 Abs. 6) ein Motorfahrzeug führt;
c. wegen Betäubungs- oder Arzneimitteleinfluss oder aus anderen Gründen fahrunfähig ist und in diesem Zustand ein Motorfahrzeug führt;
d. sich vorsätzlich einer Blutprobe, einer Atemalkoholprobe oder einer anderen vom Bundesrat geregelten Voruntersuchung, die angeordnet wurde oder mit deren Anordnung gerechnet werden muss, oder einer zusätzlichen ärztlichen Untersuchung widersetzt oder entzieht oder den Zweck dieser Massnahmen vereitelt;
e. nach Verletzung oder Tötung eines Menschen die Flucht ergreift;
f. ein Motorfahrzeug trotz Ausweisentzug führt.

² Nach einer schweren Widerhandlung wird der Lernfahr- oder Führerausweis entzogen für:
a. mindestens drei Monate;
b. mindestens sechs Monate, wenn in den vorangegangenen fünf Jahren der Ausweis einmal wegen einer mittelschweren Widerhandlung entzogen war;
c. mindestens zwölf Monate, wenn in den vorangegangenen fünf Jahren der Ausweis einmal wegen einer schweren Widerhandlung oder zweimal wegen mittelschweren Widerhandlungen entzogen war;
d. unbestimmte Zeit, mindestens aber für zwei Jahre, wenn in den vorangegangenen zehn Jahren der Ausweis zweimal wegen schweren Widerhandlungen oder dreimal wegen mindestens mittelschweren Widerhandlungen entzogen war; auf diese Massnahme wird verzichtet, wenn die betroffene Person während mindestens fünf Jahren nach Ablauf eines Ausweisentzugs keine Widerhandlung, für die eine Administrativmassnahme ausgesprochen wurde, begangen hat;
e. immer, wenn in den vorangegangenen fünf Jahren der Ausweis nach Buchstabe d oder Artikel 16b Absatz 2 Buchstabe e entzogen war.

³ Die Dauer des Ausweisentzugs wegen einer Widerhandlung nach Absatz 1 Buchstabe f tritt an die Stelle der noch verbleibenden Dauer des laufenden Entzugs.

⁴ Hat die betroffene Person trotz eines Entzugs nach Artikel 16d ein Motorfahrzeug geführt, so wird eine Sperrfrist verfügt; diese entspricht der für die Widerhandlung vorgesehenen Mindestentzugsdauer.

Art. 16d Führerausweisentzug wegen fehlender Fahreignung

¹ Der Lernfahr- oder Führerausweis wird einer Person auf unbestimmte Zeit entzogen, wenn:
a. ihre körperliche und geistige Leistungsfähigkeit nicht oder nicht mehr ausreicht, ein Motorfahrzeug sicher zu führen;
b. sie an einer Sucht leidet, welche die Fahreignung ausschliesst;
c. sie auf Grund ihres bisherigen Verhaltens nicht Gewähr bietet, dass sie künftig beim Führen eines Motorfahrzeuges die Vorschriften beachten und auf die Mitmenschen Rücksicht nehmen wird.

² Tritt der Entzug nach Absatz 1 an die Stelle eines Entzugs nach den Artikeln 16a–c, wird damit eine Sperrfrist verbunden, die bis zum Ablauf der für die begangene Widerhandlung vorgesehenen Mindestentzugsdauer läuft.

³ Unverbesserlichen wird der Ausweis für immer entzogen.

Art. 17 Wiedererteilung der Führerausweise

¹ Der auf bestimmte Zeit entzogene Lernfahr- oder Führerausweis kann frühestens drei Monate vor Ablauf der verfügten Entzugsdauer wiedererteilt werden, wenn die betroffene Person an einer von der Behörde anerkannten Nachschulung teilgenommen hat. Die Mindestentzugsdauer darf nicht unterschritten werden.

² Der für mindestens ein Jahr entzogene Lernfahr- oder Führerausweis kann bedingt und unter Auflagen wiedererteilt werden, wenn das Verhalten der betroffenen Person zeigt, dass die Administrativmassnahme ihren Zweck erfüllt hat. Die Mindestentzugsdauer und zwei Drittel der verfügten Entzugsdauer müssen jedoch abgelaufen sein.

³ Der auf unbestimmte Zeit entzogene Lernfahr- oder Führerausweis kann bedingt und unter Auflagen wiedererteilt werden, wenn eine allfällige gesetzliche oder verfügte Sperrfrist abgelaufen ist und die betroffene Person die Behebung des Mangels nachweist, der die Fahreignung ausgeschlossen hat.

⁴ Der für immer entzogene Führerausweis kann nur unter den Bedingungen des Artikels 23 Absatz 3 wiedererteilt werden.

⁵ Missachtet die betroffene Person die Auflagen oder missbraucht sie in anderer Weise das in sie gesetzte Vertrauen, so ist der Ausweis wieder zu entziehen.

Art. 23 Verfahren, Geltungsdauer der Massnahmen

¹ Verweigerung und Entzug eines Fahrzeug- oder Führerausweises sowie das Verbot des Radfahrens (...) sind schriftlich zu eröffnen und zu begründen. Vor dem Entzug eines Führerausweises oder der Auflage eines Fahrverbotes ist der Betroffene in der Regel anzuhören.

³ Hat eine gegen einen Fahrzeugführer gerichtete Massnahme fünf Jahre gedauert, so hat die Behörde des Wohnsitzkantons auf Verlangen eine neue Verfügung zu treffen, wenn glaubhaft gemacht wird, dass die Voraussetzungen weggefallen sind. Hat der Betroffene den Wohnsitz gewechselt, so ist vor der Aufhebung der Massnahme der Kanton anzuhören, der sie verfügt hat.

Verkehrsregeln

Art. 26 Grundregel

¹ Jedermann muss sich im Verkehr so verhalten, dass er andere in der ordnungsgemässen Benützung der Strasse weder behindert noch gefährdet.

² Besondere Vorsicht ist geboten gegenüber Kindern, Gebrechlichen und alten Leuten, ebenso wenn Anzeichen dafür bestehen, dass sich ein Strassenbenützer nicht richtig verhalten wird.

Art. 31 Beherrschen des Fahrzeuges
(vgl. VRV, Art. 2 f.)

¹ Der Führer muss das Fahrzeug ständig so beherrschen, dass er seinen Vorsichtspflichten nachkommen kann.

² Wer wegen Alkohol-, Betäubungsmittel- oder Arzneimitteleinfluss oder aus anderen Gründen nicht über die erforderliche körperliche und geistige Leistungsfähigkeit verfügt, gilt während dieser Zeit als fahrunfähig und darf kein Fahrzeug führen.

³ Der Führer hat dafür zu sorgen, dass er weder durch die Ladung noch auf andere Weise behindert wird. Mitfahrende dürfen ihn nicht behindern oder stören.

Art. 32 Geschwindigkeit *(vgl. VRV, Art. 4 f.)*

¹ Die Geschwindigkeit ist stets den Umständen anzupassen, namentlich den Besonderheiten von Fahrzeug und Ladung, sowie den Strassen-, Verkehrs- und Sichtverhältnissen. Wo das Fahrzeug den Verkehr stören könnte, ist langsam zu fahren und nötigenfalls anzuhalten, namentlich vor unübersichtlichen Stellen, vor nicht frei überblickbaren Strassenverzweigungen sowie vor Bahnübergängen.

² Der Bundesrat beschränkt die Geschwindigkeit der Motorfahrzeuge auf allen Strassen.

³ Die vom Bundesrat festgesetzte Höchstgeschwindigkeit kann für bestimmte Strassenstrecken von der zuständigen Behörde nur auf Grund eines Gutachtens herab- oder heraufgesetzt werden. Der Bundesrat kann Ausnahmen vorsehen.

Art. 34 Rechtsfahren

¹ Fahrzeuge müssen rechts, auf breiten Strassen innerhalb der rechten Fahrbahnhälfte fahren. Sie haben sich möglichst an den rechten Strassenrand zu halten, namentlich bei langsamer Fahrt und auf unübersichtlichen Strecken.

² Auf Strassen mit Sicherheitslinien ist immer rechts dieser Linien zu fahren.

³ Der Führer, der seine Fahrrichtung ändern will, wie zum Abbiegen, Überholen, Einspuren und Wechseln des Fahrstreifens, hat auf den Gegenverkehr und auf die ihm nachfolgenden Fahrzeuge Rücksicht zu nehmen.

⁴ Gegenüber allen Strassenbenützern ist ausreichender Abstand zu wahren, namentlich beim Kreuzen und Überholen sowie beim Neben- und Hintereinanderfahren.

Art. 35 Kreuzen, Überholen

¹ Es ist rechts zu kreuzen, links zu überholen.

² Überholen und Vorbeifahren an Hindernissen ist nur gestattet, wenn der nötige Raum übersichtlich und frei ist und der Gegenverkehr nicht behindert wird. Im Kolonnenverkehr darf nur überholen, wer die Gewissheit hat, rechtzeitig und ohne Behinderung anderer Fahrzeuge wieder einbiegen zu können.

³ Wer überholt, muss auf die übrigen Strassenbenützer, namentlich auf jene, die er überholen will, besonders Rücksicht nehmen.

⁴ In unübersichtlichen Kurven, auf und unmittelbar vor Bahnübergängen ohne Schranken sowie vor Kuppen darf nicht überholt werden, auf Strassenverzweigungen nur, wenn sie übersichtlich sind und das Vortrittsrecht anderer nicht beeinträchtigt wird.

⁵ Fahrzeuge dürfen nicht überholt werden, wenn der Führer die Absicht anzeigt, nach links abzubiegen, oder wenn er vor einem Fussgängerstreifen anhält, um Fussgängern das Überqueren der Strasse zu ermöglichen.

⁶ Fahrzeuge, die zum Abbiegen nach links eingespurt haben, dürfen nur rechts überholt werden.

⁷ Dem sich ankündigenden, schneller fahrenden Fahrzeug ist die Strasse zum Überholen freizugeben. Wer überholt wird, darf die Geschwindigkeit nicht erhöhen.

Art. 36 Einspuren, Vortritt

¹ Wer nach rechts abbiegen will, hat sich an den rechten Strassenrand, wer nach links abbiegen will, gegen die Strassenmitte zu halten.

² Auf Strassenverzweigungen hat das von rechts kommende Fahrzeug den Vortritt. Fahrzeuge auf gekennzeichneten Hauptstrassen haben den Vortritt, auch wenn sie von links kommen. Vorbehalten bleibt die Regelung durch Signale oder durch die Polizei.

³ Vor dem Abbiegen nach links ist den entgegenkommenden Fahrzeugen der Vortritt zu lassen.

⁴ Der Führer, der sein Fahrzeug in den Verkehr einfügen, wenden oder rückwärts fahren will, darf andere Strassenbenützer nicht behindern; diese haben den Vortritt.

Verhalten bei Unfällen

Art. 51

¹ Ereignet sich ein Unfall, an dem ein Motorfahrzeug oder Fahrrad beteiligt ist, so müssen alle Beteiligten sofort anhalten. Sie haben nach Möglichkeit für die Sicherung des Verkehrs zu sorgen.

² Sind Personen verletzt, so haben alle Beteiligten für Hilfe zu sorgen, Unbeteiligte, soweit es ihnen zumutbar ist. Die Beteiligten, in erster Linie die Fahrzeugführer, haben die Polizei zu benachrichtigen. Alle Beteiligten, namentlich auch Mitfahrende, haben bei der Feststellung des Tatbestandes mitzuwirken. Ohne Zustimmung der Polizei dürfen sie die Unfallstelle nur verlassen, soweit sie selbst Hilfe benötigen, oder um Hilfe oder die Polizei herbeizurufen.

³ Ist nur Sachschaden entstanden, so hat der Schädiger sofort den Geschädigten zu benachrichtigen und Namen und Adresse anzugeben. Wenn dies nicht möglich ist, hat er unverzüglich die Polizei zu verständigen.

⁴ Bei Unfällen auf Bahnübergängen haben die Beteiligten die Bahnverwaltung unverzüglich zu benachrichtigen.

Durchführungsbestimmungen

Art. 55 Feststellung der Fahrunfähigkeit

¹ Fahrzeugführer sowie an Unfällen beteiligte Strassenbenützer können einer Atemalkoholprobe unterzogen werden.

² Weist die betroffene Person Anzeichen von Fahrunfähigkeit auf und sind diese nicht oder nicht allein auf Alkoholeinfluss zurückzuführen, so kann sie weiteren

Voruntersuchungen, namentlich Urin- und Speichelproben unterzogen werden.
³ Eine Blutprobe ist anzuordnen, wenn:
a. Anzeichen von Fahrunfähigkeit vorliegen; oder
b. die betroffene Person sich der Durchführung der Atemalkoholprobe widersetzt oder entzieht oder den Zweck dieser Massnahme vereitelt.
⁴ Die Blutprobe kann aus wichtigen Gründen auch gegen den Willen der verdächtigten Person abgenommen werden. Andere Beweismittel für die Feststellung der Fahrunfähigkeit bleiben vorbehalten.
⁶ Die Bundesversammlung legt in einer Verordnung fest, bei welcher Blutalkoholkonzentration unabhängig von weiteren Beweisen und individueller Alkoholverträglichkeit Fahrunfähigkeit im Sinne dieses Gesetzes angenommen wird (Angetrunkenheit) und welche Blutalkoholkonzentration als qualifiziert gilt. (…)
⁷ Der Bundesrat:
a. kann für andere die Fahrfähigkeit herabsetzende Substanzen festlegen, bei welchen Konzentrationen im Blut unabhängig von weiteren Beweisen und individueller Verträglichkeit Fahrunfähigkeit im Sinne dieses Gesetzes angenommen wird;
b. erlässt Vorschriften über die Voruntersuchungen (Abs. 2), das Vorgehen bei der Atemalkohol- und der Blutprobe, die Auswertung dieser Proben und die zusätzliche ärztliche Untersuchung der der Fahrunfähigkeit verdächtigten Person;
c. kann vorschreiben, dass zur Feststellung einer Sucht, welche die Fahreignung einer Personen herabsetzt, nach diesem Artikel gewonnene Proben, namentlich Blut-, Haar- und Nagelproben, ausgewertet werden.

Haftpflicht und Versicherung

Art. 58 Haftpflicht des Motorfahrzeughalters
¹ Wird durch den Betrieb eines Motorfahrzeuges ein Mensch getötet oder verletzt oder Sachschaden verursacht, so haftet der Halter für den Schaden.
² Wird ein Verkehrsunfall durch ein nicht in Betrieb befindliches Motorfahrzeug veranlasst, so haftet der Halter, wenn der Geschädigte beweist, dass den Halter oder Personen, für die er verantwortlich ist, ein Verschulden trifft oder dass fehlerhafte Beschaffenheit des Motorfahrzeuges mitgewirkt hat.
³ Der Halter haftet nach Ermessen des Richters auch für Schäden infolge der Hilfeleistung nach Unfällen seines Motorfahrzeuges, sofern er für den Unfall haftbar ist oder die Hilfe ihm selbst oder den Insassen seines Fahrzeuges geleistet wurde.
⁴ Für das Verschulden des Fahrzeugführers und mitwirkender Hilfspersonen ist der Halter wie für eigenes Verschulden verantwortlich.

Art. 61 Schadenersatz zwischen Motorfahrzeughaltern
¹ Wird bei einem Unfall, an dem mehrere Motorfahrzeuge beteiligt sind, ein Halter körperlich geschädigt, so wird der Schaden den Haltern aller beteiligten Motorfahrzeuge nach Massgabe des von ihnen zu vertretenden Verschuldens auferlegt, wenn nicht besondere Umstände, namentlich die Betriebsgefahren, eine andere Verteilung rechtfertigen.

² Für Sachschaden eines Halters haftet ein anderer Halter nur, wenn der Geschädigte beweist, dass der Schaden verursacht wurde durch Verschulden oder vorübergehenden Verlust der Urteilsfähigkeit des beklagten Halters oder einer Person, für die er verantwortlich ist, oder durch fehlerhafte Beschaffenheit seines Fahrzeuges.
³ Mehrere ersatzpflichtige Halter haften dem geschädigten Halter solidarisch.

Art. 63 Versicherungspflicht
¹ Kein Motorfahrzeug darf in den öffentlichen Verkehr gebracht werden, bevor eine Haftpflichtversicherung nach den folgenden Bestimmungen abgeschlossen ist.
² Die Versicherung deckt die Haftpflicht des Halters und der Personen, für die er nach diesem Gesetz verantwortlich ist, zumindest in jenen Staaten, in denen das schweizerische Kontrollschild als Versicherungsnachweis gilt.
³ Von der Versicherung können ausgeschlossen werden:
a. Ansprüche des Halters aus Sachschäden, die Personen verursacht haben, für die er nach diesem Gesetz verantwortlich ist;
b. Ansprüche aus Sachschäden des Ehegatten, der eingetragenen Partnerin oder des eingetragenen Partners des Halters, seiner Verwandten in auf- und absteigender Linie sowie seiner mit ihm in gemeinsamem Haushalt lebenden Geschwister; (…)

Art. 65 Unmittelbarer Anspruch gegen den Versicherer, (Regress)
¹ Der Geschädigte hat im Rahmen der vertraglichen Versicherungsdeckung ein Forderungsrecht unmittelbar gegen den Versicherer. (…)
³ Der Versicherer hat ein Rückgriffsrecht gegen den Versicherungsnehmer oder den Versicherten, soweit er nach dem Versicherungsvertrag oder dem Bundesgesetz (…) über den Versicherungsvertrag zur Ablehnung oder Kürzung seiner Leistung befugt wäre.

Art. 83 Verjährung
¹ Schadenersatz- und Genugtuungsansprüche aus Motorfahrzeug- und Fahrradunfällen verjähren in zwei Jahren vom Tag hinweg, an dem der Geschädigte Kenntnis vom Schaden und von der Person des Ersatzpflichtigen erlangt hat, jedenfalls aber mit dem Ablauf von zehn Jahren vom Tag des Unfalles an. Wird die Klage aus einer strafbaren Handlung hergeleitet, für die das Strafrecht eine längere Verjährung vorsieht, so gilt diese auch für den Zivilanspruch. (…)

Strafbestimmungen

Art. 90 Verletzung der Verkehrsregeln
1. Wer Verkehrsregeln dieses Gesetzes oder der Vollziehungsvorschriften des Bundesrates verletzt, wird mit Busse bestraft.
2. Wer durch grobe Verletzung der Verkehrsregeln eine ernstliche Gefahr für die Sicherheit anderer hervorruft oder in Kauf nimmt, wird mit Freiheitsstrafe bis zu drei Jahren oder Geldstrafe1 bestraft. (…)

Art. 91 Fahren in fahrunfähigem Zustand
[1] Wer in angetrunkenem Zustand ein Motorfahrzeug führt, wird mit Busse bestraft. Die Strafe ist Freiheitsstrafe bis zu drei Jahren oder Geldstrafe, wenn eine qualifizierte Blutalkoholkonzentration (Art. 55 Abs. 6) vorliegt.

[2] Wer aus anderen Gründen fahrunfähig ist und ein Motorfahrzeug führt, wird mit Freiheitsstrafe bis zu drei Jahren oder Geldstrafe bestraft.

[3] Wer in fahrunfähigem Zustand ein motorloses Fahrzeug führt, wird mit Busse bestraft.

Ordnungsbussengesetz (OBG)   SR 741.03

Art. 1   Grundsatz
[1] Übertretungen der Strassenverkehrsvorschriften des Bundes können nach diesem Gesetz in einem vereinfachten Verfahren mit Ordnungsbussen geahndet werden (Ordnungsbussenverfahren).

[2] Die Höchstgrenze der Ordnungsbussen beträgt 300 Franken.

[3] Vorleben und persönliche Verhältnisse des Täters werden nicht berücksichtigt.

Art. 3   Bussenliste
[1] Der Bundesrat stellt nach Anhören der Kantone die Liste der Übertretungen durch Ordnungsbussen zu ahnden sind, und bestimmt den Bussenbetrag.

Art. 6   Bezahlung
[1] Der Täter kann die Busse sofort oder innert 30 Tagen bezahlen.

[2] Bei sofortiger Bezahlung wird eine Quittung ausgestellt, die den Namen des Täters nicht nennt.

[3] Bezahlt der Täter die Busse nicht sofort, so erhält er ein Bedenkfristformular. Zahlt er innert Frist, so wird das Formular vernichtet. Andernfalls leitet die Polizei das ordentliche Verfahren ein.

Ordnungsbussenverordnung (OBV)   741.031

Bussenliste (Auswahl)   Fr.

Fahrzeugführerinnen und -führer

Nichtmitführen	
1. des Führerausweises	20
2. des Lernfahrausweises	20
3. des Fahrzeugausweises	20
Unterlassen der Meldung oder nicht rechtzeitiges Melden eines Wohnsitzwechsels am neuen schweizerischen Wohnsitz	20
Überschreiten der zulässigen Parkzeit	
a. bis 2 Stunden	40
b. um mehr als 2, aber nicht mehr als 4 Stunden	60
c. um mehr als 4, aber nicht mehr als 10 Stunden	100
Nicht oder nicht gut sichtbares Anbringen der Parkscheibe am Fahrzeug	40
Halten an unübersichtlichen Stellen (...)	80
Parkieren auf dem Strassenbahngeleise (…)	120
Überschreiten allgemeiner, fahrzeugbedingter oder signalisierter Höchstgeschwindigkeit (…)	
innerorts	
a. um 1–5 km/h	40
b. um 6–10 km/h	120
c. um 11–15 km/h	250
ausserorts und auf Autostrassen	
a. um 1–5 km/h	40
b. um 6–10 km/h	100
c. um 11–15 km/h	160
d. um 16–20 km/h	240
auf Autobahnen	
a. um 1–5 km/h	20
b. um 6–10 km/h	60
c. um 11–15 km/h	120
d. um 16–20 km/h	180
e. um 21–25 km/h	260
Nichtbeachten des Vorschriftssignals «Allgemeines Fahrverbot in beiden Richtungen»	100
Nicht vollständiges Anhalten bei Stopp-Signalen (Rollstopp)	60
Nichtbeachten eines Lichtsignals	250
Verwenden eines Telefons ohne Freisprecheinrichtung während der Fahrt	100
Nichttragen der Sicherheitsgurten	60
Nichttragen des Schutzhelmes durch die Führerin oder den Führer von Motorrädern, Leicht-, Klein- und dreirädrigen Motorfahrzeugen	60
Rechtsüberholen durch Ausschwenken und Wiedereinbiegen auf Strassen mit mehreren Fahrstreifen innerorts	140
Halten auf einem Fussgängerstreifen bei stockendem Verkehr	60
Nichtgewähren des Vortritts bei Fussgängerstreifen	140

Radfahrerinnen und Radfahrer, Führerinnen und Führer von Motorfahrrädern;

Nicht vollständiges Anhalten bei Stopp-Signalen (Rollstopp)	30
Nichtbeachten eines Lichtsignals	60

Mitfahrerinnen und Mitfahrer

Nichttragen der Sicherheitsgurten	60
des Schutzhelmes auf Motorrädern, Leicht-, Klein- und dreirädrigen Motorfahrzeugen	60

Fussgängerinnen / Fussgänger sowie Benützerinnen / Benützer von fahrzeugähnlichen Geräten

Nichtbenützen des Fussgängerstreifens, sofern er weniger als 50 m entfernt ist	10
Nichtbeachten eines Lichtsignals	20

SVG

Verkehrsregelnverordnung (VRV) 741.11

Allgemeine Fahrregeln

Art. 2 Zustand des Führers
(Art. 31 Abs. 2 und 55 Abs. 1 SVG)

^{1} Wer wegen Übermüdung, Einwirkung von Alkohol, Arznei- oder Betäubungsmitteln oder aus einem anderen Grund nicht fahrfähig ist, darf kein Fahrzeug führen
^{2} Fahrunfähigkeit gilt als erwiesen, wenn im Blut des Fahrzeuglenkers nachgewiesen wird:
a. Tetrahydrocannabinol (Cannabis);
b. freies Morphin (Heroin/Morphin);
c. Kokain;
d. Amphetamin (Amphetamin);
e. Methamphetamin;
f. MDEA (Methylendioxyethylamphetamin); oder
g. MDMA (Methylendioxymethamphetamin).
^{2bis} Das Bundesamt für Strassen (ASTRA) erlässt nach Rücksprache mit Fachexperten Weisungen über den Nachweis der Substanzen nach Absatz 2.
^{2ter} Für Personen, die nachweisen können, dass sie eine oder mehrere der in Absatz 2 aufgeführten Substanzen gemäss ärztlicher Verschreibung einnehmen, gilt Fahrunfähigkeit nicht bereits beim Nachweis einer Substanz nach Absatz 2 als erwiesen.
^{3} Niemand darf ein Fahrzeug einem Führer überlassen, der nicht fahrfähig ist. (…)

Art. 3 Bedienung des Fahrzeugs
(Art. 31 Abs. 1 SVG)

^{1} Der Fahrzeugführer muss seine Aufmerksamkeit der Strasse und dem Verkehr zuwenden. Er darf beim Fahren keine Verrichtung vornehmen, welche die Bedienung des Fahrzeugs erschwert. Er hat ferner dafür zu sorgen, dass seine Aufmerksamkeit insbesondere durch Tonwiedergabegeräte sowie Kommunikations- und Informationssysteme nicht beeinträchtigt wird.
^{3} Die Führer von Motorfahrzeugen, Motorfahrrädern und Fahrrädern dürfen die Lenkvorrichtung, die Radfahrer überdies die Pedale nicht loslassen. (…)

Art. 4 Angemessene Geschwindigkeit
(Art. 32 Abs. 1 SVG)

^{1} Der Fahrzeugführer darf nur so schnell fahren, dass er innerhalb der überblickbaren Strecke halten kann; wo das Kreuzen schwierig ist, muss er auf halbe Sichtweite halten können.
^{2} Er hat langsam zu fahren, wo die Strasse verschneit, vereist, mit nassem Laub oder mit Splitt bedeckt ist, besonders wenn Anhänger mitgeführt werden.
^{3} Er muss die Geschwindigkeit mässigen und nötigenfalls halten, wenn Kinder im Strassenbereich nicht auf den Verkehr achten
^{5} Der Fahrzeugführer darf ohne zwingende Gründe nicht so langsam fahren, dass er einen gleichmässigen Verkehrsfluss hindert.

Art. 4a Allgemeine Höchstgeschwindigkeiten; Grundregel (Abs. 32 Abs. 2 SVG)

^{1} Die allgemeine Höchstgeschwindigkeit für Fahrzeuge beträgt unter günstigen Strassen-, Verkehrs- und Sichtverhältnissen:
a. 50 km/h in Ortschaften;
b. 80 km/h ausserhalb von Ortschaften, ausgenommen auf Autobahnen;
c. 100 km/h auf Autostrassen;
d. 120 km/h auf Autobahnen. (…)

Einzelne Verkehrsvorgänge

Art. 9 Kreuzen (Art. 34 Abs. 4 und 35 Abs. 1 SVG)

^{1} Der Fahrzeugführer hat dem Gegenverkehr den Vortritt zu lassen, wenn das Kreuzen durch ein Hindernis auf seiner Fahrbahnhälfte erschwert wird.
^{2} Ist auf schmaler Strasse das Kreuzen nicht möglich, so haben Anhängerzüge den Vortritt vor andern Fahrzeugen, schwere Motorfahrzeuge vor leichten und Gesellschaftswagen vor Lastwagen. Unter gleichartigen Fahrzeugen muss jenes zurückfahren, das sich näher bei einer Ausweichstelle befindet; für das Kreuzen auf steilen Strassen und Bergstrassen gilt Artikel 38 Absatz 1 erster Satz.

Art. 10 Überholen im Allgemeinen
(Art. 34 Abs. 3 und 4, 35 SVG)

^{1} Der Fahrzeugführer, der überholen will, muss vorsichtig ausschwenken und darf nachfolgende Fahrzeuge nicht behindern. Er darf nicht überholen, wenn sich vor dem voranfahrenden Fahrzeug Hindernisse befinden, wie Baustellen, eingespurte Fahrzeuge oder Fussgänger, welche die Strasse überqueren.
^{2} Nach dem Überholen hat der Fahrzeugführer wieder einzubiegen, sobald für den überholten Strassenbenützer keine Gefahr mehr besteht. (….)

Verordnung der Bundesversammlung über Blutalkoholgrenzwerte im Strassenverkehr SR 741.13

Art. 1 Fahrunfähigkeit

^{1} Fahrunfähigkeit wegen Alkoholeinwirkung (Angetrunkenheit) gilt in jedem Fall als erwiesen, wenn der Fahrzeugführer oder die Fahrzeugführerin eine Blutalkoholkonzentration von 0,5 oder mehr Gewichtspromillen aufweist oder eine Alkoholmenge im Körper hat, die zu einer solchen Blutalkoholkonzentration führt.
^{2} Als qualifiziert gilt eine Blutalkoholkonzentration von 0,8 Promille oder mehr.

Bundesgesetz über die Unfallversicherung (UVG) SR 832.20

Versicherte Personen

Obligatorische Versicherung

Art. 1a Versicherte

¹ Obligatorisch versichert sind nach diesem Gesetz die in der Schweiz beschäftigten Arbeitnehmer, einschliesslich der Heimarbeiter, Lehrlinge, Praktikanten, Volontäre sowie der in Lehr- oder Invalidenwerkstätten tätigen Personen. (...)

Art. 3 Beginn, Ende und Ruhen der Versicherung

¹ Die Versicherung beginnt an dem Tag, an dem der Arbeitnehmer aufgrund der Anstellung die Arbeit antritt oder hätte antreten sollen, in jedem Falle aber im Zeitpunkt, da er sich auf den Weg zur Arbeit begibt.

² Sie endet mit dem 30. Tag nach dem Tage, an dem der Anspruch auf mindestens den halben Lohn aufhört.

³ Der Versicherer hat dem Versicherten die Möglichkeit zu bieten, die Versicherung durch besondere Abrede bis zu 180 Tagen zu verlängern.

⁴ Die Versicherung ruht, wenn der Versicherte der Militärversicherung oder einer ausländischen obligatorischen Unfallversicherung untersteht.

⁵ Der Bundesrat regelt die Vergütungen und Ersatzeinkünfte, die als Lohn gelten, die Form und den Inhalt von Abreden über die Verlängerung von Versicherungen sowie die Fortdauer der Versicherung bei Arbeitslosigkeit.

Freiwillige Versicherung

Art. 4 Versicherungsfähige

¹ In der Schweiz wohnhafte Selbständigerwerbende und ihre nicht obligatorisch versicherten mitarbeitenden Familienglieder können sich freiwillig versichern. (...)

Gegenstand der Versicherung

Art. 6 Allgemeines *(vgl. UVV, Art. 9)*

¹ Soweit dieses Gesetz nichts anderes bestimmt, werden die Versicherungsleistungen bei Berufsunfällen, Nichtberufsunfällen und Berufskrankheiten gewährt. (...)

Art. 7 Berufsunfälle *(vgl. UVV, Art. 12)*

¹ Als Berufsunfälle gelten Unfälle (Art. 4 ATSG), die dem Versicherten zustossen:
a. bei Arbeiten, die er auf Anordnung des Arbeitgebers oder in dessen Interesse ausführt;
b. während der Arbeitspausen sowie vor und nach der Arbeit, wenn er sich befugterweise auf der Arbeitsstätte oder im Bereiche der mit seiner beruflichen Tätigkeit zusammenhängenden Gefahren aufhält.

² Für Teilzeitbeschäftigte, deren Arbeitsdauer das vom Bundesrat festzusetzende Mindestmass nicht erreicht, gelten auch Unfälle auf dem Arbeitsweg als Berufsunfälle.(...) *(vgl. UVV, Art. 13)*

Art. 8 Nichtberufsunfälle

¹ Als Nichtberufsunfälle gelten alle Unfälle (Art. 4 ATSG), die nicht zu den Berufsunfällen zählen.

² Teilzeitbeschäftigte nach Artikel 7 Absatz 2 sind gegen Nichtberufsunfälle nicht versichert.

Art. 9 Berufskrankheiten

¹ Als Berufskrankheiten gelten Krankheiten (Art. 3 ATSG), die bei der beruflichen Tätigkeit ausschliesslich oder vorwiegend durch schädigende Stoffe oder bestimmte Arbeiten verursacht worden sind. Der Bundesrat erstellt die Liste dieser Stoffe und Arbeiten sowie der arbeitsbedingten Erkrankungen.

² Als Berufskrankheiten gelten auch andere Krankheiten, von denen nachgewiesen wird, dass sie ausschliesslich oder stark überwiegend durch berufliche Tätigkeit verursacht worden sind.

³ Soweit nichts anderes bestimmt ist, sind Berufskrankheiten von ihrem Ausbruch an einem Berufsunfall gleichgestellt. Sie gelten als ausgebrochen, sobald der Betroffene erstmals ärztlicher Behandlung bedarf oder arbeitsunfähig (Art. 6 ATSG) ist.

Versicherungsleistungen

Pflegeleistungen und Kostenvergütungen

Art. 10 Heilbehandlung *(vgl. UVV, Art. 15, 17)*

¹ Der Versicherte hat Anspruch auf die zweckmässige Behandlung der Unfallfolgen, nämlich auf:
a. die ambulante Behandlung durch den Arzt, den Zahnarzt oder auf deren Anordnung durch eine medizinische Hilfsperson sowie im weitern durch den Chiropraktor;
b. die vom Arzt oder Zahnarzt verordneten Arzneimittel und Analysen;
c. die Behandlung, Verpflegung und Unterkunft in der allgemeinen Abteilung eines Spitals;
d. die ärztlich verordneten Nach- und Badekuren;
e. die der Heilung dienlichen Mittel und Gegenstände.

² Der Versicherte kann den Arzt, den Zahnarzt, den Chiropraktor, die Apotheke und die Heilanstalt frei wählen.

³ Der Bundesrat kann die Leistungspflicht der Versicherung näher umschreiben und die Kostenvergütung für Behandlung im Ausland begrenzen. Er kann festlegen, unter welchen Voraussetzungen und in welchem Umfang der Versicherte Anspruch auf Hauspflege hat.

Art. 11 Hilfsmittel

¹ Der Versicherte hat Anspruch auf die Hilfsmittel, die körperliche Schädigungen oder Funktionsausfälle ausgleichen. Der Bundesrat erstellt die Liste dieser Hilfsmittel.

² Die Hilfsmittel müssen einfach und zweckmässig sein. Sie werden zu Eigentum oder leihweise abgegeben.

Art. 12 Sachschäden

Der Versicherte hat Anspruch auf Deckung der durch den Unfall verursachten Schäden an Sachen, die einen Körperteil oder eine Körperfunktion ersetzen. Für Brillen, Hörapparate und Zahnprothesen besteht ein Ersatzanspruch nur, wenn eine behandlungsbedürftige Körperschädigung vorliegt.

UVG

Art. 13 Reise-, Transport- und Rettungskosten
¹ Die notwendigen Reise-, Transport- und Rettungskosten werden vergütet.
² Der Bundesrat kann die Vergütung für Kosten im Ausland begrenzen. *(vgl. UVV, Art.20)*

Art. 14 Leichentransport- und Bestattungskosten
¹ Die notwendigen Kosten für die Überführung der Leiche an den Bestattungsort werden vergütet. Der Bundesrat kann die Vergütung der im Ausland entstehenden Kosten begrenzen.
² Die Bestattungskosten werden vergütet, soweit sie das Siebenfache des Höchstbetrages des versicherten Tagesverdienstes nicht übersteigen.

Geldleistungen

Versicherter Verdienst

Art. 15
¹ Taggelder und Renten werden nach dem versicherten Verdienst bemessen.
² Als versicherter Verdienst gilt für die Bemessung der Taggelder der letzte vor dem Unfall bezogene Lohn, für die Bemessung der Renten der innerhalb eines Jahres vor dem Unfall bezogene Lohn. ( ) *(vgl. UVV 22)*

Taggeld

Art. 16 Anspruch
¹ Ist der Versicherte infolge des Unfalles voll oder teilweise arbeitsunfähig (Art. 6 ATSG), so hat er Anspruch auf ein Taggeld.
² Der Anspruch auf Taggeld entsteht am dritten Tag nach dem Unfalltag. Er erlischt mit der Wiedererlangung der vollen Arbeitsfähigkeit, mit dem Beginn einer Rente oder mit dem Tod des Versicherten.
³ Das Taggeld der Unfallversicherung wird nicht gewährt, wenn ein Anspruch auf ein Taggeld der Invalidenversicherung oder eine Mutterschaftsentschädigung nach dem Erwerbsersatzgesetz (...)besteht.

Art. 17 Höhe *(vgl. UVV, Art. 25, 27)*
¹ Das Taggeld beträgt bei voller Arbeitsunfähigkeit 80 Prozent des versicherten Verdienstes. Bei teilweiser Arbeitsunfähigkeit wird es entsprechend gekürzt. (...)

Invalidenrente

Art. 18 Invalidität
¹ Ist der Versicherte infolge des Unfalles zu mindestens 10 Prozent invalid (Art. 8 ATSG), so hat er Anspruch auf eine Invalidenrente.
² Der Bundesrat regelt die Bemessung des Invaliditätsgrades in Sonderfällen. (...)

Art. 19 Beginn und Ende des Anspruchs
¹ Der Rentenanspruch entsteht, wenn von der Fortsetzung der ärztlichen Behandlung keine namhafte Besserung des Gesundheitszustandes des Versicherten mehr erwartet werden kann und allfällige Eingliederungsmassnahmen der Invalidenversicherung (IV) abgeschlossen sind. Mit dem Rentenbeginn fallen die Heilbehandlung und die Taggeldleistungen dahin. (...)

Art. 20 Höhe
¹ Die Invalidenrente beträgt bei Vollinvalidität 80 Prozent des versicherten Verdienstes; bei Teilinvalidität wird sie entsprechend gekürzt. (...)

Integritätsentschädigung

Art. 24 Anspruch
¹ Erleidet der Versicherte durch den Unfall eine dauernde erhebliche Schädigung der körperlichen, geistigen oder psychischen Integrität, so hat er Anspruch auf eine angemessene Integritätsentschädigung. (...)

Art. 25 Höhe
¹ Die Integritätsentschädigung wird in Form einer Kapitalleistung gewährt. Sie darf den am Unfalltag geltenden Höchstbetrag des versicherten Jahresverdienstes nicht übersteigen und wird entsprechend der Schwere des Integritätsschadens abgestuft.
² Der Bundesrat regelt die Bemessung der Entschädigung.

Hilflosenentschädigung

Art. 26 Anspruch
1 Bei Hilflosigkeit (Art. 9 ATSG) hat der Versicherte Anspruch auf eine Hilflosenentschädigung.

Art. 27 Höhe
Die Hilflosenentschädigung wird nach dem Grad der Hilflosigkeit bemessen. Ihr Monatsbetrag beläuft sich auf mindestens den doppelten und höchstens den sechsfachen Höchstbetrag des versicherten Tagesverdienstes. (...)

Hinterlassenenrenten

Art. 28 Allgemeines
Stirbt der Versicherte an den Folgen des Unfalles, so haben der überlebende Ehegatte und die Kinder Anspruch auf Hinterlassenenrenten.

Art. 31 Höhe der Renten
¹ Die Hinterlassenenrenten betragen vom versicherten Verdienst

für Witwen und Witwer:	40 Prozent,
für Halbwaisen:	15 Prozent,
für Vollwaisen:	25 Prozent,
für mehrere Hinterlassene zusammen höchstens:	70 Prozent.

Kürzung und Verweigerung von Versicherungsleistungen aus besonderen Gründen

Schuldhafte Herbeiführung des Unfalles

Art. 37 Verschulden des Versicherten
¹ Hat der Versicherte den Gesundheitsschaden oder den Tod absichtlich herbeigeführt, so besteht kein Anspruch auf Versicherungsleistungen, mit Ausnahme der Bestattungskosten.
² In Abweichung von Artikel 21 Absatz 1 ATSG werden in der Versicherung der Nichtberufsunfälle die Taggelder, die während der ersten zwei Jahre nach dem Unfall ausgerichtet werden, gekürzt, wenn der Versicherte den Unfall grob fahrlässig herbeigeführt hat. Die Kürzung beträgt jedoch höchstens die Hälfte der Leistungen, wenn der Versicherte im Zeitpunkt des Unfalls für Angehörige zu sorgen hat, denen bei seinem Tode Hinterlassenenrenten zustehen würden. (...)

Aussergewöhnliche Gefahren und Wagnisse

Art. 39 *(vgl. UVV, Art. 49, 50)*
Der Bundesrat kann aussergewöhnliche Gefahren und Wagnisse bezeichnen, die in der Versicherung der

Nichtberufsunfälle zur Verweigerung sämtlicher Leistungen oder zur Kürzung der Geldleistungen führen. (...)

Festsetzung und Gewährung der Leistungen
Art. 45 Unfallmeldung
[1] Der versicherte Arbeitnehmer hat seinem Arbeitgeber oder dem Versicherer den Unfall, der eine ärztliche Behandlung erfordert oder eine Arbeitsunfähigkeit zur Folge hat, unverzüglich zu melden. Im Todesfall sind die anspruchsberechtigten Hinterlassenen zur Meldung verpflichtet.
[2] Der Arbeitgeber hat dem Versicherer unverzüglich Mitteilung zu machen, sobald er erfährt, dass ein Versicherter seines Betriebes einen Unfall erlitten hat, der eine ärztliche Behandlung erfordert, eine Arbeitsunfähigkeit (Art. 6 ATSG) oder den Tod zur Folge hat. (...)

Art. 46 Versäumnis der Unfallmeldung
[1] Versäumen der Versicherte oder seine Hinterlassenen die Unfallmeldung in unentschuldbarer Weise und erwachsen daraus dem Versicherer erhebliche Umtriebe, so können die auf die Zwischenzeit entfallenden Geldleistungen bis zur Hälfte entzogen werden.
[2] Der Versicherer kann jede Leistung um die Hälfte kürzen, wenn ihm der Unfall oder der Tod infolge unentschuldbarer Versäumnis des Versicherten oder seiner Hinterlassenen nicht binnen dreier Monate gemeldet worden ist; er kann die Leistung verweigern, wenn ihm absichtlich eine falsche Unfallmeldung erstattet worden ist.
[3] Unterlässt der Arbeitgeber die Unfallmeldung auf unentschuldbare Weise, so kann er vom Versicherer für die daraus entstehenden Kostenfolgen haftbar gemacht werden.

Art. 49 Auszahlung des Taggeldes
Die Versicherer können die Auszahlung dem Arbeitgeber übertragen.

Unfallverhütung
Pflichten der Arbeitgeber und Arbeitnehmer
Art. 82 Allgemeines
[1] Der Arbeitgeber ist verpflichtet, zur Verhütung von Berufsunfällen und Berufskrankheiten alle Massnahmen zu treffen, die nach der Erfahrung notwendig, nach dem Stand der Technik anwendbar und den gegebenen Verhältnissen angemessen sind.
[2] Der Arbeitgeber hat die Arbeitnehmer bei der Verhütung von Berufsunfällen und Berufskrankheiten zur Mitwirkung heranzuziehen.
[3] Die Arbeitnehmer sind verpflichtet, den Arbeitgeber in der Durchführung der Vorschriften über die Verhütung von Berufsunfällen und Berufskrankheiten zu unterstützen. Sie müssen insbesondere persönliche Schutzausrüstungen benützen, die Sicherheitseinrichtungen richtig gebrauchen und dürfen diese ohne Erlaubnis des Arbeitgebers weder entfernen noch ändern.

Finanzierung
Prämien
Art. 91 Prämienpflicht
[1] Die Prämien für die obligatorische Versicherung der Berufsunfälle und Berufskrankheiten trägt der Arbeitgeber.
[2] Die Prämien für die obligatorische Versicherung der Nichtberufsunfälle gehen zu Lasten des Arbeitnehmers. Abweichende Abreden zugunsten des Arbeitnehmers bleiben vorbehalten.
[3] Der Arbeitgeber schuldet den gesamten Prämienbetrag. Er zieht den Anteil des Arbeitnehmers vom Lohn ab. Dieser Abzug darf für den auf eine Lohnperiode entfallenden Prämienbetrag nur am Lohnbetrag dieser oder der unmittelbar nachfolgenden Periode stattfinden. Jede abweichende Abrede zuungunsten der Versicherten ist ungültig.

Art. 92 Festsetzung der Prämien
[1] Die Prämien werden von den Versicherern in Promillen des versicherten Verdienstes festgesetzt. (...)
[2] Für die Bemessung der Prämien in der Berufsunfallversicherung werden die Betriebe nach ihrer Art und ihren Verhältnissen in Klassen des Prämientarifs und innerhalb dieser in Stufen eingereiht; dabei werden insbesondere Unfallgefahr und Stand der Unfallverhütung berücksichtigt. Die Arbeitnehmer eines Betriebes können nach einzelnen Gruppen verschiedenen Klassen und Stufen zugeteilt werden. (...)

Verordnung über die Unfallversicherung (UVV) SR 832.202

Allgemeines
Art. 9 Unfälle und unfallähnliche Körperschädigungen
[1] *aufgehoben, vgl. Art. 4 ATSG*
[2] Folgende, abschliessend aufgeführte Körperschädigungen sind, sofern sie nicht eindeutig auf eine Erkrankung oder eine Degeneration zurückzuführen sind, auch ohne ungewöhnliche äussere Einwirkung Unfällen gleichgestellt:
a. Knochenbrüche;
b. Verrenkungen von Gelenken;
c. Meniskusrisse;
d Muskelrisse;
e. Muskelzerrungen;
f. Sehnenrisse;
g. Bandläsionen;
h. Trommelfellverletzungen. (...)

Unfälle und Berufskrankheiten
Art. 12 Berufsunfälle
[1] Als Berufsunfälle im Sinne von Artikel 7 Absatz 1 des Gesetzes gelten insbesondere auch Unfälle, die dem Versicherten zustossen:
a. auf Geschäfts- und Dienstreisen nach Verlassen der Wohnung und bis zur Rückkehr in diese, ausser wenn sich der Unfall während der Freizeit ereignet;

b. bei Betriebsausflügen, die der Arbeitgeber organisiert oder finanziert;
c. beim Besuch von Schulen und Kursen, die nach Gesetz oder Vertrag vorgesehen oder vom Arbeitgeber gestattet sind, ausser wenn sich der Unfall während der Freizeit ereignet;
d. bei Transporten mit betriebseigenen Fahrzeugen auf dem Arbeitsweg, die der Arbeitgeber organisiert und finanziert.

² Als Arbeitsstätte nach Artikel 7 Absatz 1 Buchstabe b des Gesetzes gelten für landwirtschaftliche Arbeitnehmer das landwirtschaftliche Heimwesen und alle dazugehörenden Grundstücke; für Arbeitnehmer, welche in Hausgemeinschaft mit dem Arbeitgeber leben, auch die Räumlichkeiten für Unterkunft und Verpflegung.

Art. 13 Teilzeitbeschäftigte
¹ Teilzeitbeschäftigte Arbeitnehmer, deren wöchentliche Arbeitszeit bei einem Arbeitgeber mindestens acht Stunden beträgt, sind auch gegen Nichtberufsunfälle versichert.

² Für teilzeitbeschäftigte Arbeitnehmer, deren wöchentliche Arbeitszeit dieses Mindestmass nicht erreicht, gelten Unfälle auf dem Arbeitsweg als Berufsunfälle.

Pflegeleistungen und Kostenvergütungen

Art. 15 Behandlung in einer Heilanstalt
¹ Der Versicherte hat Anspruch auf Behandlung, Verpflegung und Unterkunft in der allgemeinen Abteilung einer Heilanstalt (...), mit der ein Zusammenarbeits- und Tarifvertrag abgeschlossen wurde.

² Begibt sich der Versicherte in eine andere als die allgemeine Abteilung oder in eine andere Heilanstalt, so übernimmt die Versicherung die Kosten, die ihr bei der Behandlung in der allgemeinen Abteilung dieser oder der nächstgelegenen entsprechenden Heilanstalt nach Absatz 1 erwachsen wären.

³ Für die Behandlung in der allgemeinen Abteilung darf die Heilanstalt vom Versicherten keinen Vorschuss verlangen.

Art. 17 Behandlung im Ausland
Für eine notwendige Heilbehandlung im Ausland wird dem Versicherten höchstens der doppelte Betrag der Kosten vergütet, die bei der Behandlung in der Schweiz entstanden wären.

Art. 20 Rettungs-, Bergungs-, Reise- und Transportkosten
¹ Die notwendigen Rettungs- und Bergungskosten und die medizinisch notwendigen Reise- und Transportkosten werden vergütet. Weitergehende Reise- und Transportkosten werden vergütet, wenn es die familiären Verhältnisse rechtfertigen.

² Entstehen solche Kosten im Ausland, so werden sie höchstens bis zu einem Fünftel des Höchstbetrages des versicherten Jahresverdienstes vergütet.

Art. 21 Kosten von Leichentransporten im Ausland
¹ Im Ausland entstehende Kosten für die Überführung der Leiche an den Bestattungsort werden höchstens bis zu einem Fünftel des Höchstbetrages des versicherten Jahresverdienstes vergütet.

² Die Vergütung erhält, wer nachweist, dass er die Kosten getragen hat.

Art. 22 Versicherter Verdienst: Im Allgemeinen
¹ Der Höchstbetrag des versicherten Verdienstes beläuft sich auf 126 000 Franken im Jahr und 346 Franken im Tag.

² Als versicherter Verdienst gilt der nach der Bundesgesetzgebung über die AHV massgebende Lohn mit den folgenden Abweichungen:
a. Löhne, auf denen wegen des Alters des Versicherten keine Beiträge der AHV erhoben werden, gelten ebenfalls als versicherter Verdienst; (...)
d. Entschädigungen bei Auflösung des Arbeitsverhältnisses, bei Betriebsschliessung, Betriebszusammenlegung oder bei ähnlichen Gelegenheiten werden nicht berücksichtigt.

Art. 25 Taggeld: Höhe
¹ Das Taggeld wird (...) für alle Tage, einschliesslich der Sonn- und Feiertage, ausgerichtet. (...)

Art. 27 Abzüge bei Heilanstaltsaufenthalt
¹ Der Abzug vom Taggeld für die Unterhaltskosten in der Heilanstalt beträgt:
a. 20 Prozent des Taggeldes, höchstens aber 20 Franken bei Alleinstehenden ohne Unterhalts- oder Unterstützungspflichten;
b. 10 Prozent des Taggeldes, höchstens aber 10 Franken bei Verheirateten und unterhalts- oder unterstützungspflichtigen Alleinstehenden, sofern Absatz 2 nicht anwendbar ist.

² Bei Verheirateten oder Alleinstehenden, die für minderjährige oder in Ausbildung begriffene Kinder zu sorgen haben, wird kein Abzug vorgenommen.

Kürzung und Verweigerung von Versicherungsleistungen aus besonderen Gründen

Art. 49 Aussergewöhnliche Gefahren
¹ Sämtliche Versicherungsleistungen werden verweigert für Nichtberufsunfälle, die sich ereignen bei:
a. ausländischem Militärdienst;
b. Teilnahme an kriegerischen Handlungen, Terrorakten und bandenmässigen Verbrechen.

² Die Geldleistungen werden mindestens um die Hälfte gekürzt für Nichtberufsunfälle, die sich ereignen bei:
a. Beteiligung an Raufereien und Schlägereien, es sei denn, der Versicherte sei als Unbeteiligter oder bei Hilfeleistung für einen Wehrlosen durch die Streitenden verletzt worden;
b. Gefahren, denen sich der Versicherte dadurch aussetzt, dass er andere stark provoziert;
c. Teilnahme an Unruhen.

Art. 50 Wagnisse
¹ Bei Nichtberufsunfällen, die auf ein Wagnis zurückgehen, werden die Geldleistungen um die Hälfte gekürzt und in besonders schweren Fällen verweigert.

² Wagnisse sind Handlungen, mit denen sich der Versicherte einer besonders grossen Gefahr aussetzt, ohne die Vorkehren zu treffen oder treffen zu können, die das Risiko auf ein vernünftiges Mass beschränken. Rettungshandlungen zugunsten von Personen sind indessen auch dann versichert, wenn sie an sich als Wagnisse zu betrachten sind.

Stichwortverzeichnis

A

Abänderung von gesetzlichen Vorschriften 19, Verträgen mit Formvorschriften 12, Kündigungsfristen im Arbeitsverhältnis 335b, 335c, Gesamt- und Normalarbeitsverträgen 357	OR
Abhandenkommen von Sachen, Geld 934 f.	ZGB
Abrechnung über Kindesvermögen 326, des Vormundes 413	ZGB
im Arbeitsvertrag 323b, 327c	OR
Abschluss eines Vertrages 1 ff., stillschweigender Abschluss 6, 320	OR
Absichtliche Täuschung beim Vertragsschluss 28, 31	OR
Abstammung 252	ZGB
Abtretung von Forderungen 164 ff., künftiger Lohnforderungen 325	OR
Abzahlungsgeschäfte: Geltungsbereich 3, 7 Vertragsinhalt 10	KKG
Akkord, Akkordlohn 319, 326 f.	OR
Aktiengesellschaft 620 ff.	OR
Alters- und Hinterlassenenversicherung: Obligatorium 1a, Beiträge 3 ff., Renten 21 ff., flexibles Rentenalter 39 f.	AHVG
Alters-, Hinterlassenen- und Invalidenvorsorge 111	BV
Amtliche Liquidation der Erbschaft 593	ZGB
Änderung des Namens 30, 271, des Güterstandes 181 ff., der Errungenschaftsteilung 199, 206, 216 f., der Teilung des Gesamtgutes 241 f.,	ZGB
der Mietsache 260 f.	OR
Anfechtung von Vereinsbeschlüssen 75, der Ehe 106,	ZGB
von Verträgen: (Gründe) 21, 23 ff., (Frist) 31; des Mietzinses 270 ff., der Kündigung bei Miete 271 ff.	OR
Angebot / Antrag 3 ff.	OR
Annahme der Vereinsstatuten 61, einer Erbschaft 560,	ZGB
eines Angebots 3 ff., stillschweigende Annahme 6, des Kaufgegenstandes 201, beim Kauf auf Probe 225, einer Schenkung 241, eines Werkes 370, eines Auftrages 394	OR
Anteil des Arbeitnehmers am Geschäftsergebnis 322a	OR
Anti-Rassismus-Artikel 261bis	StGB
Arbeitgeber (EAV) 319, Pflichten: Lohn 322 ff., Lohn bei Verhinderung an der Arbeitsleistung 324 ff., Arbeitsgeräte und Material 327, Persönlichkeitsschutz 328, Freizeit, Ferien 329 ff., Zeugnis 330a, Haftung 55, für Hilfspersonen 101	OR
Arbeitgeber (Lehrvertrag): Pflichten 345a	OR
Arbeitgeber-, Arbeitnehmerverbände 356 ff.	OR
Arbeitnehmer 319, Pflichten 321a ff.	OR
Arbeitnehmer mit Familienpflichten 36	ArG
Arbeitsbestätigung 330a	OR
Arbeitserwerb von Jugendlichen 323	ZGB
Arbeitsgeräte und Material des Arbeitnehmers 327	OR
Arbeitslosenversicherung: Zweck 1a, Beiträge 2 ff., Leistungen 7 ff.	AVIG
Arbeitsunfähigkeit (Begriff) 6	ATSG
Arbeitsverträge: Einzelarbeitsvertrag 319 ff., Lehrvertrag 344 ff. Gesamtarbeitsvertrag 356 ff., Normalarbeitsvertrag 359 ff.	OR
Arbeitszeit: Begriff 13, Verteilung 16	ArGV1
Armee 58, Militär-, Ersatzdienst 59	BV
Attest (eidgenössisches Berufs-) 17	BBG
Aufbewahrung der Kaufsache 204	OR
Auflösung des Vereins 76 ff., des Verlöbnisses 91 ff., der Ehe 96, 104 ff., 111 ff., des Güterstandes 204 ff., 241 f.	ZGB
Auftrag: einfacher 394 ff.	OR
Ausbildung: Pflicht der Eltern 302,	ZGB
des Arbeitgebers im Lehrvertrag 345a	OR
Auskunftpflicht des Ehegatten 170, 185,	ZGB
des Vermieters 256a, Arbeitnehmers 321b, Arbeitgebers 322a	OR
Auslagenersatz des Arbeitnehmers 327a ff.	OR
Ausländer: Aufenthalt 121	BV
Ausrichtung des Lohnes 323 ff.	OR
Ausscheiden/Ausschluss aus dem Verein 70, 72 f.	ZGB
Ausschlagung der Erbschaft 566 f.	ZGB

B

Barkredite 9	KKG
Bedingte und unbedingte Strafen 42 ff.	StGB
Bedingungen bei der Schenkung 245	OR
Beendigung der Miete 266 ff.(vorzeitige Rückgabe 264); des Arbeitsvertrages 334 ff. (fristlose Auflösung 337 ff., Tod von Arbeitgeber/Arbeitnehmer 338); des Werkvertrages 377, einfachen Auftrages 404, der Bürgschaft 509	OR
Befolgen von Anordnungen 321d	OR
Begünstigung des überlebenden Ehegatten 473	ZGB
Beirat 395	ZGB
Beistand 272, 308 , 392	ZGB
Beitragspflicht der Vereinsmitglieder 71, 73, bei Auflösung des Verlöbnisses 92, der Ehegatten 163, 165, Eltern 276, Kinder 276, 323, Verwandten 328	ZGB

B - F

Berufliche Grundbildung 12 ff. (Lehrvertrag 14, Gegenstand 15, Bildungstypen 17, Berufsfachschule 21, überbetriebliche Kurse 23, Ausweise 37 ff.)	BBG
Berufliche Vorsorge-Versicherung: Zweck 1 ff., Obligatorium 7 ff., Leistungen 13 ff., Finanzierung 65 ff.	BVG
Berufsbildung 63	BV
Berufsfachschule 21 f.	BBG
Berufskrankheiten 9	UVG
Berufsmaturität, eidgenössische 25, 39	BBG
Berufsunfälle 7	UVG
Beschränkte Handlungsfähigkeit des Kindes 305, eines Mündigen 395, des Bevormundeten 407	ZGB
Besitz 919 ff., Besitzesschutz 926 ff.	ZGB
Betäubungsmittel: Begriff 1	BetmG
Betriebsordnung 37 f.	ArG
Betrug 146	StGB
Bewegliche Sache 713 ff.	ZGB
Beweis, Beweislast 8 f.	ZGB
Bildung 41, 61a ff.	BV
Bildungsverordnungen 19	BBG
Bund: Aufgaben 42, Zuständigkeit 54 ff.	BV
Bundesbehörden 143 ff.	BV
Bundesgericht 188 ff.	BV
Bundesrat und Bundesverwaltung 174 ff.	BV
Bundesversammlung 148 ff.	BV
Bundeszweck 2	BV
Bürgerrecht: Ehefrau 161, Kind 271	ZGB
Bürgerrechte 37 ff.	BV
Bürgschaft: 492 ff., Form und Zustimmung 493 f., Arten 495 f., Beendigung 509	OR
Busse 106 f., 42	StGB

D

Darlehen 312 ff.	OR
Datenschutz im Arbeitsverhältnis 328b	OR
Diebstahl 139	StGB
Drohung bei Vertragsabschluss 29	OR

E

Ehe 90 ff., Ehefähigkeit/-hindernisse 94 ff., Vorbereitung/Trauung 97 f., Scheidung 111 ff., 119 ff., Trennung 117, Wirkungen der Ehe 159 ff.	ZGB
Eheliches Güterrecht 181 ff.	ZGB
Ehevertrag 182 ff.	ZGB
Eigengut der Frau, des Mannes bei Errungenschaftsbeteiligung 198, 199, bei Gütergemeinschaft 225	ZGB
Eigenhändige letztwillige Verfügung 498, 505	ZGB
Eigentum 641, Grundeigentum 655 ff., Fahrniseigentum 713 ff.	ZGB
Eigentumsvorbehalt 715 f.	ZGB
Einfache Bürgschaft 495	OR
Einfache Gesellschaft 530 ff.	OR
Einfacher Auftrag 394 ff.	OR
Eingliederungsmassnahmen 4 ff.	IVG
Einzelarbeitsvertrag 319 ff.	OR
Elektronische Signatur (Unterschrift) 14	OR
Elterliche Sorge 296 ff.	ZGB
Enterbung 477 f.	ZGB
Entstehung des Kindesverhältnisses 252, 255	ZGB
der Obligationen aus Vertrag 1 ff., aus unerlaubter Handlung 41 ff., aus ungerechtfertigter Bereicherung 62 ff.	OR
Erbrecht: gesetzliche Erben 457 ff., Verfügungen von Todes wegen 467 ff., Enterbung 477 f. Erbeinsetzung 483, 494, Erbvertrag 494 f., Erbverzicht 495, Erbschaftserwerb 560, Erbausschlagung 566, Erbschaftsklage 598	ZGB
Erfüllung der Obligationen 68 ff.	OR
Erlöschen der Obligationen 114 ff.	OR
Errungenschaftsbeteiligung 196 ff.	ZGB
Ersatzlieferung vertretbarer Kaufsachen 206	OR
Ersatzmieter 264	OR
Ersitzung von Fahrniseigentum 728	ZGB
Erstreckung des Mietverhältnisses 272 ff.	OR
Erwerbsersatz: für Dienstleistende 1a ff., Mutterschaftsentschädigung 16b ff., Finanzierung 65 ff.	EOG
Erziehung des Kindes 301 ff., des Mündels 405	ZGB

F

Fähigkeitszeugnis, eidgenössisches 38	BBG
Fahrlässigkeit des Irrenden 26, als Haftungsvoraussetzung 41, des Arbeitnehmers 321e	OR
Fahrniseigentum 713 ff.	ZGB
Fahrniskauf 187 ff.	OR
Falsche Anschuldigung, f. Zeugnis 303, 307	StGB
Familie 14. 41. 116	BV
Familie 159 ff., Name 160, Unterhalt 163, Vertretung 166, Wohnung 169	ZGB
Familiengemeinschaft 328	ZGB
Faustpfand, Fahrnispfand 884 ff.	ZGB
Ferien des Arbeitnehmers 329 a ff., der lernenden Person 345a	OR
Form / Formvorschriften 11 ff.	OR
Frankolieferung 189	OR
Freies Kindesvermögen 321	ZGB
Freiheitsentzug 31	BV
Freiheitsrechte (Grundrechte) 7 ff.	BV
Freikurse 22	BBG
Freizeit des Arbeitnehmers 329	OR
Friedenspflicht im Gesamtarbeitsvertrag 357a	OR

Frist zur Annahme, Ablehnung einer Offerte 3 ff., zur Anfechtung 31, Berechnung der Fristen 76 ff.	OR
Fristlose Auflösung bei Miete 257d, 257f, 259b, 266h, im Arbeitsvertrag 337 ff., Lehrvertrag 346, Werkvertrag 377, einfachen Auftrag 404	OR
Führerausweis 14, Entzug 16 ff.	SVG
Fund 720, von Tieren 720a	ZGB
Fürsorgerische Freiheitsentziehung 397a	ZGB

G

Garantie/Gewähr: Kauf 197, Miete 258 ff.	OR
Gebrauchsleihe 305 f.	OR
Geburt: Persönlichkeit 31, 252	ZGB
Gegendarstellung 28g ff.	ZGB
Geisteskrankheit, -schwäche: bei Urteilsfähigkeit 16, Haftung des Familienhauptes 333, Vormundschaft 369, 397a	ZGB
Geld- und Währungspolitik 99	BV
Gemeinden 50	BV
Gemeinschaft: eheliche G. 159 ff., der Eltern und Kinder 270 ff.	ZGB
Genehmigung von Verträgen 21, 31, des Kaufgegenstandes 201, des Werkes 370	OR
Generalversammlung der AG 698	OR
Genossenschaft 828	OR
Gentechnologie 119, 120, 197	BV
Genugtuung 47, 49	OR
Gerichtliche Massnahmen zum Schutz der Ehe 172	ZGB
Gerichtliche Verfahren 29 ff.	BV
Gerichtliches Ermessen 4	ZGB
Gesamtarbeitsvertrag 356 ff.	OR
Geschäftsführung ohne Auftrag 419 f.	OR
Geschäftsgeheimnis im Arbeitsvertrag 321a	OR
Geschäftsherr: Haftung 55, 101	OR
Gesetzliche Erben 457 ff.	ZGB
Gesetzlicher Vertreter: Eltern 304, Vormund 367, 407	ZGB
Gesundheitsschutz 6	ArG
Gewohnheitsrecht 1	ZGB
Gratifikation des Arbeitnehmers 322d	OR
Grundbildung, 2-jährige 17, 37	BBG
Grundpfand 793	ZGB
Grundrechte 7 ff.	BV
Grundstück 655	ZGB
Grundstückkauf 216	OR
Gründung des Vereins 60 f.	ZGB
Guter Glaube: ZGB: u.a. 3, 714, 895, 933, 935; OR: u.a. 167, 320 etc.	ZGB OR
Gütergemeinschaft 221 ff.	ZGB
Güterrecht der Ehegatten 181 ff.	ZGB
Güterrechtliche Auseinandersetzung 204 ff., bei Scheidung /Trennung 120	ZGB
Güterstand: ordentlicher 181, 196 ff., ausserordentlicher 185	ZGB
Gütertrennung 185, 247 ff.	ZGB

H

Haftpflicht des Motorfahrzeughalters 58 ff.	SVG
Haftung der jur. Person 55, Ehegatten 202, Eltern 326, des Familienhauptes 333, des Grundeigentümers 679, für unerlaubte Handlung 41 ff., urteilsunfähiger Personen 54, des Geschäftsherrn 55, Tierhalters 56, Werkeigentümers 58	ZGB OR
Handlungsfähigkeit natürlicher Personen 12 ff., der juristischen Person 54, des Kindes 305, Beschränkung der Handlungsfähigkeit 395	ZGB
Haustürgeschäfte 40a ff.	OR
Heilbehandlung: Leistungen der UV 10	UVG
Herabsetzung bei Schadenersatz 44, des Kaufpreises 205, Mietzinses 257h, 259a, 259d, 270 ff., Werklohnes 368	OR
Herabsetzungsklage im Erbrecht 522	ZGB
Herausgabepflicht des Arbeitnehmers 321b	OR
Hilfspersonen 55, 101	OR
Hinterlassenenrenten der UV 28 f.	UVG
Höchstarbeitszeit: wöchentliche 9, 12, für Jugendliche 31	ArG
höhere Berufsbildung 26 f., 42 ff.	BBG
Hypothek, Grundpfand 793	ZGB

I

Informationspflicht des Arbeitgebers 330b	OR
Initiative, Volksinitiative 138 f.	BV
Insolvenzentschädigung 51 f.	AVIG
Integritätsentschädigung der UV 24 f.	UVG
Invalidität: Begriff 8	ATSG
Invalidenrente der UV 18 ff., der beruflichen Vorsorge 23 f.	UVG BVG
Invalidenversicherung: Zweck 1a, Beiträge 2 f., Leistungen 4 ff., Finanzierung 26 f.	IVG
Inventar über Kindesvermögen 318, bei Vormundschaft 398, im Erbrecht 580	ZGB
Irrtum beim Vertragsschluss 23 ff., 31	OR

J

Jugendarbeit, -urlaub 329e, 329a	OR
Jugendliche (Arbeitnehmer) Begriff 29	ArG
Schutzbestimmungen 4 ff.	ArGV 5
Jugendliche (Förderung) 67	BV
Juristische Personen 52 ff.	ZGB

K

Kantone 1, 3, 43	BV
Kauf: 184 ff., Fahrniskauf 187 ff., Grundstückkauf 216., K. auf Probe 223,	OR
Kosumkreditvertrag 1, 3, 7, 10	KKG
Kaufpreis 184, 211, 213	OR

K - N

Kaution des Mieters 257e,	OR
des Arbeitnehmers 323a	
Kind:	ZGB
Entstehung des Kindesverhältnisses 252, Pflichten 272, 276, 301, 323, 328, Erziehung, Ausbildung 296 ff., Handlungsfähigkeit 305, Schutz 307 f., Vermögen 318 ff., Arbeitserwerb 323	
Kirche und Staat 72	BV
Kollektivgesellschaft 552	OR
Kommanditgesellschaft 594	OR
Konkurrenzierung des Arbeitgebers 321a, 329d	OR
Konkurrenzverbot (Arbeitsvertrag) 340 ff.	OR
Konkurs des Mieters 266h	OR
Konsumentenschutz 97	BV
Konsumkreditvertrag 1 ff.	KKG
Konventionalstrafe 160 f., beim Konkurrenzverbot 340b	OR
Körperverletzung:	
Ersatzleistung 46 f.	OR
Strafbarkeit 122, 125	StGB
Kosten für Transport 189, bei Wandelung 208, Nachbesserung des Werkes 368	OR
Kostgeld von Jugendlichen 323	ZGB
Kraftloserklärung von Wertpapieren 971	OR
Krankheit des Arbeitnehmers: Lohnzahlung 324a, 324b, Kündigungsschutz 336c	OR
Krankenversicherung: Geltungsbereich 1a, Versicherungspflicht 3 ff., Leistungen 24 ff., Prämien 61 f., Franchise, Selbstbehalt 64 ff., Prämienverbilligung 65	KVG
Kreditfähigkeit 22 ff.	KKG
Kultur 69	BV
Kündigung: Miete 257d, 257f, 266a ff., Darlehen 318, Arbeitsvertrag 334 ff., Lehrvertrag 346, Auftrag 404	OR
Kündigung zur Unzeit: beim Arbeitsvertrag 336c, 336d, Auftrag 404	OR
Kündigungsschutz: Miete 271 ff., im Arbeitsvertrag 336 ff.	OR
Kürzung des Ferienanspruchs 329b	OR
Kürzung von Versicherungsleistungen 21	ATSG
bei der Unfallversicherung 37 f.	UVG

L

Landwirtschaft 104	BV
Leasingvertrag 1, 11	KKG
Lehrabschlussprüfung 38	BBG
(Lehre) s. Berufliche Grundbildung 12 ff.	BBG
(Lehrling) lernende Person: Pflichten 345	OR
(Lehrmeister) Arbeitgeber im Lehrvertrag: besondere Pflichten 345a	OR
Lehrvertrag 344 ff.	OR
Leihe, Gebrauchsleihe 305 f.	OR
Lernfahrausweis 14	SVG
Letztwillige Verfügungen 467, 481, 498 ff.	ZGB
Lohn: Art, Höhe 322 ff., Ausrichtung 323, Abrechnung 323b, 327c, Vorschuss 323, Rückbehalt 323a, Verrechnung 323b, Abtretung, Verpfändung 325, für Überstunden 321c, bei Verhinderung des Arbeitnehmers 324a f., Verjährung 128	OR
Lohnzuschlag bei Überzeit, Nachtarbeit 13, 17b	ArG

M

Mahnung bei Verzug 102	OR
Mängel der Form 11, des Vertragsinhaltes 20 f., beim Vertragsschluss 23 ff., der Kaufsache 197 ff., Mietsache 258 ff., beim Werkvertrag 367 ff.	OR
Mängelrüge: Kauf 201, Miete 257g, 267a	OR
Massnahmen (im Strafrecht)	
für Erwachsene 56 ff.	StGB
für Jugendliche 12 ff.	JStGB
Mehrheiten, erforderliche 142	BV
Mehrwert der Mietsache 260a	OR
Mehrwertanteil bei Errungenschaftsbeteiligung 206	ZGB
Menschenwürde 7	BV
Miete: Begriff 253 ff., Rechte und Pflichten 256 ff., Mängel 258 ff., Wechsel des Eigentümers 261, Untermiete 262, Beendigung 266 ff., Schutzbestimmungen 269 ff., Behörden /Verfahren 274 ff.	OR
Mietzinserhöhung 269d, 270b, 270e, 271a	OR
Militär- und Ersatzdienst 59	BV
Militärdienst: Lohn 324a, 324b, Kündigungsschutz 336c, 336d	OR
Minarettverbot 72	BV
Minderung des Kaufpreises 205	OR
Mindestlöhne 360a ff.	OR
Missbrauch eines Rechts 2	ZGB
Missbräuchliche Mietzinse 269 f., anfechtbare Kündigung des Mietvertrages 271 f., missbräuchliche Kündigung des Arbeitsvertrages 336 ff.	OR
Miteigentum 646, von Tieren 651a, im ehelichen Güterrecht 200 f., 205, 248, 251	ZGB
Mitverschulden des Geschädigten 44	OR
Motorfahrzeug des Arbeitnehmers 327b f.	OR
Motorfahrzeughalter: Haftpflicht 58 ff.	SVG
Mündigkeit 14, Ehemündigkeit 94, religiöse Mündigkeit 303	ZGB
Mündliches Testament 498, 506	ZGB
Mutter 252, 270 ff.	ZGB
Mutterschaft: Gesundheitsschutz 35 ff.	ArG
Mutterschaftsurlaub 329f, 329b	OR
Mutterschaftsversicherung 116	BV
Entschädigung 16b f.	EOG

N

Nachbarrecht 684	ZGB

Nachfrist bei Verzug 107 f.	OR
Nachkommen als Erben 457, Pflichtteil 471	ZGB
Nachtarbeit 16 ff.	ArG
Name: Schutz 29, Änderung 30, der Ehefrau 160, 119, des Kindes 270, 301	ZGB
Nationalrat 149	BV
Nebenkosten: Miete 257a ff.	OR
Nichtantreten der Arbeitsstelle 337d	OR
Nichtberufsunfälle 8	UVG
Nichterfüllung der Verbindlichkeit 97 ff.	OR
Nichtigkeit des Vertrages: Form 11, Inhalt 20, der Kündigung im Arbeitsverhältnis 336c, 336d, 361, 362	OR
Normalarbeitsvertrag 359 ff.	OR
Notlage bei Vertrag 21, Haftung 44, Anfangsmietzins 270, Lohnvorschuss 323	OR
Notstand, Notwehr 52	OR
Nutzen und Gefahr (beim Kauf) 185	OR
Nutzniessung an Wohnung und Hausrat 219, an der Erbschaft 473	ZGB

O

Obligation: siehe Entstehung, Erfüllung, Erlöschen von Obligationen	
Öffentliche Beurkundung 9,	ZGB
des Ehevertrages 184, der letztwilligen Verfügung 498 f., des Erbvertrages 512, des Grundstückkaufs 216, der Bürgschaft 493	OR
Öffentliches Inventar im Erbrecht 580	ZGB
Öffentliches Testament 499	ZGB
Ordnungsbussen / Bussenliste	OBV
Ort der Erfüllung 74	OR

P

Pacht 275	OR
Partnerschaft gleichgeschlechtlicher Paare: Eintragung 3 f., Wirkungen 12 ff., Auflösung 29 f.;	PartG
Gleichstellung mit Ehepaaren:	
im ZGB: 328, 462, 470, 471;	ZGB
im OR: 134, 266m, 266n, 273a, 338, 494	OR
Personen: natürliche 11 ff., juristische 52 ff.	ZGB
Persönlichkeit: Anfang und Ende 31	ZGB
Persönlichkeitsschutz 27 ff.,	ZGB
des Arbeitnehmers 328 f.	OR
Petitionsrecht 33	BV
Pfand: Grundpfand 793, Fahrnispfand 884	ZGB
Pflichten der Arbeitgeber und Arbeitnehmer Arbeitsschutz 6, 45 f.,	ArG
Arbeitsvertrag 321a ff.	OR
Pflichten der Ehegatten, Eltern 133, 159, 163 ff., 170, 272, 276, 301 ff., 328	ZGB
Pflichten der Kinder 272, 276, 301, 323, 328	ZGB
Pflichten der Vereinsmitglieder 71, 73	ZGB
Pflichtteil 470 f.	ZGB
Politische Rechte 34, 39, 136 ff.	BV
Preisminderung 205	OR
Probezeit: Arbeitsvertrag 335b, Lehrvertrag 344a, 346	OR
Prüfung der Kaufsache 201, bei der Miete 257g, 267a, des Werkes 367, 370	OR

Q

Quittung 88	OR

R

Rassendiskriminierung 261bis	StGB
Rechenschaft des Arbeitnehmers 321b	OR
Recht: Anwendung 1	ZGB
Recht auf ... (Grundrechte) 7 ff.	BV
Rechtsfähigkeit der natürlichen Personen 11, 31, der juristischen Person 53	ZGB
Rechtsgleichheit 8	BV
Referendum 140 f.	BV
Regress 65	SVG
Religiöse Erziehung, Mündigkeit 303	ZGB
Reparatur, Nachbesserung des Werkes 368	OR
Retentionsrecht 895	ZGB
Reuegeld 158	OR
Revision der Bundesverfassung 192 ff.	BV
Revisionsstelle der AG 728 f.	OR
Rückforderung Verlobungsgeschenke 91,	ZGB
aus ungerechtfertigter Bereicherung 62 ff., bei Vertragsrücktritt 109, unmöglicher Leistung 119, bei Wandelung des Kaufvertrages 208, bei Verzug des Käufers 214, bei der Schenkung 249	OR
Rücksichtnahme: Pflicht des Mieters 257f, 271a, Vermieters 257h	OR
Rücktritt vom Vertrag 107 ff., vom Kaufvertrag 205, 214, bei Miete 258, 264, beim Darlehen 316, im Werkvertrag 366, 368, 377, beim Auftrag 404	OR
Rückzahlung des Darlehens 318	OR
Ruhezeit 15 f., 31	ArG

S

Sachen: bewegliche S./ Fahrnis 713 ff., unbewegliche S. / Grundstücke 655 ff.	ZGB
Schadenberechnung bei unerlaubter Handlung 42	OR
Schadenersatz des Unmündigen 19, Familienhauptes 333,	ZGB
Schadenersatz aus unerlaubter Handlung 41 ff., bei fahrlässigem Irrtum 26, 31, bei Nichterfüllung des Vertrages 97 ff. bei Verzug des Schuldners 103, 107, 109, bei Konventionalstrafe 161, beim Kauf 208, bei Miete 257g, 257h, 259a, 259e, 260, 261, im Arbeitsvertrag 321e, 323b, 336a, 337b ff., 340b, Werkvertrag 368, Auftrag 402, 404	OR

S - U

Scheidung der Ehe 111 ff.	ZGB
Schenkungsvertrag 239 ff.	OR
Schulden unter Ehegatten 203 ff.	ZGB
Schuldschein 88	OR
Schulwesen 62	BV
Schutz der Persönlichkeit 27 ff., des Namens 29, der ehelichen Gemeinschaft 171 f., des Kindes 307 f., Besitzes 926	ZGB
der Persönlichkeit des Arbeitnehmers 328, der Firma 956	OR
Schwangerschaft (Vertrag) 324a, 336c;	OR
(Sonderschutz) 35 ff.	ArG
Schwarzarbeit 321a	OR
Sexuelle Handlungen: Strafbarkeit 187ff.	StGB
Sicherheitsleistung des Mieters 257e, des Arbeitnehmers 323a	OR
Solidarbürgschaft 496	OR
Solidarschuld, -haftung 143, 568	OR
Sonderschutz für Jugendliche 29 ff., für schwangere Frauen und stillende Mütter 35 ff.	ArG
Sonn- und Feiertage als Zeitpunkt der Erfüllung 78	OR
Sonntagsarbeit 18 ff.	ArG
Sorgfaltspflicht des Mieters 257f, Arbeitnehmers 321a, 321e, im Werkvertrag 364, beim Auftrag 398	OR
Souveränität (der Kantone) 3	BV
Sozialziele 41	BV
Sperrfrist bei Kündigung: für Arbeitgeber 336c, für Arbeitnehmer 336d	OR
Spesen des Arbeitnehmers 327a ff.	OR
Spiel und Wette 513	OR
Sprachen 4, 70	BV
Stände: Kantone 1, 3, 43, Ständemehr 142, Ständerat 150	BV
Statuten des Vereins 60, 63	ZGB
Stillschweigende Willensäusserung bei Vertragsschluss 1, 6	OR
Stillstand der Verjährung 134	OR
Stimmrecht im Verein 67 f.	ZGB
bei der AG 689, 692	OR
Strafbarkeit von Erwachsenen 1, 10 ff.	StGB
von Jugendlichen 3, 4, 11	JStGB
Strafen für Erwachsene 34 ff., 47	StGB
für Jugendliche 22 ff.	JStGB
Streik 357a	OR
Stützkurse 22	BBG
Suchterkrankungen 397a	ZGB

T

Tages- und Abendarbeit 10	ArG
Taggeld der UV 16 f.	UVG
Täuschung (absichtliche) 28, 31	OR
Tauschvertrag 237 f.	OR
Teilung des Vorschlages bei Errungenschaftsbeteiligung 215 ff., des Gesamtgutes bei Gütergemeinschaft 241 f.	ZGB
Teilzeitarbeit 319	OR
Testament 498 ff.	ZGB
Tiere: keine Sachen 641a, Zusprechen des Eigentums 651a, Fundanzeige 720a,	ZGB
Heilungskosten 42, Affektionswert 43	OR
Tierhalterhaftung 56 f.	OR
Tod des Mieters 266i, Arbeitnehmers, -gebers 338 f.	OR
Tötung eines Menschen 45, 47	OR
Tötungsdelikte 111 ff.	StGB
Transportkosten beim Kauf 189	OR
Trauung 97 ff., 159	ZGB
Trennung: der Ehe 117, güterrechtliche T. 204 ff., 241 f.	ZGB
Treu und Glauben 2	ZGB
Treuepflicht des Arbeitnehmers 321a	OR
Trunkenheit, Trunksucht 16, 370, 397a	ZGB

U

überbetriebliche Kurse 23	BBG
Übergabe des Kaufgegenstandes 188 f., der Mietsache 256 f.	OR
Überlebender Ehegatte: Erbanspruch 462, Pflichtteil 471, Begünstigung 473, Überlassung von Wohnung/Hausrat 219	ZGB
Überstundenarbeit 321c	OR
Übertragung von Grundeigentum 657, von Fahrnis 714	ZGB
Übertretungen 103 ff.	StGB
Übervorteilung beim Vertragsschluss 21	OR
Umweltschutz 73 f.	BV
Unerlaubte Handlung (Schadenersatz) 41 ff.	OR
Unfall des Arbeitnehmers: Lohn 324a, 324b, Kündigungsschutz 336c	OR
Unfall: Begriff 4	ATSG
Unfallmeldung 45 f.	UVG
Unfallverhütung: Pflicht von Arbeitgeber und Arbeitnehmer 82	UVG
Unfallversicherung: Obligatorium 1a, Beginn, Ende 3, Leistungen 10 ff., Kürzung, Verweigerung 37, 39	UVG
Ungerechtfertigte Bereicherung 62 ff.	OR
Ungültigkeit: der Ehe 104 ff.	ZGB
Unmögliche Leistung: Nichtigkeit des Vertrages 20, Befreiung des Schuldners 119	OR
Unterhalt der Familie 125, 163 ff., 276 f.,	ZGB
der Mietsache 256, 259	OR
Untermiete 262, 273b	OR
Unterricht, beruflicher 21 f.	BBG
Unterstützungspflicht der Verwandten 328	ZGB
Urteilsfähigkeit 13, 16 19	ZGB

Urteilsunfähigkeit: allgemeine Folgen 18,	ZGB
Haftung urteilsunfähiger Personen 54	OR

V

Vaterschaft 255, 260 f.	ZGB
Veräusserung der Mietsache 261	OR
Verbrechen und Vergehen: Begriff 10	StGB
Verein 60 ff.	ZGB
Verfügungsfähigkeit und -freiheit des Erblassers 467 ff.	ZGB
Verhinderung des Arbeitgebers 336d, des Arbeitnehmers 324a f., 336, 336c	OR
Verjährung von Ansprüchen aus Vertrag 127 ff., aus unerlaubter Handlung 60, ungerechtfertigter Bereicherung 67	OR
von Fahrzeugunfällen 83	SVG
Verkauf der Mietsache 261	OR
Verkehrsregeln 26 ff.	SVG
Verlassen der Arbeitsstelle 337d	OR
Verletzung der Persönlichkeit 28 f.	ZGB
Verlöbnis, Verlobung 90 ff.	ZGB
Vermächtnis 484	ZGB
Vermögen des Kindes 318 ff.	ZGB
Vernichtung der letztwilligen Verfügung 510	ZGB
Verpfändung des künftigen Lohnes 325	OR
Verrechnung 120	OR
Versendung beim Kauf 204, Transportkosten 189	OR
Versorger, -schaden 45	OR
Verspätungsschaden 103 ff.	OR
Versteckte Mängel beim Kauf 201, beim Werkvertrag 370	OR
Vertrag: Abschluss 1 ff., Form 11 ff., Inhalt 19 f., Anfechtung 21, 23 ff.	OR
Vertragsfreiheit: Form 11 ff., Inhalt 19 f.	OR
Vertretung des Vereins 69, der ehelichen Gemeinschaft 166, des Kindes 304 f., 133, durch Beistand 392, durch Vormund 407	ZGB
Verwahrung 64	StGB
Verwaltungsrat der AG 716	OR
Verzicht auf Erbschaft 495, Ausschlagung 566	ZGB
Verzug: Schuldner 102 ff., Käufers 214,	OR
beim Konsumkreditvertrag 18	KKG
Verzugsfolgen 103, -zinse 104	OR
Vorbehalt von Nebenpunkten 2	OR
Vormundschaft: Organe 360, 367, Bevormundungsgründe 368 ff., Führung der Vormundschaft 398 ff.	ZGB
Vorschlag (Güterrecht) 215 ff.	ZGB
Vorschuss beim Arbeitsvertrag 323, 327c	OR
Vorzeitige Rückgabe bei Miete 264	OR
Vorzeitige Rückzahlung beim Konsumkreditvertrag 17	KKG

W

Wandelung beim Kauf 205 ff., beim Werkvertrag 368	OR
Wechsel des Eigentümers bei Miete 261	OR
Weisungsrecht des Arbeitgebers 321d	OR
Weiterbildung, berufsorientierte 30	BBG
Werkeigentümerhaftung 58	OR
Werkvertrag 363 ff.	OR
Wertpapiere: Begriff 965,	OR
Wette 513	OR
Widerrechtlichkeit: als Voraussetzung der Persönlichkeitsverletzung 28,	ZGB
für Schadenersatz / Genugtuung 41, 49, W. des Vertragsinhaltes 20, 29	OR
Widerruf der letztwilligen Verfügung 509 ff.,	ZGB
von Antrag und Annahme 9, der Haustürgeschäfte 40a ff.,	OR
beim Konsumkreditvertrag 16	KKG
Willensäusserung (übereinstimmende) 1 ff.	OR
Willensmängel beim Vertragsschluss 23 ff.	OR
Wirkung der Obligation 68 ff., Folgen der Nichterfüllung 97 ff.	OR
Wirkungen der Ehe 159 ff.	ZGB
Wohnung, eheliche, Familienwohnung: Bestimmung 162, Kündigung 169, Zuweisung an überlebenden Ehegatten 219,	ZGB
Kündigung durch Vermieter 266n, 273a	OR

Z

Zahltag beim Arbeitsvertrag 323	OR
Zeit der Erfüllung von Obligationen 75 ff.	OR
Zeitzuschlag bei Nachtarbeit 17b	ArG
Zession 164 ff., Lohnzession 325	OR
Zeugen beim Testament 499, 506, beim Erbvertrag 512	ZGB
Zeugnis des Arbeitnehmers 330a, der lernenden Person 346a	OR
Zins: Höhe 73, Verzugszins 104, Verjährung 128, 135, beim Darlehen 313 f.	OR
Zivildienst 324a, 324b, 336, 336c, 336d	OR
Zeugen beim Testament 499, 506, beim Erbvertrag 512	ZGB
Zeugnis des Arbeitnehmers 330a, der lernenden Person 346a	OR
Zins: Höhe 73, Verzugszins 104, Verjährung 128, 135, beim Darlehen 313 f.	OR
Zivildienst 324a, 324b, 336, 336c, 336d	OR
Zustimmung des gesetzlichen Vertreters, Beistandes oder Ehepartners 19, 305, 395, 410,	ZGB
zur Untermiete 262, Bürgschaft 494	OR
beim Konsumkreditvertrag 13	KKG
Zwang (Drohung bei Vertragsschluss) 29	OR
Zwingende Bestimmungen: allgemein 19, im Arbeitsvertrag 361, 362	OR

Karl Uhr, Christoph Aerni, Bernhard Roten, Bernhard Scheidegger

Gesellschaft

Lehrmittel für den Lernbereich «Gesellschaft» im allgemeinbildenden Unterricht an Berufsfachschulen

Das Lehrmittel für den allgemeinbildenden Unterricht an Berufsfachschulen vermittelt als erstes Lehrmittel auf dieser Stufe alle relevanten Themen des Lernbereichs «Gesellschaft». Das inhaltlich verdichtete, in verständlicher Sprache geschriebene Werk enthält neben den wesentlichen Lerninhalten auch zahlreiche Verständnis- und Vertiefungsfragen. Eine übersichtliche Darstellung mit Marginalien und Abbildungen unterstützt das Lehren und Lernen.

Daniela Plüss, Peter Egger (Hrsg.)

Lexikon Allgemeinbildung

Das «Lexikon Allgemeinbildung» wurde vollständig überarbeitet und aktualisiert, die Begriffe neu von A bis Z geordnet. Das attraktive und übersichtliche Layout ermöglicht ein schnelles Finden des gewünschten Begriffes. Über 1000 Definitionen aus Ethik, Geschichte, Politik, Kultur, Ökologie, Recht, Technologie, Wirtschaft, Identität und Sozialisation, Sprache und Kommunikation sowie Lern- und Arbeitstechnik werden in kurzen Abschnitten mit zahlreichen Grafiken erklärt. Das ideale Nachschlagewerk für den Unterricht und die Prüfungsvorbereitung an Berufsfachschulen.

Mit Beiträgen von: Claudio Caduff, Maja Dal Cero, Heinz Hafner, Alois Hundertpfund, Werner Kolb, Erika Langhans, Pavel Novak, Manfred Pfiffner, Ueli Ruef, Bernhard Scheidegger, Daniel Schmucki, Monika Wyss